权威·前沿·原创

皮书系列为
"十二五"国家重点图书出版规划项目

权威·前沿·原创

社会科学文献出版社

皮书系列

2015年

盘点年度资讯 预测时代前程

社会科学文献出版社 学术传播中心 编制

社会科学文献出版社
SOCIAL SCIENCES ACADEMIC PRESS (CHINA)

社会科学文献出版社成立于1985年，是直属于中国社会科学院的人文社会科学专业学术出版机构。

成立以来，特别是1998年实施第二次创业以来，依托于中国社会科学院丰厚的学术出版和专家学者两大资源，坚持"创社科经典，出传世文献"的出版理念和"权威、前沿、原创"的产品定位，社科文献立足内涵式发展道路，从战略层面推动学术出版五大能力建设，逐步走上了智库产品与专业学术成果系列化、规模化、数字化、国际化、市场化发展的经营道路。

先后策划出版了著名的图书品牌和学术品牌"皮书"系列、"列国志"、"社科文献精品译库"、"全球化译丛"、"全面深化改革研究书系"、"近世中国"、"甲骨文"、"中国史话"等一大批既有学术影响又有市场价值的系列图书，形成了较强的学术出版能力和资源整合能力。2014年社科文献出版社发稿5.5亿字，出版图书1500余种，承印发行中国社科院院属期刊71种，在多项指标上都实现了较大幅度的增长。

凭借着雄厚的出版资源整合能力，社科文献出版社长期以来一直致力于从内容资源和数字平台两个方面实现传统出版的再造，并先后推出了皮书数据库、列国志数据库、中国田野调查数据库等一系列数字产品。数字出版已经初步形成了产品设计、内容开发、编辑标引、产品运营、技术支持、营销推广等全流程体系。

在国内原创著作、国外名家经典著作大量出版，数字出版突飞猛进的同时，社科文献出版社从构建国际话语体系的角度推动学术出版国际化。先后与斯普林格、荷兰博睿、牛津、剑桥等十余家国际出版机构合作面向海外推出了"皮书系列""改革开放30年研究书系""中国梦与中国发展道路研究丛书""全面深化改革研究书系"等一系列在世界范围内引起强烈反响的作品；并持续致力于中国学术出版走出去，组织学者和编辑参加国际书展，筹办国际性学术研讨会，向世界展示中国学者的学术水平和研究成果。

此外，社科文献出版社充分利用网络媒体平台，积极与中央和地方各类媒体合作，并联合大型书店、学术书店、机场书店、网络书店、图书馆，逐步构建起了强大的学术图书内容传播平台。学术图书的媒体曝光率居全国之首，图书馆藏率居于全国出版机构前十位。

上述诸多成绩的取得，有赖于一支以年轻的博士、硕士为主体，一批从中国社科院刚退出科研一线的各学科专家为支撑的300多位高素质的编辑、出版和营销队伍，为我们实现学术立社，以学术品位、学术价值来实现经济效益和社会效益这样一个目标的共同努力。

作为已经开启第三次创业梦想的人文社会科学学术出版机构，2015年的社会科学文献出版社将迎来她30周岁的生日，"三十而立"再出发，我们将以改革发展为动力，以学术资源建设为中心，以构建智慧型出版社为主线，以社庆三十周年系列活动为重要载体，以"整合、专业、分类、协同、持续"为各项工作指导原则，全力推进出版社数字化转型，坚定不移地走专业化、数字化、国际化发展道路，全面提升出版社核心竞争力，为实现"社科文献梦"奠定坚实基础。

社长致辞

我们是图书出版者，更是人文社会科学内容资源供应商；

我们背靠中国社会科学院，面向中国与世界人文社会科学界，坚持为人文社会科学的繁荣与发展服务；

我们精心打造权威信息资源整合平台，坚持为中国经济与社会的繁荣与发展提供决策咨询服务；

我们以读者定位自身，立志让爱书人读到好书，让求知者获得知识；

我们精心编辑、设计每一本好书以形成品牌张力，以优秀的品牌形象服务读者，开拓市场；

我们始终坚持"创社科经典，出传世文献"的经营理念，坚持"权威、前沿、原创"的产品特色；

我们"以人为本"，提倡阳光下创业，员工与企业共享发展之成果；

我们立足于现实，认真对待我们的优势、劣势，我们更着眼于未来，以不断的学习与创新适应不断变化的世界，以不断的努力提升自己的实力；

我们愿与社会各界友好合作，共享人文社会科学发展之成果，共同推动中国学术出版乃至内容产业的繁荣与发展。

社会科学文献出版社社长
中国社会学会秘书长

2015 年 1 月

社会科学文献出版社　　　　　　　　皮书系列

❖ 皮书起源 ❖

"皮书"起源于十七、十八世纪的英国，主要指官方或社会组织正式发表的重要文件或报告，多以"白皮书"命名。在中国，"皮书"这一概念被社会广泛接受，并被成功运作、发展成为一种全新的出版形态，则源于中国社会科学院社会科学文献出版社。

❖ 皮书定义 ❖

皮书是对中国与世界发展状况和热点问题进行年度监测，以专业的角度、专家的视野和实证研究方法，针对某一领域或区域现状与发展态势展开分析和预测，具备权威性、前沿性、原创性、实证性、时效性等特点的连续性公开出版物，由一系列权威研究报告组成。皮书系列是社会科学文献出版社编辑出版的蓝皮书、绿皮书、黄皮书等的统称。

❖ 皮书作者 ❖

皮书系列的作者以中国社会科学院、著名高校、地方社会科学院的研究人员为主，多为国内一流研究机构的权威专家学者，他们的看法和观点代表了学界对中国与世界的现实和未来最高水平的解读与分析。

❖ 皮书荣誉 ❖

皮书系列已成为社会科学文献出版社的著名图书品牌和中国社会科学院的知名学术品牌。2011年，皮书系列正式列入"十二五"国家重点出版规划项目；2012~2014年，重点皮书列入中国社会科学院承担的国家哲学社会科学创新工程项目；2015年，41种院外皮书使用"中国社会科学院创新工程学术出版项目"标识。

经 济 类

经济类皮书涵盖宏观经济、城市经济、大区域经济，提供权威、前沿的分析与预测

经济蓝皮书
2015年中国经济形势分析与预测

李 扬 / 主编　　2014年12月出版　　定价:69.00元

◆ 本书为总理基金项目，由著名经济学家李扬领衔，联合中国社会科学院、国务院发展中心等数十家科研机构、国家部委和高等院校的专家共同撰写，系统分析了2014年的中国经济形势并预测2015年我国经济运行情况，2015年中国经济仍将保持平稳较快增长，预计增速7%左右。

城市竞争力蓝皮书
中国城市竞争力报告 No.13

倪鹏飞 / 主编　　2015年5月出版　　定价:89.00元

◆ 本书由中国社会科学院城市与竞争力研究中心主任倪鹏飞主持编写，以"巨手：托起城市中国新版图"为主题，分别从市场、产业、要素、交通一体化角度论证了东中一体化程度不断加深。建议：中国经济分区应该由四分区调整为二分区；按照"一团五线"的发展格局对中国的城市体系做出重大调整。

西部蓝皮书
中国西部发展报告（2015）

姚慧琴　徐璋勇 / 主编　　2015年7月出版　　估价:89.00元

◆ 本书由西北大学中国西部经济发展研究中心主编，汇集了源自西部本土以及国内研究西部问题的权威专家的第一手资料，对国家实施西部大开发战略进行年度动态跟踪，并对2015年西部经济、社会发展态势进行预测和展望。

皮书系列 重点推荐　经济类

中部蓝皮书
中国中部地区发展报告（2015）

喻新安 / 主编　　2015 年 7 月出版　　估价 :69.00 元

◆ 本书敏锐地抓住当前中部地区经济发展中的热点、难点问题，紧密地结合国家和中部经济社会发展的重大战略转变，对中部地区经济发展的各个领域进行了深入、全面的分析研究，并提出了具有理论研究价值和可操作性强的政策建议。

世界经济黄皮书
2015 年世界经济形势分析与预测

王洛林　张宇燕 / 主编　　2015 年 1 月出版　　定价 :69.00 元

◆ 本书为中国社会科学院创新工程学术出版资助项目，由中国社会科学院世界经济与政治研究所的研创团队撰写。该书认为，2014 年，世界经济维持了上年度的缓慢复苏，同时经济增长格局分化显著。预计 2015 年全球经济增速按购买力平价计算的增长率为 3.3%，按市场汇率计算的增长率为 2.8%。

中国省域竞争力蓝皮书
中国省域经济综合竞争力发展报告（2013~2014）

李建平　李闽榕　高燕京 / 主编　　2015 年 2 月出版　　定价 :198.00 元

◆ 本书充分运用数理分析、空间分析、规范分析与实证分析相结合、定性分析与定量分析相结合的方法，建立起比较科学完善、符合中国国情的省域经济综合竞争力指标评价体系及数学模型，对 2012~2013 年中国内地 31 个省、市、区的经济综合竞争力进行全面、深入、科学的总体评价与比较分析。

城市蓝皮书
中国城市发展报告 No.8

潘家华　魏后凯 / 主编　2015 年 9 月出版　　估价 :69.00 元

◆ 本书由中国社会科学院城市发展与环境研究中心编著，从中国城市的科学发展、城市环境可持续发展、城市经济集约发展、城市社会协调发展、城市基础设施与用地管理、城市管理体制改革以及中国城市科学发展实践等多角度、全方位地立体展示了中国城市的发展状况，并对中国城市的未来发展提出了建议。

4　权威 前沿 原创

经济类　　皮书系列 重点推荐

金融蓝皮书
中国金融发展报告（2015）

李　扬　王国刚 / 主编　2014 年 12 月出版　定价 :75.00 元

◆　由中国社会科学院金融研究所组织编写的《中国金融发展报告（2015）》，概括和分析了 2014 年中国金融发展和运行中的各方面情况，研讨和评论了 2014 年发生的主要金融事件。本书由业内专家和青年精英联合编著，有利于读者了解掌握 2014 年中国的金融状况，把握 2015 年中国金融的走势。

低碳发展蓝皮书
中国低碳发展报告（2015）

齐　晔 / 主编　2015 年 7 月出版　估价 :89.00 元

◆　本书对中国低碳发展的政策、行动和绩效进行科学、系统、全面的分析。重点是通过归纳中国低碳发展的绩效，评估与低碳发展相关的政策和措施，分析政策效应的制度背景和作用机制，为进一步的政策制定、优化和实施提供支持。

经济信息绿皮书
中国与世界经济发展报告（2015）

杜　平 / 主编　2014 年 12 月出版　定价 :79.00 元

◆　本书是由国家信息中心组织专家队伍精心研究编撰的年度经济分析预测报告，书中指出，2014 年，我国经济增速有所放慢，但仍处于合理运行区间。主要新兴国家经济总体仍显疲软。2015 年应防止经济下行和财政金融风险相互强化，促进经济向新常态平稳过渡。

低碳经济蓝皮书
中国低碳经济发展报告（2015）

薛进军　赵忠秀 / 主编　2015 年 6 月出版　定价 :85.00 元

◆　本书汇集来自世界各国的专家学者、政府官员，探讨世界金融危机后国际经济的现状，提出"绿色化"为经济转型期国家的可持续发展提供了重要范本，并将成为解决气候系统保护与经济发展矛盾的重要突破口，也将是中国引领"一带一路"沿线国家实现绿色发展的重要抓手。

皮书系列重点推荐　社会政法类

社会政法类

社会政法类皮书聚焦社会发展领域的热点、难点问题，
提供权威、原创的资讯与视点

社会蓝皮书
2015年中国社会形势分析与预测

李培林　陈光金　张　翼/主编　　2014年12月出版　　定价：69.00元

◆ 本书由中国社会科学院社会学研究所组织研究机构专家、高校学者和政府研究人员撰写，聚焦当下社会热点，指出2014年我国社会存在城乡居民人均收入增速放缓、大学生毕业就业压力加大、社会老龄化加速、住房价格继续飙升、环境群体性事件多发等问题。

法治蓝皮书
中国法治发展报告 No.13（2015）

李　林　田　禾/主编　　2015年3月出版　　定价：105.00元

◆ 本年度法治蓝皮书回顾总结了2014年度中国法治取得的成效及存在的问题，并对2015年中国法治发展形势进行预测、展望，还从立法、人权保障、行政审批制度改革、反价格垄断执法、教育法治、政府信息公开等方面研讨了中国法治发展的相关问题。

环境绿皮书
中国环境发展报告（2015）

刘鉴强/主编　　2015年7月出版　　估价：79.00元

◆ 本书由民间环保组织"自然之友"组织编写，由特别关注、生态保护、宜居城市、可持续消费以及政策与治理等版块构成，以公共利益的视角记录、审视和思考中国环境状况，呈现2014年中国环境与可持续发展领域的全局态势，用深刻的思考、科学的数据分析2014年的环境热点事件。

社会政法类　皮书系列 重点推荐

反腐倡廉蓝皮书
中国反腐倡廉建设报告 No.4
李秋芳 张英伟/主编　2014年12月出版　　定价:79.00元

◆ 本书继续坚持"建设"主题,既描摹出反腐败斗争的感性特点,又揭示出反腐政治格局深刻变化的根本动因。指出当前症结在于权力与资本"隐蔽勾连"、"官场积弊"消解"吏治改革"效力、部分公职人员基本价值观迷乱、封建主义与资本主义思想依然影响深重。提出应以科学思维把握反腐治标与治本问题,建构"不需腐"的合理合法薪酬保障机制。

女性生活蓝皮书
中国女性生活状况报告 No.9(2015)
韩湘景/主编　2015年4月出版　定价:79.00元

◆ 本书由中国妇女杂志社、华坤女性生活调查中心和华坤女性消费指导中心组织编写,通过调查获得的大量调查数据,真实展现当年中国城市女性的生活状况、消费状况及对今后的预期。

华侨华人蓝皮书
华侨华人研究报告(2015)
贾益民/主编　2015年12月出版　估价:118.00元

◆ 本书为中国社会科学院创新工程学术出版资助项目,是华侨大学向世界提供最新涉侨动态、理论研究和政策建议的平台。主要介绍了相关国家华侨华人的规模、分布、结构、发展趋势,以及全球涉侨生存安全环境和华文教育情况等。

政治参与蓝皮书
中国政治参与报告(2015)
房　宁/主编　2015年7月出版　估价:105.00元

◆ 本书作者均来自中国社会科学院政治学研究所,聚焦中国基层群众自治的参与情况介绍了城镇居民的社区建设与居民自治参与和农村居民的村民自治与农村社区建设参与情况。其优势是其指标评估体系的建构和问卷调查的设计专业,数据量丰富,统计结论科学严谨。

行业报告类

行业报告类皮书立足重点行业、新兴行业领域，提供及时、前瞻的数据与信息

房地产蓝皮书
中国房地产发展报告 No.12（2015）

魏后凯　李景国/主编　　2015年5月出版　　定价：79.00元

◆ 本年度房地产蓝皮书指出，2014年中国房地产市场出现了较大幅度的回调，商品房销售明显遇冷，库存居高不下。展望2015年，房价保持低速增长的可能性较大，但区域分化将十分明显，人口聚集能力强的一线城市和部分热点二线城市房价有回暖、房价上涨趋势，而人口聚集能力差、库存大的部分二线城市或三四线城市房价会延续下跌（回调）态势。

保险蓝皮书
中国保险业竞争力报告（2015）

姚庆海　王　力/主编　2015年12出版　　估价：98.00元

◆ 本皮书主要为监管机构、保险行业和保险学界提供保险市场一年来发展的总体评价，外在因素对保险业竞争力发展的影响研究；国家监管政策、市场主体经营创新及职能发挥、理论界最新研究成果等综述和评论。

企业社会责任蓝皮书
中国企业社会责任研究报告（2015）

黄群慧　彭华岗　钟宏武　张蒽/编著
2015年11月出版　　估价：69.00元

◆ 本书系中国社会科学院经济学部企业社会责任研究中心组织编写的《企业社会责任蓝皮书》2015年分册。该书在对企业社会责任进行宏观总体研究的基础上，根据2014年企业社会责任及相关背景进行了创新研究，在全国企业中观层面对企业健全社会责任管理体系提供了弥足珍贵的丰富信息。

行业报告类　皮书系列 重点推荐

投资蓝皮书

中国投资发展报告（2015）

谢 平 / 主编　　2015年4月出版　　定价：128.00元

◆ 2014年，适应新常态发展的宏观经济政策逐步成型和出台，成为保持经济平稳增长、促进经济活力增强、结构不断优化升级的有力保障。2015年，应重点关注先进制造业、TMT产业、大健康产业、大文化产业及非金融全新产业的投资机会，适应新常态下的产业发展变化，在投资布局中争取主动。

住房绿皮书

中国住房发展报告（2014~2015）

倪鹏飞 / 主编　　2014年12月出版　　定价：79.00元

◆ 本年度住房绿皮书指出，中国住房市场从2014年第一季度开始进入调整状态，2014年第三季度进入全面调整期。2015年的住房市场走势：整体延续衰退，一、二线城市2015年下半年、三四线城市2016年下半年复苏。

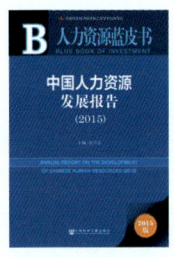

人力资源蓝皮书

中国人力资源发展报告（2015）

余兴安 / 主编　　2015年9月出版　　估价：79.00元

◆ 本书是在人力资源和社会保障部部领导的支持下，由中国人事科学研究院汇集我国人力资源开发权威研究机构的诸多专家学者的研究成果编写而成。作为关于人力资源的蓝皮书，本书通过充分利用有关研究成果，更广泛、更深入地展示近年来我国人力资源开发重点领域的研究成果。

汽车蓝皮书

中国汽车产业发展报告（2015）

国务院发展研究中心产业经济研究部 中国汽车工程学会
大众汽车集团（中国）/ 主编　　2015年8月出版　　估价：128.00元

◆ 本书由国务院发展研究中心产业经济研究部、中国汽车工程学会、大众汽车集团（中国）联合主编，是关于中国汽车产业发展的研究性年度报告，介绍并分析了本年度中国汽车产业发展的形势。

国别与地区类

国别与地区类皮书关注全球重点国家与地区，提供全面、独特的解读与研究

亚太蓝皮书

亚太地区发展报告（2015）

李向阳 / 主编　　2015年1月出版　　定价：59.00元

◆ 本年度的专题是"一带一路"，书中对"一带一路"战略的经济基础、"一带一路"与区域合作等进行了阐述。除对亚太地区2014年的整体变动情况进行深入分析外，还在此基础上提出了对于2015年亚太地区各个方面发展情况的预测。

日本蓝皮书

日本研究报告（2015）

李薇 / 主编　　2015年4月出版　　定价：69.00元

◆ 本书由中华日本学会、中国社会科学院日本研究所合作推出，是以中国社会科学院日本研究所的研究人员为主完成的研究成果。对2014年日本的政治、外交、经济、社会文化作了回顾、分析，并对2015年形势进行展望。

德国蓝皮书

德国发展报告（2015）

郑春荣　伍慧萍 / 主编　　2015年5月出版　　定价：69.00元

◆ 本报告由同济大学德国研究所组织编撰，由该领域的专家学者对德国的政治、经济、社会文化、外交等方面的形势发展情况，进行全面的阐述与分析。德国作为欧洲大陆第一强国，与中国各方面日渐紧密的合作关系，值得国内各界深切关注。

国别与地区类　皮书系列 重点推荐

国际形势黄皮书
全球政治与安全报告（2015）

李慎明　张宇燕 / 主编　2015 年 1 月出版　定价 :69.00 元

◆ 本书对中、俄、美三国之间的合作与冲突进行了深度分析，揭示了影响中美、俄美及中俄关系的主要因素及变化趋势。重点关注了乌克兰危机、克里米亚问题、苏格兰公投、西非埃博拉疫情以及西亚北非局势等国际焦点问题。

拉美黄皮书
拉丁美洲和加勒比发展报告（2014~2015）

吴白乙 / 主编　2015 年 5 月出版　定价 :89.00 元

◆ 本书是中国社会科学院拉丁美洲研究所的第 14 份关于拉丁美洲和加勒比地区发展形势状况的年度报告。本书对 2014 年拉丁美洲和加勒比地区诸国的政治、经济、社会、外交等方面的发展情况做了系统介绍，对该地区相关国家的热点及焦点问题进行了总结和分析，并在此基础上对该地区各国 2015 年的发展前景做出预测。

美国蓝皮书
美国研究报告（2015）

郑秉文　黄　平 / 主编　2015 年 6 月出版　定价 :89.00 元

◆ 本书是由中国社会科学院美国所主持完成的研究成果，重点讲述了美国的"再平衡"战略，另外回顾了美国 2014 年的经济、政治形势与外交战略，对 2014 年以来美国内政外交发生的重大事件以及重要政策进行了较为全面的回顾和梳理。

大湄公河次区域蓝皮书
大湄公河次区域合作发展报告（2015）

刘　稚 / 主编　2015 年 9 月出版　估价 :79.00 元

◆ 云南大学大湄公河次区域研究中心深入追踪分析该区域发展动向，以把握全面，突出重点为宗旨，系统介绍和研究大湄公河次区域合作的年度热点和重点问题，展望次区域合作的发展趋势，并对新形势下我国推进次区域合作深入发展提出相关对策建议。

地方发展类

地方发展类皮书关注大陆各省份、经济区域，提供科学、多元的预判与咨政信息

北京蓝皮书
北京公共服务发展报告（2014~2015）

施昌奎 / 主编　2015 年 1 月出版　定价：69.00 元

◆ 本书是由北京市政府职能部门的领导、首都著名高校的教授、知名研究机构的专家共同完成的关于北京市公共服务发展与创新的研究成果。本年度主题为"北京公共服务均衡化发展和市场化改革"，内容涉及了北京市公共服务发展的方方面面，既有对北京各个城区的综合性描述，也有对局部、细部、具体问题的分析。

上海蓝皮书
上海经济发展报告（2015）

沈开艳 / 主编　2015 年 1 月出版　定价：69.00 元

◆ 本书系上海社会科学院系列之一，本年度将"建设具有全球影响力的科技创新中心"作为主题，对 2015 年上海经济增长与发展趋势的进行了预测，把握了上海经济发展的脉搏和学术研究的前沿。

广州蓝皮书
广州经济发展报告（2015）

李江涛　朱名宏 / 主编　2015 年 7 月出版　估价：69.00 元

◆ 本书是由广州市社会科学院主持编写的"广州蓝皮书"系列之一，本报告对广州 2014 年宏观经济运行情况作了深入分析，对 2015 年宏观经济走势进行了合理预测，并在此基础上提出了相应的政策建议。

 文化传媒类　皮书系列 重点推荐

文化传媒类

文化传媒类皮书透视文化领域、文化产业，
探索文化大繁荣、大发展的路径

新媒体蓝皮书

中国新媒体发展报告 No.6（2015）

唐绪军/主编　　2015年7月出版　　定价：79.00元

◆ 本书深入探讨了中国网络信息安全、媒体融合状况、微信谣言问题、微博发展态势、互联网金融、移动舆论场舆情、传统媒体转型、新媒体产业发展、网络助政、网络舆论监督、大数据、数据新闻、数字版权等热门问题，展望了中国新媒体的未来发展趋势。

舆情蓝皮书

中国社会舆情与危机管理报告（2015）

谢耘耕/主编　　2015年8月出版　　估价：98.00元

◆ 本书由上海交通大学舆情研究实验室和危机管理研究中心主编，已被列入教育部人文社会科学研究报告培育项目。本书以新媒体环境下的中国社会为立足点，对2014年中国社会舆情、分类舆情等进行了深入系统的研究，并预测了2015年社会舆情走势。

文化蓝皮书

中国文化产业发展报告（2015）

张晓明　王家新　章建刚/主编　　2015年7月出版　　估价：79.00元

◆ 本书由中国社会科学院文化研究中心编写。从2012年开始，中国社会科学院文化研究中心设立了国内首个文化产业的研究类专项资金——"文化产业重大课题研究计划"，开始在全国范围内组织多学科专家学者对我国文化产业发展重大战略问题进行联合攻关研究。本书集中反映了该计划的研究成果。

经济类

G20国家创新竞争力黄皮书
二十国集团（G20）国家创新竞争力发展报告（2015）
著(编)者：黄茂兴 李闽榕 李建平 赵新力
2015年9月出版 / 估价：128.00元

产业蓝皮书
中国产业竞争力报告（2015）
著(编)者：张其仔 2015年7月出版 / 估价：79.00元

长三角蓝皮书
2015年全面深化改革中的长三角
著(编)者：张伟斌 2015年10月出版 / 估价：69.00元

城乡一体化蓝皮书
中国城乡一体化发展报告（2015）
著(编)者：付崇兰 汝信 2015年12月出版 / 估价：79.00元

城市创新蓝皮书
中国城市创新报告（2015）
著(编)者：周天勇 旷建伟 2015年8月出版 / 估价：69.00元

城市竞争力蓝皮书
中国城市竞争力报告（2015）
著(编)者：倪鹏飞 2015年5月出版 / 定价：89.00元

城市蓝皮书
中国城市发展报告NO.8
著(编)者：潘家华 魏后凯 2015年9月出版 / 估价：69.00元

城市群蓝皮书
中国城市群发展指数报告（2015）
著(编)者：刘新静 刘士林 2015年10月出版 / 估价：59.00元

城乡统筹蓝皮书
中国城乡统筹发展报告（2015）
著(编)者：潘晨光 程志强 2015年7月出版 / 估价：59.00元

城镇化蓝皮书
中国新型城镇化健康发展报告（2015）
著(编)者：张占斌 2015年7月出版 / 估价：79.00元

低碳发展蓝皮书
中国低碳发展报告（2015）
著(编)者：齐晔 2015年7月出版 / 估价：89.00元

低碳经济蓝皮书
中国低碳经济发展报告（2015）
著(编)者：薛进军 赵忠秀 2015年6月出版 / 定价：85.00元

东北蓝皮书
中国东北地区发展报告（2015）
著(编)者：马克 黄文艺 2015年8月出版 / 估价：79.00元

发展和改革蓝皮书
中国经济发展和体制改革报告（2015）
著(编)者：邹东涛 2015年11月出版 / 估价：98.00元

工业化蓝皮书
中国工业化进程报告（2015）
著(编)者：黄群慧 吕铁 李晓华 2015年11月出版 / 估价：89.00元

国际城市蓝皮书
国际城市发展报告（2015）
著(编)者：屠启宇 2015年1月出版 / 定价：79.00元

国家创新蓝皮书
中国创新发展报告（2015）
著(编)者：陈劲 2015年7月出版 / 估价：59.00元

环境竞争力绿皮书
中国省域环境竞争力发展报告（2015）
著(编)者：李建平 李闽榕 王金南
2015年12月出版 / 估价：198.00元

金融蓝皮书
中国金融发展报告（2015）
著(编)者：李扬 王国刚 2014年12月出版 / 定价：75.00元

金融信息服务蓝皮书
金融信息服务发展报告（2015）
著(编)者：鲁广锦 殷剑峰 林义相
2015年7月出版 / 估价：89.00元

经济蓝皮书
2015年中国经济形势分析与预测
著(编)者：李扬 2014年12月出版 / 定价：69.00元

经济蓝皮书·春季号
2015年中国经济前景分析
著(编)者：李扬 2015年5月出版 / 估价：79.00元

经济蓝皮书·夏季号
中国经济增长报告（2015）
著(编)者：李扬 2015年7月出版 / 估价：69.00元

经济信息绿皮书
中国与世界经济发展报告（2015）
著(编)者：杜平 2014年12月出版 / 定价：69.00元

就业蓝皮书
2015年中国大学生就业报告
著(编)者：麦可思研究院 2015年7月出版 / 估价：98.00元

就业蓝皮书
2015年中国高职高专生就业报告
著(编)者：麦可思研究院 2015年6月出版 / 定价：98.00元

就业蓝皮书
2015年中国本科生就业报告
著(编)者：麦可思研究院 2015年6月出版 / 定价：98.00元

临空经济蓝皮书
中国临空经济发展报告（2015）
著(编)者：连玉明 2015年9月出版 / 估价：79.00元

民营经济蓝皮书
中国民营经济发展报告（2015）
著(编)者：王钦敏 2015年12月出版 / 估价：79.00元

农村绿皮书
中国农村经济形势分析与预测（2014~2015）
著(编)者：中国社会科学院农村发展研究所
国家统计局农村社会经济调查司
2015年4月出版 / 定价：69.00元

经济类·社会政法类

皮书系列
2015全品种

农业应对气候变化蓝皮书
气候变化对中国农业影响评估报告（2015）
著(编)者：矫梅燕　2015年8月出版 / 估价：98.00元

企业公民蓝皮书
中国企业公民报告（2015）
著(编)者：邹东涛　2015年12月出版 / 估价：79.00元

气候变化绿皮书
应对气候变化报告（2015）
著(编)者：王伟光　郑国光　2015年10月出版 / 估价：79.00元

区域蓝皮书
中国区域经济发展报告（2014~2015）
著(编)者：梁昊光　2015年5月出版 / 定价：79.00元

全球环境竞争力绿皮书
全球环境竞争力报告（2015）
著(编)者：李建建　李闽榕　李建平　王金南
2015年12月出版 / 估价：198.00元

人口与劳动绿皮书
中国人口与劳动问题报告No.15
著(编)者：蔡昉　2015年1月出版 / 定价：59.00元

商务中心区蓝皮书
中国商务中心区发展报告（2015）
著(编)者：中国商务区联盟
中国社会科学院城市发展与环境研究所
2015年10月出版 / 估价：69.00元

商务中心区蓝皮书
中国商务中心区发展报告No.1（2014）
著(编)者：魏后凯　李国红　2015年1月出版 / 估价：89.00元

世界经济黄皮书
2015年世界经济形势分析与预测
著(编)者：王洛林　张宇燕　2015年1月出版 / 定价：69.00元

世界旅游城市绿皮书
世界旅游城市发展报告（2015）
著(编)者：鲁勇　周正宇　宋宇　2015年7月出版 / 估价：88.00元

西北蓝皮书
中国西北发展报告（2015）
著(编)者：赵宗福　孙发平　苏海红　鲁顺元　段庆林
2014年12月出版 / 定价：79.00元

西部蓝皮书
中国西部发展报告（2015）
著(编)者：姚慧琴　徐璋勇　2015年7月出版 / 估价：89.00元

新型城镇化蓝皮书
新型城镇化发展报告（2015）
著(编)者：李伟　2015年10月出版 / 估价：89.00元

新兴经济体蓝皮书
金砖国家发展报告（2015）
著(编)者：林跃勤　周文　2015年7月出版 / 估价：89.00元

中部竞争力蓝皮书
中国中部经济社会竞争力报告（2015）
著(编)者：教育部人文社会科学重点研究基地
南昌大学中国中部经济社会发展研究中心
2015年9月出版 / 估价：79.00元

中部蓝皮书
中国中部地区发展报告（2015）
著(编)者：喻新安　2015年7月出版 / 估价：69.00元

中国省域竞争力蓝皮书
中国省域经济综合竞争力发展报告（2013~2014）
著(编)者：李建平　李闽榕　高燕京
2015年2月出版 / 定价：198.00元

中三角蓝皮书
长江中游城市群发展报告（2015）
著(编)者：秦尊文　2015年10月出版 / 估价：69.00元

中小城市绿皮书
中国中小城市发展报告（2015）
著(编)者：中国城市经济学会中小城市经济发展委员会
《中国中小城市发展报告》编纂委员会
中小城市发展战略研究院
2015年10月出版 / 估价：98.00元

中原蓝皮书
中原经济区发展报告（2015）
著(编)者：李英杰　2015年7月出版 / 估价：88.00元

社会政法类

北京蓝皮书
中国社区发展报告（2015）
著(编)者：于燕燕　2015年7月出版 / 估价：69.00元

殡葬绿皮书
中国殡葬事业发展报告（2014~2015）
著(编)者：李伯森　2015年4月出版 / 估价：158.00元

城市管理蓝皮书
中国城市管理报告（2015）
著(编)者：谭维克　刘林　2015年12月出版 / 估价：158.00元

城市生活质量蓝皮书
中国城市生活质量报告（2015）
著(编)者：中国经济实验研究院　2015年7月出版 / 估价：59.00元

城市政府能力蓝皮书
中国城市政府公共服务能力评估报告（2015）
著(编)者：何艳玲　2015年7月出版 / 估价：59.00元

创新蓝皮书
创新型国家建设报告（2015）
著(编)者：詹正茂　2015年7月出版 / 估价：69.00元

社会政法类

慈善蓝皮书
中国慈善发展报告（2015）
著(编)者：杨团　2015年6月出版 / 定价:79.00元

地方法治蓝皮书
中国地方法治发展报告No.1（2014）
著(编)者：李林　田禾　2015年1月出版 / 定价:98.00元

法治蓝皮书
中国法治发展报告No.13（2015）
著(编)者：李林　田禾　2015年3月出版 / 定价:105.00元

反腐倡廉蓝皮书
中国反腐倡廉建设报告No.4
著(编)者：李秋芳　张英伟　2014年12月出版 / 定价:79.00元

非传统安全蓝皮书
中国非传统安全研究报告（2014~2015）
著(编)者：余潇枫　魏志江　2015年5月出版 / 定价:79.00元

妇女发展蓝皮书
中国妇女发展报告（2015）
著(编)者：王金玲　2015年9月出版 / 估价:148.00元

妇女教育蓝皮书
中国妇女教育发展报告（2015）
著(编)者：张李玺　2015年7月出版 / 估价:78.00元

妇女绿皮书
中国性别平等与妇女发展报告（2015）
著(编)者：谭琳　2015年12月出版 / 估价:99.00元

公共服务蓝皮书
中国城市基本公共服务力评价（2015）
著(编)者：钟君　吴正杲　2015年12月出版 / 定价:79.00元

公共服务满意度蓝皮书
中国城市公共服务评价报告（2015）
著(编)者：胡伟　2015年12月出版 / 定价:69.00元

公共外交蓝皮书
中国公共外交发展报告（2015）
著(编)者：赵启正　雷蔚真　2015年4月出版 / 定价:89.00元

公民科学素质蓝皮书
中国公民科学素质报告（2015）
著(编)者：李群　许佳军　2015年7月出版 / 定价:79.00元

公益蓝皮书
中国公益发展报告（2015）
著(编)者：朱健刚　2015年7月出版 / 定价:78.00元

管理蓝皮书
中国管理发展报告（2015）
著(编)者：张晓东　2015年9月出版 / 定价:98.00元

国际人才蓝皮书
中国国际移民报告（2015）
著(编)者：王辉耀　2015年2月出版 / 定价:79.00元

国际人才蓝皮书
中国海归发展报告（2015）
著(编)者：王辉耀　苗绿　2015年7月出版 / 定价:69.00元

国际人才蓝皮书
中国留学发展报告（2015）
著(编)者：王辉耀　苗绿　2015年9月出版 / 估价:69.00元

国家安全蓝皮书
中国国家安全研究报告（2015）
著(编)者：刘慧　2015年7月出版 / 定价:98.00元

行政改革蓝皮书
中国行政体制改革报告（2014~2015）
著(编)者：魏礼群　2015年4月出版 / 定价:98.00元

华侨华人蓝皮书
华侨华人研究报告（2015）
著(编)者：贾益民　2015年12月出版 / 估价:118.00元

环境绿皮书
中国环境发展报告（2015）
著(编)者：刘鉴强　2015年7月出版 / 定价:79.00元

基金会蓝皮书
中国基金会发展报告（2015）
著(编)者：刘忠祥　2016年6月出版 / 估价:69.00元

基金会绿皮书
中国基金会发展独立研究报告（2015）
著(编)者：基金会中心网　2015年8月出版 / 估价:88.00元

基金会透明度蓝皮书
中国基金会透明度发展研究报告（2015）
著(编)者：基金会中心网　清华大学廉政与治理研究中心　2015年9月出版 / 估价:78.00元

教师蓝皮书
中国中小学教师发展报告（2014）
著(编)者：曾晓东　鱼霞　2015年6月出版 / 定价:69.00元

教育蓝皮书
中国教育发展报告（2015）
著(编)者：杨东平　2015年5月出版 / 定价:79.00元

科普蓝皮书
中国科普基础设施发展报告（2015）
著(编)者：任福君　2015年7月出版 / 定价:59.00元

劳动保障蓝皮书
中国劳动保障发展报告（2015）
著(编)者：刘燕斌　2015年7月出版 / 估价:89.00元

老龄蓝皮书
中国老年宜居环境发展报告(2015)
著(编)者：吴玉韶　2015年9月出版 / 定价:79.00元

连片特困区蓝皮书
中国连片特困区发展报告（2014~2015）
著(编)者：游俊　冷志明　丁建军　2015年3月出版 / 定价:98.00元

民间组织蓝皮书
中国民间组织报告(2015)
著(编)者：潘晨光　黄晓勇　2015年8月出版 / 估价:69.00元

民调蓝皮书
中国民生调查报告（2015）
著(编)者：谢耘耕　2015年7月出版 / 估价:128.00元

民族发展蓝皮书
中国民族发展报告（2015）
著(编)者:郝时远 王延中 王希恩
2015年4月出版 / 定价:98.00元

女性生活蓝皮书
中国女性生活状况报告No.9 （2015）
著(编)者:韩湘景 2015年4月出版 / 定价:79.00元

企业公众透明度蓝皮书
中国企业公众透明度报告(2014~2015)No.1
著(编)者:黄速建 王晓光 肖红军
2015年1月出版 / 定价:98.00元

企业国际化蓝皮书
中国企业国际化报告(2015)
著(编)者:王辉耀 2015年10月出版 / 估价:79.00元

汽车社会蓝皮书
中国汽车社会发展报告（2015）
著(编)者:王俊秀 2015年7月出版 / 估价:59.00元

青年蓝皮书
中国青年发展报告No.3
著(编)者:廉思 2015年7月出版 / 估价:59.00元

区域人才蓝皮书
中国区域人才竞争力报告（2015）
著(编)者:桂昭明 王辉耀 2015年7月出版 / 估价:69.00元

群众体育蓝皮书
中国群众体育发展报告（2015）
著(编)者:刘国永 杨桦 2015年8月出版 / 估价:69.00元

人才蓝皮书
中国人才发展报告（2015）
著(编)者:潘晨光 2015年8月出版 / 估价:85.00元

人权蓝皮书
中国人权事业发展报告（2015）
著(编)者:中国人权研究会 2015年8月出版 / 估价:99.00元

森林碳汇绿皮书
中国森林碳汇评估发展报告（2015）
著(编)者:闫文德 胡文臻 2015年9月出版 / 估价:79.00元

社会保障绿皮书
中国社会保障发展报告（2015）No.7
著(编)者:王延中 2015年4月出版 / 定价:89.00元

社会工作蓝皮书
中国社会工作发展报告（2015）
著(编)者:民政部社会工作研究中心
2015年8月出版 / 估价:79.00元

社会管理蓝皮书
中国社会管理创新报告（2015）
著(编)者:连玉明 2015年9月出版 / 估价:89.00元

社会蓝皮书
2015年中国社会形势分析与预测
著(编)者:李培林 陈光金 张 翼
2014年12月出版 / 定价:69.00元

社会体制蓝皮书
中国社会体制改革报告No.3（2015）
著(编)者:龚维斌 2015年4月出版 / 定价:79.00元

社会心态蓝皮书
中国社会心态研究报告（2015）
著(编)者:王俊秀 杨宜音 2015年10月出版 / 估价:69.00元

社会组织蓝皮书
中国社会组织评估发展报告（2015）
著(编)者:徐家良 廖鸿 2015年12月出版 / 估价:69.00元

生态城市绿皮书
中国生态城市建设发展报告（2015）
著(编)者:刘举科 孙伟平 胡文臻 2015年7月出版 / 估价:98.00元

生态文明绿皮书
中国省域生态文明建设评价报告（ECI 2015）
著(编)者:严耕 2015年9月出版 / 估价:85.00元

世界社会主义黄皮书
世界社会主义跟踪研究报告（2014~2015）
著(编)者:李慎明 2015年4月出版 / 定价:258.00元

水与发展蓝皮书
中国水风险评估报告（2015）
著(编)者:王浩 2015年9月出版 / 估价:69.00元

土地整治蓝皮书
中国土地整治发展研究报告No.2
著(编)者:国土资源部土地整治中心 2015年5月出版 / 定价:89.00元

网络空间安全蓝皮书
中国网络空间安全发展报告（2015）
著(编)者:惠志斌 唐涛 2015年4月出版 / 定价:79.00元

危机管理蓝皮书
中国危机管理报告（2015）
著(编)者:文学国 2015年8月出版 / 估价:89.00元

协会商会蓝皮书
中国行业协会商会发展报告（2014）
著(编)者:景朝阳 李勇 2015年4月出版 / 定价:99.00元

形象危机应对蓝皮书
形象危机应对研究报告（2015）
著(编)者:唐钧 2015年7月出版 / 估价:149.00元

医改蓝皮书
中国医药卫生体制改革报告（2015～2016）
著(编)者:文学国 房志武 2015年12月出版 / 估价:79.00元

医疗卫生绿皮书
中国医疗卫生发展报告（2015）
著(编)者:申宝忠 韩玉珍 2015年7月出版 / 估价:75.00元

应急管理蓝皮书
中国应急管理报告（2015）
著(编)者:宋英华 2015年10月出版 / 估价:69.00元

政治参与蓝皮书
中国政治参与报告（2015）
著(编)者:房宁 2015年7月出版 / 估价:105.00元

政治发展蓝皮书
中国政治发展报告（2015）
著(编)者：房宁 杨海蛟　2015年7月出版 / 估价：88.00元

中国农村妇女发展蓝皮书
流动女性城市融入发展报告（2015）
著(编)者：谢丽华　2015年11月出版 / 估价：69.00元

宗教蓝皮书
中国宗教报告（2015）
著(编)者：金泽 邱永辉　2016年5月出版 / 估价：59.00元

行业报告类

保险蓝皮书
中国保险业竞争力报告（2015）
著(编)者：项俊波　2015年12月出版 / 估价：98.00元

彩票蓝皮书
中国彩票发展报告（2015）
著(编)者：益彩基金　2015年4月出版 / 定价：98.00元

餐饮产业蓝皮书
中国餐饮产业发展报告（2015）
著(编)者：邢颖　2015年4月出版 / 定价：69.00元

测绘地理信息蓝皮书
智慧中国地理空间智能体系研究报告（2015）
著(编)者：库热西·买合苏提　2015年12月出版 / 估价：98.00元

茶业蓝皮书
中国茶产业发展报告（2015）
著(编)者：杨江帆 李闽榕　2015年10月出版 / 估价：78.00元

产权市场蓝皮书
中国产权市场发展报告（2015）
著(编)者：曹和平　2015年12月出版 / 估价：79.00元

电子政务蓝皮书
中国电子政务发展报告（2015）
著(编)者：洪毅 杜平　2015年11月出版 / 估价：79.00元

杜仲产业绿皮书
中国杜仲橡胶资源与产业发展报告（2014～2015）
著(编)者：杜红岩 胡文臻 俞锐
2015年1月出版 / 定价：85.00元

房地产蓝皮书
中国房地产发展报告No.12（2015）
著(编)者：魏后凯 李景国　2015年5月出版 / 定价：79.00元

服务外包蓝皮书
中国服务外包产业发展报告（2015）
著(编)者：王晓红 刘德军　2015年7月出版 / 估价：89.00元

工业和信息化蓝皮书
移动互联网产业发展报告（2014～2015）
著(编)者：洪京一　2015年4月出版 / 估价：79.00元

工业和信息化蓝皮书
世界网络安全发展报告（2014～2015）
著(编)者：洪京一　2015年4月出版 / 估价：69.00元

工业和信息化蓝皮书
世界制造业发展报告（2014～2015）
著(编)者：洪京一　2015年4月出版 / 定价：69.00元

工业和信息化蓝皮书
世界信息化发展报告（2014～2015）
著(编)者：洪京一　2015年4月出版 / 定价：69.00元

工业和信息化蓝皮书
世界信息技术产业发展报告（2014～2015）
著(编)者：洪京一　2015年4月出版 / 定价：79.00元

工业设计蓝皮书
中国工业设计发展报告（2015）
著(编)者：王晓红 于炜 张立群　2015年9月出版 / 估价：138.00元

互联网金融蓝皮书
中国互联网金融发展报告（2015）
著(编)者：芮晓武 刘烈宏　2015年8月出版 / 估价：79.00元

会展蓝皮书
中外会展业动态评估年度报告（2015）
著(编)者：张敏　2015年1月出版 / 定价：78.00元

金融监管蓝皮书
中国金融监管报告（2015）
著(编)者：胡滨　2015年4月出版 / 定价：89.00元

金融蓝皮书
中国商业银行竞争力报告（2015）
著(编)者：王松奇　2015年12月出版 / 估价：69.00元

客车蓝皮书
中国客车产业发展报告（2014～2015）
著(编)者：姚蔚　2015年2月出版 / 定价：85.00元

老龄蓝皮书
中国老龄产业发展报告（2015）
著(编)者：吴玉韶 党俊武　2015年9月出版 / 估价：79.00元

流通蓝皮书
中国商业发展报告（2015）
著(编)者：荆林波　2015年7月出版 / 估价：89.00元

旅游安全蓝皮书
中国旅游安全报告（2015）
著(编)者：郑向敏 谢朝武　2015年5月出版 / 定价：128.00元

行业报告类 | **皮书系列 2015全品种**

旅游景区蓝皮书
中国旅游景区发展报告（2015）
著(编)者：黄安民　2015年7月出版 / 定价:79.00元

旅游绿皮书
2014~2015年中国旅游发展分析与预测
著(编)者：宋瑞　2015年1月出版 / 定价:98.00元

煤炭蓝皮书
中国煤炭工业发展报告（2015）
著(编)者：岳福斌　2015年12月出版 / 估价:79.00元

民营医院蓝皮书
中国民营医院发展报告（2015）
著(编)者：庄一强　2015年10月出版 / 估价:75.00元

闽商蓝皮书
闽商发展报告（2015）
著(编)者：王日根　李闽榕　2015年12月出版 / 估价:69.00元

能源蓝皮书
中国能源发展报告（2015）
著(编)者：崔民选　王军生　2015年8月出版 / 估价:79.00元

农产品流通蓝皮书
中国农产品流通产业发展报告（2015）
著(编)者：贾敬敦　张东科　张玉玺　孔令羽　张鹏毅
2015年9月出版 / 估价:89.00元

企业蓝皮书
中国企业竞争力报告（2015）
著(编)者：金碚　2015年11月出版 / 估价:89.00元

企业社会责任蓝皮书
中国企业社会责任研究报告（2015）
著(编)者：黄群慧　彭华岗　钟宏武　张蒽
2015年11月出版 / 估价:69.00元

汽车安全蓝皮书
中国汽车安全发展报告（2015）
著(编)者：中国汽车技术研究中心
2015年7月出版 / 估价:79.00元

汽车工业蓝皮书
中国汽车工业发展年度报告（2015）
著(编)者：中国汽车工业协会　中国汽车技术研究中心
丰田汽车（中国）投资有限公司
2015年4月出版 / 估价:128.00元

汽车蓝皮书
中国汽车产业发展报告（2015）
著(编)者：国务院发展研究中心产业经济研究部
中国汽车工程学会　大众汽车集团（中国）
2015年7月出版 / 估价:128.00元

清洁能源蓝皮书
国际清洁能源发展报告（2015）
著(编)者：国际清洁能源论坛（澳门）
2015年9月出版 / 估价:89.00元

人力资源蓝皮书
中国人力资源发展报告（2015）
著(编)者：余兴安　2015年9月出版 / 估价:79.00元

融资租赁蓝皮书
中国融资租赁业发展报告（2014~2015）
著(编)者：李光荣　王力　2015年1月出版 / 定价:89.00元

软件和信息服务业蓝皮书
中国软件和信息服务业发展报告（2015）
著(编)者：陈新河　洪京一　2015年12月出版 / 估价:198.00元

上市公司蓝皮书
上市公司质量评价报告（2015）
著(编)者：张跃文　王力　2015年10月出版 / 估价:118.00元

设计产业蓝皮书
中国设计产业发展报告（2014~2015）
著(编)者：陈冬亮　梁昊光　2015年3月出版 / 估价:89.00元

食品药品蓝皮书
食品药品安全与监管政策研究报告（2015）
著(编)者：唐民皓　2015年7月出版 / 估价:69.00元

世界能源蓝皮书
世界能源发展报告（2015）
著(编)者：黄晓勇　2015年6月出版 / 定价:99.00元

碳市场蓝皮书
中国碳市场报告（2015）
著(编)者：低碳发展国际合作联盟
2015年11月出版 / 估价:69.00元

体育蓝皮书
中国体育产业发展报告（2015）
著(编)者：阮伟　钟秉枢　2015年7月出版 / 估价:69.00元

体育蓝皮书
长三角地区体育产业发展报告（2014~2015）
著(编)者：张林　2015年4月出版 / 定价:79.00元

投资蓝皮书
中国投资发展报告（2015）
著(编)者：谢平　2015年4月出版 / 定价:128.00元

物联网蓝皮书
中国物联网发展报告（2015）
著(编)者：黄桂田　2015年7月出版 / 估价:59.00元

西部工业蓝皮书
中国西部工业发展报告（2015）
著(编)者：方行明　甘犁　刘方健　姜凌　等
2015年9月出版 / 估价:79.00元

西部金融蓝皮书
中国西部金融发展报告（2015）
著(编)者：李忠民　2015年8月出版 / 估价:75.00元

新能源汽车蓝皮书
中国新能源汽车产业发展报告（2015）
著(编)者：中国汽车技术研究中心
日产（中国）投资有限公司　东风汽车有限公司
2015年8月出版 / 估价:69.00元

信托市场蓝皮书
中国信托业市场报告（2014~2015）
著(编)者：用益信托工作室　2015年2月出版 / 定价:198.00元

皮书系列 2015全品种 — 文化传媒类

信息产业蓝皮书
世界软件和信息技术产业发展报告（2015）
著(编)者：洪京一　2015年8月出版 / 估价：79.00元

信息化蓝皮书
中国信息化形势分析与预测（2015）
著(编)者：周宏仁　2015年8月出版 / 估价：98.00元

信用蓝皮书
中国信用发展报告（2014~2015）
著(编)者：章政　田侃　2015年4月出版 / 定价：99.00元

休闲绿皮书
2015年中国休闲发展报告
著(编)者：刘德谦　2015年7月出版 / 估价：59.00元

医药蓝皮书
中国中医药产业园战略发展报告（2015）
著(编)者：裴长洪　房书亭　吴滌心　2015年7月出版 / 估价：89.00元

邮轮绿皮书
中国邮轮产业发展报告（2015）
著(编)者：汪泓　2015年9月出版 / 估价：79.00元

中国上市公司蓝皮书
中国上市公司发展报告（2015）
著(编)者：许雄斌　张平　2015年9月出版 / 估价：98.00元

中国总部经济蓝皮书
中国总部经济发展报告（2015）
著(编)者：赵弘　2015年7月出版 / 估价：79.00元

住房绿皮书
中国住房发展报告（2014~2015）
著(编)者：倪鹏飞　2014年12月出版 / 定价：79.00元

资本市场蓝皮书
中国场外交易市场发展报告（2015）
著(编)者：高峦　2015年8月出版 / 估价：79.00元

资产管理蓝皮书
中国资产管理行业发展报告（2015）
著(编)者：智信资产管理研究院　2015年6月出版 / 定价：89.00元

文化传媒类

传媒竞争力蓝皮书
中国传媒国际竞争力研究报告（2015）
著(编)者：李本乾　2015年9月出版 / 估价：88.00元

传媒蓝皮书
中国传媒产业发展报告（2015）
著(编)者：崔保国　2015年5月出版 / 定价：98.00元

传媒投资蓝皮书
中国传媒投资发展报告（2015）
著(编)者：张向东　2015年7月出版 / 估价：89.00元

动漫蓝皮书
中国动漫产业发展报告（2015）
著(编)者：卢斌　郑玉明　牛兴侦　2015年7月出版 / 估价：79.00元

非物质文化遗产蓝皮书
中国非物质文化遗产发展报告（2015）
著(编)者：陈平　2015年5月出版 / 定价：98.00元

广电蓝皮书
中国广播电影电视发展报告（2015）
著(编)者：杨明品　2015年7月出版 / 估价：98.00元

广告主蓝皮书
中国广告主营销传播趋势报告（2015）
著(编)者：黄升民　2015年7月出版 / 估价：148.00元

国际传播蓝皮书
中国国际传播发展报告（2015）
著(编)者：胡正荣　李继东　姬德强
2015年7月出版 / 估价：89.00元

国家形象蓝皮书
2015年国家形象研究报告
著(编)者：张昆　2015年7月出版 / 估价：79.00元

纪录片蓝皮书
中国纪录片发展报告（2015）
著(编)者：何苏六　2015年9月出版 / 估价：79.00元

科学传播蓝皮书
中国科学传播报告（2015）
著(编)者：詹正茂　2015年7月出版 / 估价：69.00元

两岸文化蓝皮书
两岸文化产业合作发展报告（2015）
著(编)者：胡惠林　李保宗　2015年7月出版 / 估价：79.00元

媒介与女性蓝皮书
中国媒介与女性发展报告（2015）
著(编)者：刘利群　2015年8月出版 / 估价：69.00元

全球传媒蓝皮书
全球传媒发展报告（2015）
著(编)者：胡正荣　2015年12月出版 / 估价：79.00元

少数民族非遗蓝皮书
中国少数民族非物质文化遗产发展报告（2015）
著(编)者：肖远平　柴立　2015年6月出版 / 定价：128.00元

世界文化发展蓝皮书
世界文化发展报告（2015）
著(编)者：张庆宗　高乐田　郭熙煌
2015年7月出版 / 估价：89.00元

文化传媒类・地方发展类

皮书系列 2015全品种

视听新媒体蓝皮书
中国视听新媒体发展报告（2015）
著(编)者：袁同楠　2015年7月出版　定价：98.00元

文化创新蓝皮书
中国文化创新报告（2015）
著(编)者：于平　傅才武　2015年7月出版　估价：79.00元

文化建设蓝皮书
中国文化发展报告（2015）
著(编)者：江畅　孙伟平　戴茂堂
2016年4月出版　估价：138.00元

文化科技蓝皮书
文化科技创新发展报告（2015）
著(编)者：于平　李凤亮　2015年10月出版　估价：89.00元

文化蓝皮书
中国文化产业供需协调检测报告（2015）
著(编)者：王亚南　2015年2月出版　定价：79.00元

文化蓝皮书
中国文化消费需求景气评价报告（2015）
著(编)者：王亚南　2015年2月出版　定价：79.00元

文化蓝皮书
中国文化产业发展报告（2015）
著(编)者：张晓明　王家新　章建刚
2015年7月出版　估价：79.00元

文化蓝皮书
中国公共文化投入增长测评报告（2015）
著(编)者：王亚南　2014年12月出版　定价：79.00元

文化蓝皮书
中国文化政策发展报告（2015）
著(编)者：傅才武　宋文玉　燕东升
2015年9月出版　估价：98.00元

文化品牌蓝皮书
中国文化品牌发展报告（2015）
著(编)者：欧阳友权　2015年4月出版　定价：89.00元

文化遗产蓝皮书
中国文化遗产事业发展报告（2015）
著(编)者：刘世锦　2015年12月出版　估价：89.00元

文学蓝皮书
中国文情报告（2014～2015）
著(编)者：白烨　2015年5月出版　定价：49.00元

新媒体蓝皮书
中国新媒体发展报告No.6（2015）
著(编)者：唐绪军　2015年7月出版　定价：79.00元

新媒体社会责任蓝皮书
中国新媒体社会责任研究报告（2015）
著(编)者：钟瑛　2015年10月出版　定价：79.00元

移动互联网蓝皮书
中国移动互联网发展报告（2015）
著(编)者：官建文　2015年6月出版　定价：79.00元

舆情蓝皮书
中国社会舆情与危机管理报告（2015）
著(编)者：谢耘耕　2015年8月出版　定价：98.00元

地方发展类

安徽经济蓝皮书
芜湖创新型城市发展报告（2015）
著(编)者：杨少华　王开玉　2015年7月出版　估价：69.00元

安徽蓝皮书
安徽社会发展报告（2015）
著(编)者：程桦　2015年4月出版　定价：89.00元

安徽社会建设蓝皮书
安徽社会建设分析报告（2015）
著(编)者：黄家海　王开玉　蔡宪　2015年7月出版　估价：69.00元

澳门蓝皮书
澳门经济社会发展报告（2014～2015）
著(编)者：吴志良　郝雨凡　2015年5月出版　定价：79.00元

北京蓝皮书
北京公共服务发展报告（2014～2015）
著(编)者：施昌奎　2015年1月出版　定价：69.00元

北京蓝皮书
北京经济发展报告（2014～2015）
著(编)者：杨松　2015年6月出版　定价：79.00元

北京蓝皮书
北京社会治理发展报告（2014～2015）
著(编)者：殷星辰　2015年6月出版　定价：79.00元

北京蓝皮书
北京文化发展报告（2014～2015）
著(编)者：李建盛　2015年5月出版　定价：79.00元

北京蓝皮书
北京社会发展报告（2015）
著(编)者：缪青　2015年7月出版　定价：79.00元

北京蓝皮书
北京社区发展报告（2015）
著(编)者：于燕燕　2015年1月出版　定价：79.00元

北京旅游绿皮书
北京旅游发展报告（2015）
著(编)者：北京旅游学会　2015年7月出版　估价：88.00元

北京律师蓝皮书
北京律师发展报告（2015）
著(编)者：王隽　2015年12月出版　估价：75.00元

皮书系列 2015全品种

地方发展类

北京人才蓝皮书
北京人才发展报告（2015）
著(编)者:于淼　2015年7月出版 / 估价:89.00元

北京社会心态蓝皮书
北京社会心态分析报告（2015）
著(编)者:北京社会心理研究所　2015年7月出版 / 估价:69.00元

北京社会组织管理蓝皮书
北京社会组织发展与管理（2015）
著(编)者:黄江松　2015年4月出版 / 定价:78.00元

北京养老产业蓝皮书
北京养老产业发展报告（2015）
著(编)者:周明明　冯喜良　2015年4月出版 / 定价:69.00元

滨海金融蓝皮书
滨海新区金融发展报告（2015）
著(编)者:王爱俭　张锐钢　2015年9月出版 / 估价:79.00元

城乡一体化蓝皮书
中国城乡一体化发展报告（北京卷）（2014~2015）
著(编)者:张宝秀　黄序　2015年5月出版 / 估价:79.00元

创意城市蓝皮书
北京文化创意产业发展报告（2015）
著(编)者:张京成　2015年11月出版 / 估价:65.00元

创意城市蓝皮书
无锡文化创意产业发展报告（2015）
著(编)者:谭军　张鸣年　2015年10月出版 / 估价:75.00元

创意城市蓝皮书
武汉市文化创意产业发展报告（2015）
著(编)者:袁堃　黄永林　2015年11月出版 / 估价:85.00元

创意城市蓝皮书
重庆创意产业发展报告（2015）
著(编)者:程宇宁　2015年7月出版 / 估价:89.00元

创意城市蓝皮书
青岛文化创意产业发展报告（2015）
著(编)者:马达　张丹妮　2015年7月出版 / 估价:79.00元

福建妇女发展蓝皮书
福建省妇女发展报告（2015）
著(编)者:刘群英　2015年10月出版 / 估价:58.00元

甘肃蓝皮书
甘肃舆情分析与预测（2015）
著(编)者:陈双梅　郝树声　2015年1月出版 / 定价:79.00元

甘肃蓝皮书
甘肃文化发展分析与预测（2015）
著(编)者:安文华　周小华　2015年1月出版 / 定价:79.00元

甘肃蓝皮书
甘肃社会发展分析与预测（2015）
著(编)者:安文华　包晓霞　2015年1月出版 / 定价:79.00元

甘肃蓝皮书
甘肃经济发展分析与预测（2015）
著(编)者:朱智文　罗哲　2015年1月出版 / 定价:79.00元

甘肃蓝皮书
甘肃县域经济综合竞争力评价（2015）
著(编)者:刘进军　2015年7月出版 / 估价:69.00元

甘肃蓝皮书
甘肃县域社会发展评价报告（2015）
著(编)者:刘进军　柳民　王建兵　2015年1月出版 / 定价:79.00元

广东蓝皮书
广东省电子商务发展报告（2015）
著(编)者:程晓　2015年12月出版 / 估价:69.00元

广东蓝皮书
广东社会工作发展报告（2015）
著(编)者:罗观翠　2015年7月出版 / 估价:89.00元

广东社会建设蓝皮书
广东省社会建设发展报告（2015）
著(编)者:广东省社会工作委员会　2015年10月出版 / 估价:89.00元

广东外经贸蓝皮书
广东对外经济贸易发展研究报告（2014~2015）
著(编)者:陈万灵　2015年5月出版 / 估价:89.00元

广西北部湾经济区蓝皮书
广西北部湾经济区开放开发报告（2015）
著(编)者:广西北部湾经济区规划建设管理委员会办公室　广西社会科学院广西北部湾发展研究院
2015年8月出版 / 估价:79.00元

广州蓝皮书
广州社会保障发展报告（2015）
著(编)者:蔡国萱　2015年7月出版 / 估价:65.00元

广州蓝皮书
2015年中国广州社会形势分析与预测
著(编)者:张强　陈怡霓　杨秦　2015年6月出版 / 定价:79.00元

广州蓝皮书
广州经济发展报告（2015）
著(编)者:李江涛　朱名宏　2015年7月出版 / 估价:69.00元

广州蓝皮书
广州商贸业发展报告（2015）
著(编)者:李江涛　王旭东　荀振英　2015年7月出版 / 估价:69.00元

广州蓝皮书
2015年中国广州经济形势分析与预测
著(编)者:庾建设　沈奎　谢博能
2015年6月出版 / 定价:79.00元

广州蓝皮书
中国广州文化发展报告（2015）
著(编)者:徐俊忠　陆志强　顾涧清
2015年7月出版 / 估价:69.00元

广州蓝皮书
广州农村发展报告（2015）
著(编)者:李江涛　汤锦华　2015年8月出版 / 估价:69.00元

广州蓝皮书
中国广州城市建设与管理发展报告（2015）
著(编)者:董皞　冼伟雄　2015年7月出版 / 估价:69.00元

地方发展类
皮书系列 2015全品种

广州蓝皮书
中国广州科技和信息化发展报告（2015）
著(编)者：邹采荣 马正勇 冯元
2015年7月出版 / 估价：79.00元

广州蓝皮书
广州创新型城市发展报告（2015）
著(编)者：李江涛　2015年7月出版 / 估价：69.00元

广州蓝皮书
广州文化创意产业发展报告（2015）
著(编)者：甘新　2015年8月出版 / 估价：79.00元

广州蓝皮书
广州志愿服务发展报告（2015）
著(编)者：魏国华 张强　2015年9月出版 / 估价：69.00元

广州蓝皮书
广州城市国际化发展报告（2015）
著(编)者：朱名宏　2015年9月出版 / 估价：59.00元

广州蓝皮书
广州汽车产业发展报告（2015）
著(编)者：李江涛 杨再高　2015年9月出版 / 估价：69.00元

贵州房地产蓝皮书
贵州房地产发展报告（2015）
著(编)者：武廷方　2015年6月出版 / 定价：89.00元

贵州蓝皮书
贵州人才发展报告（2015）
著(编)者：于杰 吴大华　2015年7月出版 / 估价：69.00元

贵州蓝皮书
贵安新区发展报告（2014）
著(编)者：马长青 吴大华　2015年4月出版 / 估价：69.00元

贵州蓝皮书
贵州社会发展报告（2015）
著(编)者：王兴骥　2015年5月出版 / 定价：79.00元

贵州蓝皮书
贵州法治发展报告（2015）
著(编)者：吴大华　2015年5月出版 / 定价：79.00元

贵州蓝皮书
贵州国有企业社会责任发展报告（2015）
著(编)者：郭丽　2015年10月出版 / 定价：79.00元

海淀蓝皮书
海淀区文化和科技融合发展报告（2015）
著(编)者：孟景伟 陈名杰　2015年7月出版 / 估价：75.00元

海峡西岸蓝皮书
海峡西岸经济区发展报告（2015）
著(编)者：黄端　2015年9月出版 / 估价：65.00元

杭州都市圈蓝皮书
杭州都市圈发展报告（2015）
著(编)者：董祖德 沈翔　2015年7月出版 / 定价：89.00元

杭州蓝皮书
杭州妇女发展报告（2015）
著(编)者：魏颖　2015年4月出版 / 定价：79.00元

河北经济蓝皮书
河北省经济发展报告（2015）
著(编)者：马树强 金浩 刘兵 张贵　2015年3月出版 / 定价：89.00元

河北蓝皮书
河北经济社会发展报告（2015）
著(编)者：周文夫　2015年1月出版 / 定价：79.00元

河北食品药品安全蓝皮书
河北食品药品安全研究报告（2015）
著(编)者：丁锦霞　2015年6月出版 / 定价：79.00元

河南经济蓝皮书
2015年河南经济形势分析与预测
著(编)者：胡五岳　2015年2月出版 / 定价：69.00元

河南蓝皮书
河南城市发展报告（2015）
著(编)者：谷建全 王建国　2015年3月出版 / 定价：79.00元

河南蓝皮书
2015年河南社会形势分析与预测
著(编)者：刘道兴 牛苏林　2015年4月出版 / 定价：69.00元

河南蓝皮书
河南工业发展报告（2015）
著(编)者：龚绍东 赵西三　2015年1月出版 / 定价：79.00元

河南蓝皮书
河南文化发展报告（2015）
著(编)者：卫绍生　2015年3月出版 / 定价：79.00元

河南蓝皮书
河南经济发展报告（2015）
著(编)者：喻新安　2014年12月出版 / 定价：79.00元

河南蓝皮书
河南法治发展报告（2015）
著(编)者：丁同民 阎德民　2015年7月出版 / 定价：69.00元

河南蓝皮书
河南金融发展报告（2015）
著(编)者：喻新安 谷建全　2015年6月出版 / 定价：69.00元

河南蓝皮书
河南农业农村发展报告（2015）
著(编)者：吴海峰　2015年4月出版 / 定价：69.00元

河南商务蓝皮书
河南商务发展报告（2015）
著(编)者：焦锦淼 穆荣国　2015年4月出版 / 定价：88.00元

黑龙江产业蓝皮书
黑龙江产业发展报告（2015）
著(编)者：于渤　2015年9月出版 / 估价：79.00元

黑龙江蓝皮书
黑龙江经济发展报告（2015）
著(编)者：曲伟　2015年1月出版 / 定价：79.00元

黑龙江蓝皮书
黑龙江社会发展报告（2015）
著(编)者：张新颖　2015年1月出版 / 定价：79.00元

地方发展类

湖北文化蓝皮书
湖北文化发展报告（2015）
著（编）者：江畅 吴成国　2015年7月出版 / 估价：89.00元

湖南城市蓝皮书
区域城市群整合
著（编）者：童中贤 韩未沫　2015年12月出版 / 估价：79.00元

湖南蓝皮书
2015年湖南电子政务发展报告
著（编）者：梁志峰　2015年5月出版 / 定价：98.00元

湖南蓝皮书
2015年湖南社会发展报告
著（编）者：梁志峰　2015年5月出版 / 定价：98.00元

湖南蓝皮书
2015年湖南产业发展报告
著（编）者：梁志峰　2015年5月出版 / 定价：98.00元

湖南蓝皮书
2015年湖南经济展望
著（编）者：梁志峰　2015年5月出版 / 定价：128.00元

湖南蓝皮书
2015年湖南县域经济社会发展报告
著（编）者：梁志峰　2015年5月出版 / 定价：98.00元

湖南蓝皮书
2015年湖南两型社会与生态文明发展报告
著（编）者：梁志峰　2015年5月出版 / 定价：98.00元

湖南县域绿皮书
湖南县域发展报告No.2
著（编）者：朱有志　2015年7月出版 / 估价：69.00元

沪港蓝皮书
沪港发展报告（2014~2015）
著（编）者：尤安山　2015年4月出版 / 定价：89.00元

吉林蓝皮书
2015年吉林经济社会形势分析与预测
著（编）者：马克　2015年2月出版 / 定价：89.00元

济源蓝皮书
济源经济社会发展报告（2015）
著（编）者：喻新安　2015年4月出版 / 定价：69.00元

健康城市蓝皮书
北京健康城市建设研究报告（2015）
著（编）者：王鸿春　2015年4月出版 / 定价：79.00元

江苏法治蓝皮书
江苏法治发展报告（2015）
著（编）者：李力 龚廷泰　2015年9月出版 / 估价：98.00元

京津冀蓝皮书
京津冀发展报告（2015）
著（编）者：文魁 祝尔娟　2015年4月出版 / 定价：89.00元

经济特区蓝皮书
中国经济特区发展报告（2015）
著（编）者：陶一桃　2015年7月出版 / 估价：89.00元

辽宁蓝皮书
2015年辽宁经济社会形势分析与预测
著（编）者：曹晓峰 张晶 梁启东　2014年12月出版 / 定价：79.00元

南京蓝皮书
南京文化发展报告（2015）
著（编）者：南京文化产业研究中心　2015年12月出版 / 估价：79.00元

内蒙古蓝皮书
内蒙古反腐倡廉建设报告（2015）
著（编）者：张志华 无极　2015年12月出版 / 估价：69.00元

浦东新区蓝皮书
上海浦东经济发展报告（2015）
著（编）者：沈开艳 陆沪根　2015年1月出版 / 定价：69.00元

青海蓝皮书
2015年青海经济社会形势分析与预测
著（编）者：赵宗福　2014年12月出版 / 定价：69.00元

人口与健康蓝皮书
深圳人口与健康发展报告（2015）
著（编）者：曾序春　2015年12月出版 / 估价：89.00元

山东蓝皮书
山东社会形势分析与预测（2015）
著（编）者：张华 唐洲雁　2015年7月出版 / 估价：89.00元

山东蓝皮书
山东经济形势分析与预测（2015）
著（编）者：张华 唐洲雁　2015年7月出版 / 估价：89.00元

山东蓝皮书
山东文化发展报告（2015）
著（编）者：张华 唐洲雁　2015年7月出版 / 估价：98.00元

山西蓝皮书
山西资源型经济转型发展报告（2015）
著（编）者：李志强　2015年5月出版 / 估价：89.00元

陕西蓝皮书
陕西经济发展报告（2015）
著（编）者：任宗哲 白宽犁 裴成荣　2015年1月出版 / 定价：69.0

陕西蓝皮书
陕西社会发展报告（2015）
著（编）者：任宗哲 白宽犁 牛昉　2015年1月出版 / 定价：69.00

陕西蓝皮书
陕西文化发展报告（2015）
著（编）者：任宗哲 白宽犁 王长寿　2015年1月出版 / 定价：65.0

陕西蓝皮书
丝绸之路经济带发展报告（2015）
著（编）者：任宗哲 石英 白宽犁
2015年8月出版 / 估价：79.00元

上海蓝皮书
上海文学发展报告（2015）
著（编）者：陈圣来　2015年1月出版 / 定价：69.00元

上海蓝皮书
上海文化发展报告（2015）
著（编）者：荣跃明　2015年1月出版 / 定价：74.00元

地方发展类·国别与地区类

上海蓝皮书
上海资源环境发展报告（2015）
著(编)者：周冯琦 汤庆合 任文伟
2015年1月出版 / 定价：69.00元

上海蓝皮书
上海社会发展报告（2015）
著(编)者：杨雄 周海旺 2015年1月出版 / 定价：69.00元

上海蓝皮书
上海经济发展报告（2015）
著(编)者：沈开艳 2015年1月出版 / 定价：69.00元

上海蓝皮书
上海传媒发展报告（2015）
著(编)者：强荧 焦雨虹 2015年1月出版 / 定价：69.00元

上海蓝皮书
上海法治发展报告（2015）
著(编)者：叶青 2015年5月出版 / 定价：69.00元

上饶蓝皮书
上饶发展报告（2015）
著(编)者：朱寅健 2015年7月出版 / 估价：128.00元

社会建设蓝皮书
2015年北京社会建设分析报告
著(编)者：宋贵伦 冯虹 2015年7月出版 / 定价：79.00元

深圳蓝皮书
深圳劳动关系发展报告（2015）
著(编)者：汤庭芬 2015年7月出版 / 估价：75.00元

深圳蓝皮书
深圳经济发展报告（2015）
著(编)者：张骁儒 2015年7月出版 / 定价：79.00元

深圳蓝皮书
深圳社会发展报告（2015）
著(编)者：叶民辉 张骁儒 2015年7月出版 / 估价：89.00元

深圳蓝皮书
深圳法治发展报告（2015）
著(编)者：张骁儒 2015年5月出版 / 定价：69.00元

四川蓝皮书
四川文化产业发展报告（2015）
著(编)者：侯水平 2015年4月出版 / 定价：79.00元

四川蓝皮书
四川企业社会责任研究报告（2014~2015）
著(编)者：侯水平 盛毅 2015年4月出版 / 定价：79.00元

四川蓝皮书
四川法治发展报告（2015）
著(编)者：郑泰安 2015年1月出版 / 定价：69.00元

四川蓝皮书
四川生态建设报告（2015）
著(编)者：李晟之 2015年4月出版 / 定价：79.00元

四川蓝皮书
四川城镇化发展报告（2015）
著(编)者：侯水平 范秋美 2015年4月出版 / 定价：79.00元

四川蓝皮书
四川社会发展报告（2015）
著(编)者：郭晓鸣 2015年4月出版 / 定价：79.00元

四川蓝皮书
2015年四川经济发展形势分析与预测
著(编)者：杨钢 2015年1月出版 / 定价：89.00元

四川法治蓝皮书
四川依法治省年度报告No.1（2015）
著(编)者：李林 杨天宗 田禾 2015年3月出版 / 定价：108.00元

天津金融蓝皮书
天津金融发展报告（2015）
著(编)者：王爱俭 杜强 2015年9月出版 / 估价：89.00元

温州蓝皮书
2015年温州经济社会形势分析与预测
著(编)者：潘忠强 王春光 金浩 2015年4月出版 / 定价：69.00元

扬州蓝皮书
扬州经济社会发展报告（2015）
著(编)者：丁纯 2015年12月出版 / 定价：89.00元

长株潭城市群蓝皮书
长株潭城市群发展报告（2015）
著(编)者：张萍 2015年7月出版 / 定价：69.00元

郑州蓝皮书
2015年郑州文化发展报告
著(编)者：王哲 2015年9月出版 / 定价：65.00元

中医文化蓝皮书
北京中医药文化传播发展报告（2015）
著(编)者：毛嘉陵 2015年5月出版 / 定价：79.00元

珠三角流通蓝皮书
珠三角商圈发展研究报告（2015）
著(编)者：林至颖 王先庆 2015年7月出版 / 估价：98.00元

国别与地区类

阿拉伯黄皮书
阿拉伯发展报告（2015）
著(编)者：马晓霖 2015年7月出版 / 估价：79.00元

北部湾蓝皮书
泛北部湾合作发展报告（2015）
著(编)者：吕余生 2015年8月出版 / 估价：69.00元

25

皮书系列 2015全品种 — 国别与地区类

大湄公河次区域蓝皮书
大湄公河次区域合作发展报告（2015）
著（编）者：刘稚　2015年9月出版　/　估价：79.00元

大洋洲蓝皮书
大洋洲发展报告（2015）
著（编）者：喻常森　2015年8月出版　/　估价：89.00元

德国蓝皮书
德国发展报告（2015）
著（编）者：郑春荣　伍慧萍　2015年5月出版　/　定价：69.00元

东北亚黄皮书
东北亚地区政治与安全（2015）
著（编）者：黄凤志　刘清才　张慧智
2015年7月出版　/　估价：69.00元

东盟黄皮书
东盟发展报告（2015）
著（编）者：崔晓麟　2015年7月出版　/　估价：75.00元

东南亚蓝皮书
东南亚地区发展报告（2015）
著（编）者：王勤　2015年7月出版　/　估价：79.00元

俄罗斯黄皮书
俄罗斯发展报告（2015）
著（编）者：李永全　2015年7月出版　/　估价：79.00元

非洲黄皮书
非洲发展报告（2015）
著（编）者：张宏明　2015年7月出版　/　估价：79.00元

国际形势黄皮书
全球政治与安全报告（2015）
著（编）者：李慎明　张宇燕　2015年1月出版　/　定价：69.00元

韩国蓝皮书
韩国发展报告（2015）
著（编）者：刘宝全　牛林杰　2015年8月出版　/　估价：79.00元

加拿大蓝皮书
加拿大发展报告（2015）
著（编）者：仲伟合　2015年4月出版　/　估价：89.00元

拉美黄皮书
拉丁美洲和加勒比发展报告（2014~2015）
著（编）者：吴白乙　2015年5月出版　/　估价：89.00元

美国蓝皮书
美国研究报告（2015）
著（编）者：郑秉文　黄平　2015年6月出版　/　估价：89.00元

缅甸蓝皮书
缅甸国情报告（2015）
著（编）者：李晨阳　2015年8月出版　/　估价：79.00元

欧洲蓝皮书
欧洲发展报告（2015）
著（编）者：周弘　2015年7月出版　/　估价：89.00元

葡语国家蓝皮书
葡语国家发展报告（2015）
著（编）者：对外经济贸易大学区域国别研究所　葡语国家研究中心
2015年7月出版　/　估价：89.00元

葡语国家蓝皮书
中国与葡语国家关系发展报告·巴西（2014）
著（编）者：澳门科技大学　2015年7月出版　/　估价：89.00元

日本经济蓝皮书
日本经济与中日经贸关系研究报告（2015）
著（编）者：王洛林　张季风　2015年5月出版　/　定价：79.00元

日本蓝皮书
日本研究报告（2015）
著（编）者：李薇　2015年4月出版　/　定价：69.00元

上海合作组织黄皮书
上海合作组织发展报告（2015）
著（编）者：李进峰　吴宏伟　李伟
2015年9月出版　/　估价：89.00元

世界创新竞争力黄皮书
世界创新竞争力发展报告（2015）
著（编）者：李闽榕　李建平　赵新力
2015年12月出版　/　估价：148.00元

土耳其蓝皮书
土耳其发展报告（2015）
著（编）者：郭长刚　刘义　2015年7月出版　/　估价：89.00元

图们江区域合作蓝皮书
图们江区域合作发展报告（2015）
著（编）者：李铁　2015年4月出版　/　定价：98.00元

亚太蓝皮书
亚太地区发展报告（2015）
著（编）者：李向阳　2015年1月出版　/　定价：59.00元

印度蓝皮书
印度国情报告（2015）
著（编）者：吕昭义　2015年7月出版　/　估价：89.00元

印度洋地区蓝皮书
印度洋地区发展报告（2015）
著（编）者：汪戎　2015年5月出版　/　定价：89.00元

中东黄皮书
中东发展报告（2015）
著（编）者：杨光　2015年11月出版　/　估价：89.00元

中欧关系蓝皮书
中欧关系研究报告（2015）
著（编）者：周弘　2015年12月出版　/　估价：98.00元

中亚黄皮书
中亚国家发展报告（2015）
著（编）者：孙力　吴宏伟　2015年9月出版　/　估价：89.00元

中国皮书网
www.pishu.cn

发布皮书研创资讯，传播皮书精彩内容
引领皮书出版潮流，打造皮书服务平台

栏目设置：

- □ 资讯：皮书动态、皮书观点、皮书数据、皮书报道、皮书发布、电子期刊
- □ 标准：皮书评价、皮书研究、皮书规范
- □ 服务：最新皮书、皮书书目、重点推荐、在线购书
- □ 链接：皮书数据库、皮书博客、皮书微博、在线书城
- □ 搜索：资讯、图书、研究动态、皮书专家、研创团队

中国皮书网依托皮书系列"权威、前沿、原创"的优质内容资源，通过文字、图片、音频、视频等多种元素，在皮书研创者、使用者之间搭建了一个成果展示、资源共享的互动平台。

自2005年12月正式上线以来，中国皮书网的IP访问量、PV浏览量与日俱增，受到海内外研究者、公务人员、商务人士以及专业读者的广泛关注。

2008年、2011年，中国皮书网均在全国新闻出版业网站荣誉评选中获得"最具商业价值网站"称号；2012年，获得"出版业网站百强"称号。

2014年，中国皮书网与皮书数据库实现资源共享，端口合一，将提供更丰富的内容，更全面的服务。

权威报告　热点资讯　海量资源

当代中国与世界发展的高端智库平台

皮书数据库 www.pishu.com.cn

　　皮书数据库是专业的人文社会科学综合学术资源总库,以大型连续性图书——皮书系列为基础,整合国内外相关资讯构建而成。包含七大子库,涵盖两百多个主题,囊括了近十几年间中国与世界经济社会发展报告,覆盖经济、社会、政治、文化、教育、国际问题等多个领域。

　　皮书数据库以篇章为基本单位,方便用户对皮书内容的阅读需求。用户可进行全文检索,也可对文献题目、内容提要、作者名称、作者单位、关键字等基本信息进行检索,还可对检索到的篇章再做二次筛选,进行在线阅读或下载阅读。智能多维度导航,可使用户根据自己熟知的分类标准进行分类导航筛选,使查找和检索更高效、便捷。

　　权威的研究报告,独特的调研数据,前沿的热点资讯,皮书数据库已发展成为国内最具影响力的关于中国与世界现实问题研究的成果库和资讯库。

皮书俱乐部会员服务指南

1. 谁能成为皮书俱乐部成员?

● 皮书作者自动成为俱乐部会员

● 购买了皮书产品(纸质书/电子书)的个人用户

2. 会员可以享受的增值服务

● 免费获赠皮书数据库100元充值卡

● 加入皮书俱乐部,免费获赠该纸质书的电子书

● 免费定期获赠皮书电子期刊

● 优先参与各类皮书学术活动

● 优先享受皮书产品的最新优惠

3. 如何享受增值服务?

(1) 免费获赠100元皮书数据库体验卡

第1步 刮开皮书附赠充值的涂层(右下);

第2步 登录皮书数据库网站(www.pishu.com.cn),注册账号;

第3步 登录并进入"会员中心"—"在线充值"—"充值卡充值",充值成功后即可使用。

(2) 加入皮书俱乐部,凭数据库体验卡获赠该书的电子书

第1步 登录社会科学文献出版社官网(www.ssap.com.cn),注册账号;

第2步 登录并进入"会员中心"—"皮书俱乐部",提交加入皮书俱乐部申请;

第3步 审核通过后,再次进入皮书俱乐部,填写页面所需书名、体验卡信息即可自动兑换相应电子书。

4. 声明

解释权归社会科学文献出版社所有

皮书俱乐部会员可享受社会科学文献出版社其他相关免费增值服务,有任何疑问,均可与我们联系。

图书销售热线:010-59367070/7028　图书服务QQ:800045692　图书服务邮箱:duzhe@ssap.com

数据库服务热线:400-008-6695　数据库服务QQ:2475522610　数据库服务邮箱:database@ssap.com

欢迎登录社会科学文献出版社官网(www.ssap.com.cn)和中国皮书网(www.pishu.cn)了解更多信息

皮书大事记
（2014）

☆ 2014年10月，中国社会科学院2014年度皮书纳入创新工程学术出版资助名单正式公布，相关资助措施进一步落实。

☆ 2014年8月，由中国社会科学院主办，贵州省社会科学院、社会科学文献出版社承办的"第十五次全国皮书年会（2014）"在贵州贵阳隆重召开。

☆ 2014年8月，第二批淘汰的27种皮书名单公布。

☆ 2014年7月，第五届优秀皮书奖评审会在京召开。本届优秀皮书奖首次同时评选优秀皮书和优秀皮书报告。

☆ 2014年7月，第三届皮书学术评审委员会于北京成立。

☆ 2014年6月，社会科学文献出版社与北京报刊发行局签订合同，将部分重点皮书纳入邮政发行系统。

☆ 2014年6月，《中国社会科学院皮书管理办法》正式颁布实施。

☆ 2014年4月，出台《社会科学文献出版社关于加强皮书编审工作的有关规定》《社会科学文献出版社皮书责任编辑管理规定》《社会科学文献出版社关于皮书准入与退出的若干规定》。

☆ 2014年1月，首批淘汰的44种皮书名单公布。

☆ 2014年1月，"2013(第七届)全国新闻出版业网站年会"在北京举办，中国皮书网被评为"最具商业价值网站"。

☆ 2014年1月,社会科学文献出版社在原皮书评价研究中心的基础上成立了皮书研究院。

皮书数据库

www.pishu.com.cn

皮书数据库三期

- 皮书数据库（SSDB）是社会科学文献出版社整合现有皮书资源开发的在线数字产品，全面收录"皮书系列"的内容资源，并以此为基础整合大量相关资讯构建而成。

- 皮书数据库现有中国经济发展数据库、中国社会发展数据库、世界经济与国际政治数据库等子库，覆盖经济、社会、文化等多个行业、领域，现有报告30000多篇，总字数超过5亿字，并以每年4000多篇的速度不断更新累积。

- 新版皮书数据库主要围绕存量+增量资源整合、资源编辑标引体系建设、产品架构设置优化、技术平台功能研发等方面开展工作，并将中国皮书网与皮书数据库合二为一联体建设，旨在以"皮书研创出版、信息发布与知识服务平台"为基本功能定位，打造一个全新的皮书品牌综合门户平台，为您提供更优质更到位的服务。

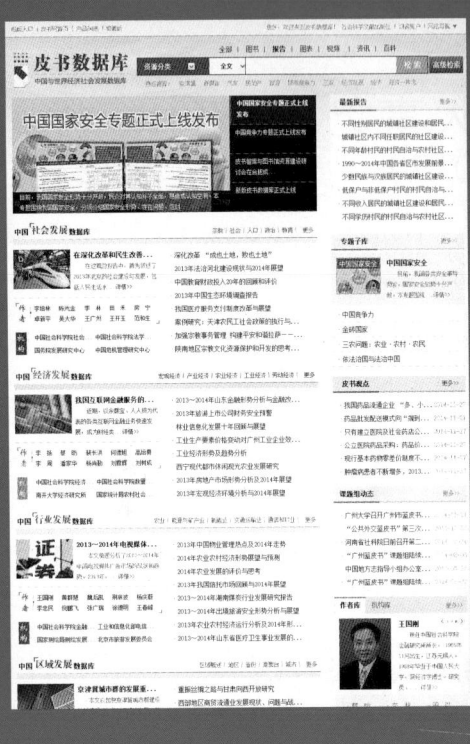

更多信息请登录

中国皮书网
http://www.pishu.cn

皮书微博
http://weibo.com/pishu

中国皮书网
http://www.pishu.cn

皮书微博
http://weibo.com/pishu

皮书博客
http://blog.sina.com.cn/pishu

皮书微信
皮书说

请到各地书店皮书专架/专柜购买，也可办理邮购

咨询/邮购电话： 010-59367028 59367070　　邮　　箱： duzhe@ssap.cn

邮购地址： 北京市西城区北三环中路甲29号院3号楼华龙大厦13层读者服务中心

邮　　编： 100029

银行户名： 社会科学文献出版社

开户银行： 中国工商银行北京北太平庄支行

账　　号： 0200010019200365434

网上书店： 010-59367070　　qq： 1265056568

网　　址： www.ssap.com.cn　　www.pishu.cn

汽车电子商务蓝皮书

BLUE BOOK OF
AUTOMOTIVE E-COMMERCE INDUSTRY

中国汽车电子商务发展报告（2015）

ANNUAL REPORT ON DEVELOPMENT OF AUTOMOTIVE
E-COMMERCE INDUSTRY (2015)

中华全国工商业联合会汽车经销商商会
北京易观智库网络科技有限公司　/ 编著

社会科学文献出版社
SOCIAL SCIENCES ACADEMIC PRESS (CHINA)

图书在版编目(CIP)数据

中国汽车电子商务发展报告.2015/中华全国工商业联合会汽车经销商商会,北京易观智库网络科技有限公司编著.—北京:社会科学文献出版社,2015.10
　(汽车电子商务蓝皮书)
　ISBN 978-7-5097-7992-7

　Ⅰ.①中… Ⅱ.①中…②北… Ⅲ.①汽车-电子商务-研究报告-中国-2015　Ⅳ.①F724.76-39

中国版本图书馆CIP数据核字(2015)第203001号

汽车电子商务蓝皮书
中国汽车电子商务发展报告(2015)

编　著／中华全国工商业联合会汽车经销商商会
　　　　北京易观智库网络科技有限公司

出 版 人／谢寿光
项目统筹／邓泳红　吴　敏
责任编辑／宋　静

出　　版／社会科学文献出版社·皮书出版分社 (010)59367127
　　　　　地址:北京市北三环中路甲29号院华龙大厦　邮编:100029
　　　　　网址:www.ssap.com.cn
发　　行／市场营销中心 (010)59367081　59367090
　　　　　读者服务中心 (010)59367028
印　　装／北京季蜂印刷有限公司
规　　格／开 本:787mm×1092mm　1/16
　　　　　印 张:18　字 数:239千字
版　　次／2015年10月第1版　2015年10月第1次印刷
书　　号／ISBN 978-7-5097-7992-7
定　　价／128.00元

皮书序列号／B-2015-456

本书如有破损、缺页、装订错误,请与本社读者服务中心联系更换

▲ 版权所有 翻印必究

《中国汽车电子商务发展报告（2015）》
编 委 会

编委会主任 李 响

编委会副主任 辛 宁

编委会委员 （按姓氏笔画排序）

马志良　王　健　卢义峰　吕伟民　伍　刚
刘英姿　江　勇　江黎明　孙　峰　孙　强
牟志刚　李金勇　李　祎　李新年　杨　鹏
余海军　张德鹏　林建忠　周松波　柳东霹
秦敏聪　贾捍东　高　珩　黄　坤　梁　女
樊有力

主　　　编 朱孔源

副 主 编 李　智

主要起草人 潘　崴　钱文颖　王　冀　张　旭　付　强

策 划 人 高　珩　朱孔源

编写支持单位 华星北方汽车贸易有限公司
　　　　　　　　广州亚美信息科技有限公司
　　　　　　　　江苏九金投资集团有限公司

机构简介

中华全国工商业联合会汽车经销商商会

中华全国工商业联合会汽车经销商商会（简称：CADCC），于2006年12月3日在人民大会堂宣布成立，是中华全国工商业联合会直属行业商会，是服务于广大汽车经销商的全国性行业组织。

商会会员主体是全国各地汽车经销商。目前，商会会员已由创始初期的600余个发展到5000余个。作为行业的服务组织，商会通过开发具有创意性的会员服务项目，搭建汽车经销企业交流学习、合作往来平台，维护会员合法权益，成为汽车经销企业与政府、汽车生产厂家、汽车后市场企业以及广大消费者沟通的桥梁与纽带。

北京易观智库网络科技有限公司

北京易观智库网络科技有限公司是易观国际旗下的中国卓越的互联网大数据产品和分析服务提供商。拥有专业的信息数据产品及业内资深的咨询分析专家团队，帮助企业全面深入了解互联网市场以及传统行业互联网化进程，帮助互联网企业深入洞察互联网市场，帮助传统企业顺利实现互联网化。易观智库常年为行业、企业客户提供可信、可靠、有效的数据，已成为国内外政府、企业、投资机构以及专业人士了解市场、提升创新力和决策力的首选服务商。

摘　要

"汽车电子商务蓝皮书"是关于中国汽车电子商务发展的综合系列报告，2015年首次出版。《中国汽车电子商务发展报告（2015）》是由中华全国工商业联合会汽车经销商商会和北京易观智库网络科技有限公司组织多位专家共同撰写，准确而全面论述中国汽车电子商务发展现状及趋势的权威性著作。

全书包括总报告、分报告和附录三部分。总报告梳理了中国汽车产业发展历程，分析了中国汽车市场的现状；介绍了中国电子商务市场发展情况，对汽车电子商务进行了领域划分；分析了当前国内汽车电商发展情况以及汽车电商宏观环境，基于2014年中国汽车电子商务情况预测未来中国汽车电子商务的发展态势。分报告包括新车市场篇、二手车市场篇和汽车后市场篇，分别从新车电商、二手车电商和汽车后市场电商三大细分市场切入，分析其2014年发展数据，指出汽车电商将是未来拉动中国汽车市场稳定发展的新驱动力。

本书发布了2014年度中国汽车电商（含世界汽车市场）发展的大量数据，预测了2015年中国汽车电商发展趋势，提出了有利于中国汽车电商发展的政策建议，对于汽车消费者、汽车电商企业、汽车经销服务企业、汽车制造业以及国家各级汽车管理部门具有参考价值。

Abstract

Blue Book of Automotive E-commerce is a series of reports on the development of China's Automotive E-commerce industry and was first published in 2015. It is an authoritative and comprehensive work coauthored by E-commerce experts and scholars organized by China Auto Dealers Chamber of Commerce and Automotive Internet Research Group of Analysis, providing accurate and comprehensive information on the development of China's Automotive E-commerce industry in 2014.

This book includes three parts, including general report, special reports and appendix. The general report reviews the development history of China's auto industry and analyzes the current status of the development of China's auto market; introduced China's e-commerce market development and e-commerce division automobile industry segments, as well as analysis of the current domestic automobile e-commerce and in the macroeconomic environment, and based predicts the future development trend of China's auto E-commerce on the 2014 China's automobile e-commerce. The special reports includes new car market, used car market and auto aftermarket. The chapters on new car, used car and auto aftermarket include a mass of data on the development of the three market segments of new car, used car and auto aftermarket in 2014, pointing out that - commerce will be a new driving force stimulating future stable development of China's auto market. Because of the large quantities of entrepreneurial companies influx of investment and financing to enter China's automotive e-commerce to enter the first year of development, the next few years will usher in rapid growth.

Abstract

This book publishes a mass of data on the development of China's auto e-commerce (including global auto industry), predicting the development trend of China's auto e-commerce in 2015 and proposing a lot of advices that are beneficial to the development of China's auto E-commerce. It also provides important reference to automobiles consumers, automobile E-commerce business, automobile dealers, automobile manufacturing industry and administrative authorities of the automotive industry at all levels.

目 录

BⅠ 总报告

B.1 中国汽车电子商务发展报告（2015）
　　——百家争鸣，探索前行 ………………………………… 001
　　一　中国汽车产业发展概况 …………………………… 002
　　二　中国汽车电子商务发展概述 ……………………… 009
　　三　汽车电子商务宏观环境 …………………………… 023
　　四　汽车产业互联网化：现状与趋势 ………………… 030

BⅡ 分报告

B.2 中国新车电子商务发展报告（2015）
　　——各展所长聚焦营销集客，
　　　　喧闹过后更需冷静思考 ……………………………… 046
B.3 中国二手车电子商务发展报告（2015）
　　——线上整合信息，线下打磨服务 …………………… 093

001

B.4 中国汽车后市场电子商务发展报告（2015）
　　——布局卡位眼花缭乱，资本追捧热情正浓 …………… 151
B.5 中国汽车电子商务前景预测和发展建议 ……………………… 223

BⅢ 附录

B.6 汽车电子商务行业图谱及风云人物 ………………………… 253

CONTENTS

B I General Report

B.1 China Automotive E-commerce Industry Development in 2015 / 001
    1. China Automotive Industry Development / 002
    2. Overview of China Automotive E-commerce Industry Development / 009
    3. Analysis of China Automotive E-commerce Industry Macro Enviroment / 023
    4. Automotive Industry to Internetize: Current Situation & the Trend / 030

B II Special Reports

B.2 New-car E-commerce Industry Development in 2015 / 046
B.3 Used-car E-commerce Industry Development in 2015 / 093
B.4 Automotive Aftermarket E-commerce Development in 2015 / 151
B.5 Prospect Forecast & Development Suggestion on Automotive E-commerce Industry / 223

B III Appendix

B.6 Enterprise list & People of The Year in Automotive E-commerce Industry / 253

总报告

General Report

B.1 中国汽车电子商务发展报告（2015）

——百家争鸣，探索前行

摘　要： 本报告梳理了中国汽车产业发展历程并分析了中国汽车市场发展现状；介绍了中国电子商务市场发展情况并对汽车电子商务进行了领域划分；分析了当前国内汽车电子商务发展情况以及汽车电子商务的宏观环境；基于2014年中国汽车电子商务情况，预测了未来中国汽车电子商务的发展态势。

关键词： 汽车产业发展　汽车电子商务　汽车电子商务宏观环境　汽车产业互联网化

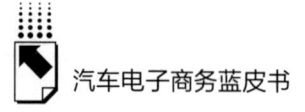

一 中国汽车产业发展概况

（一）汽车产业的地位和作用

1. 汽车行业及其相关行业迅速发展

（1）新车产销量快速增长，4S店是市场销售主体

加入WTO以后，我国汽车产业开始进入快速发展期，汽车产量从2001年234万辆增长到2014年2372万辆，年均增长19.1%（见图1）。与此同时，我国汽车保有量也随着汽车产销量的增长开始快速增加，民用汽车保有量从2001年1802万辆增长到2014年14598万辆（见图2）。如此规模的汽车保有量和汽车产销量为我国汽车后市场的发展提供了广阔机遇。

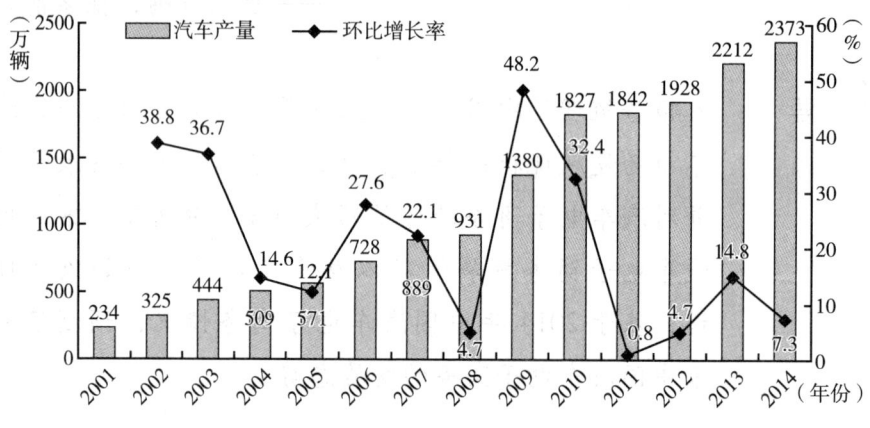

图1 2001~2014年中国汽车产量及增长率

资料来源：中国汽车工业协会，产销快讯，《中国汽车工业年鉴（2014）》。

从渠道构成看，我国新车销售渠道主要是品牌专卖店（4S店）、交易市场、汽车园区。其中，4S店是我国汽车流通体系的主渠道。此外，近年来，还涌现出2S店、MINI 4S店、汽车连锁、网络销售

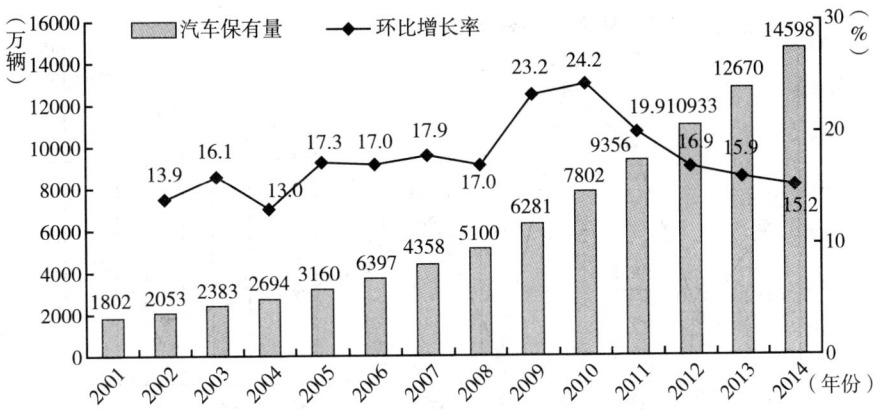

图 2 2001~2014 年中国民用汽车保有量及增长率

资料来源：国家统计局 2001~2014 年统计数据。

等新渠道。

(2) 二手车快速发展

20 世纪 90 年代初期，国家经济体制由计划经济向商品经济过渡，二手车流通需求开始出现，但二手车交易量上升缓慢。1998 年原国家内贸部制定颁布的《旧机动车交易管理办法》，成为我国二手车市场第一个法规性文件。随着我国汽车保有量的增长，二手车行业也在快速发展。

2005 年 8 月，《二手车流通管理办法》发布，二手车市场在经历了总体规模快速扩张发展阶段后，开始了提高内在质量、完善服务功能、寻求质量跨越的发展阶段。二手车市场相继出现经营公司、拍卖公司、鉴定评估公司、二手车信息服务公司等新的服务机构；外资开始进入二手车市场参与竞争；品牌二手车销售模式的引入、置换业务的兴起开启了二手车经营的新模式。我国二手车市场进入更高的发展阶段。有关机构的数据显示，2014 年，我国二手车的交易量达到 605.3 万辆。虽然不及新车产销量的 1/4，但发展势头迅猛。

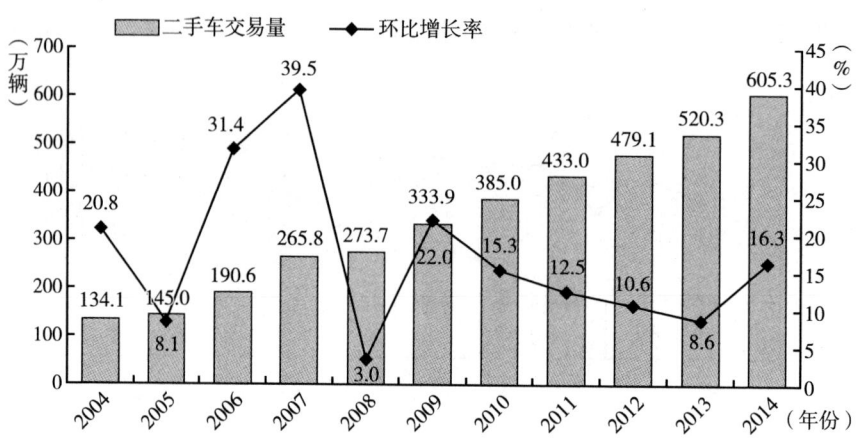

图3 2004~2014年中国二手车交易情况

资料来源：中国汽车流通协会2004~2014年统计数据。

（3）后市场发展迅速

汽车售后市场主要业务包括汽车零部件、汽车用品、汽车改装、汽车维修设备等与汽车相关的产品及服务业务。汽车售后服务市场滞后于整车销售市场，即当整车销售到一定程度时才能够逐步产生一定规模的售后服务市场。同时，后服务市场的早期利润率要低于整车销售市场利润率，而后期利润率要高于整车销售市场的利润率。

据了解，在国外成熟汽车市场，60%的利润来源于汽车售后服务领域。目前，我国汽车保有量已经突破14000万辆，汽车产销量的增幅也已经趋缓，在这种背景下，汽车后市场在我国汽车产业中的地位和作用将会越来越突出。根据《中国汽车后市场2013蓝皮书》预计，2015年中国汽车后服务市场产值将达到7000亿元，到2025年，我国汽车后服务市场规模将达到3.2万亿元规模。

2. 汽车产业是国民经济重要支柱型产业

从中国汽车产业进入快速增长阶段开始，汽车产业在国民经济中的重要地位就开始不断加强，现已成为支撑和拉动中国经济持续快速增长的主导产业之一。根据《中国汽车工业年鉴（2014）》的数据，2000年，汽车工业增加值在GDP中的比重不足1%；而在近几年，汽车工业增加值在GDP的比重维持在1.5%以上。

汽车产业产业链长，上游涉及有色金属、冶金、电子、石化、钢铁等行业，下游涉及金融、保险、产业服务、法律咨询等行业。据分析，汽车的工业产值每增加1个单位，上游相关行业至少增加0.6个单位，下游相关行业至少增加1个单位。

就业和税收方面，汽车产业的贡献也很大。2013年，中国汽车行业从业人员340万人，直接相关产业从业人员3026万人，占全国城镇就业人口的11.21%；2013年，中国汽车产业在车辆购置税、汽车营业税增值税、汽车消费税、车船税等四个方面为国家贡献了4862亿元税收。如果再算上关联产业，汽车工业的税收贡献会更加可观（见图4）。

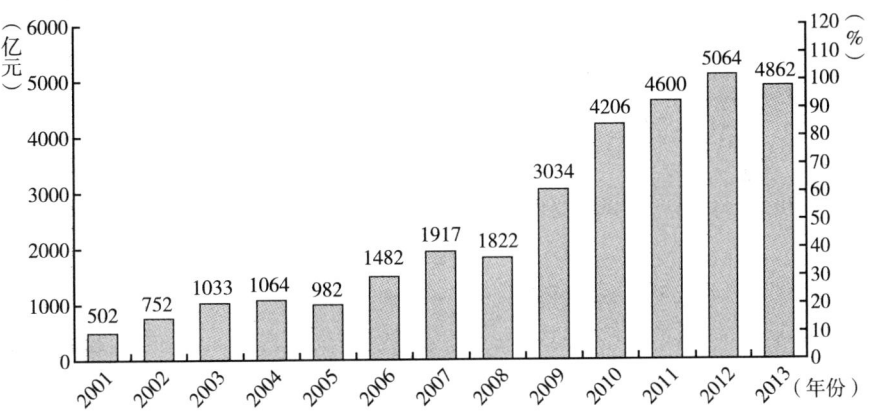

图4　2001～2013年汽车工业利税总额变化趋势

资料来源：《中国汽车工业年鉴（2014）》。

3. 10年内汽车产销量仍将维持较高水平

受多种因素影响，从2011年开始，我国汽车产销量增速开始明显放缓。虽然如此，由于我国人均汽车保有量仍低于世界平均水平，

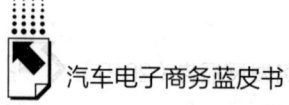

同时由于我国宏观经济仍将处于较高增长水平，我国汽车产销量在未来10年仍将继续增长。有机构预测，即使在悲观情况下，我国2025年的汽车产销量也将达到2500万辆。届时，我国汽车保有量将接近2.5亿辆。如此规模的汽车产销量和汽车保有量，将为我国汽车制造、汽车经销服务行业带来重大机遇。

（二）汽车产业未来发展

1. 汽车产业发展环境发生重大变化

（1）资源、能源、环境、交通与汽车产业发展矛盾越来越突出

我国能源总体供应短缺，而且多煤、少气和缺油的特点明显。1993年，我国成为石油净进口国。2014年，我国石油对外依存度已超过59%，2020年，我国对进口石油的依存度预计将达到70%，能源安全风险将进一步加大。

汽车工业的可持续发展受到能源、环境等因素的极大挑战。能源的巨大消耗和环境污染的持续恶化将迫使我们尽快拿出更先进的技术来应对，尤其是关系节能和环保的电控技术、新材料和轻量化技术、回收再制造技术等。

（2）劳动力成本的上升将导致我国汽车产业的投资吸引力下降

我国汽车产业呈现快速增长主要是依靠劳动力成本优势，我国汽车产业不仅在制造方面享有廉价、高效的劳动力资源，而且在汽车设计以及加工机械设备等间接成本上也有一定的比较优势。但是，这种优势正在逐步丧失。

（3）贸易保护主义抬头，中国汽车产业国际化受到更大挑战

由于汽车市场萎缩，本国市场对本土汽车厂商的重要性就显得尤为重要。面对国外汽车厂商的进口冲击，贸易保护将是操作便利和实效性强的政策工具。因而，未来几年内，全球汽车贸易环境恶化将毫无悬念。受贸易保护主义冲击最大的将是那些本土市场规模有限、倚

重出口市场的新兴汽车制造国,原因在于金融危机对发达国家传统汽车市场的冲击面更广,发达国家本土市场上利益集团活跃,政策影响力强,政府或联盟更容易采取一致性强的贸易保护主义措施。

(4) 跨国公司对汽车产业链的控制加强

近些年来,随着市场竞争的日益加剧,整车生产这一传统高价值的产业链环节已急剧贬值。国际汽车产业链的利润分配是 5:3:2,即零部件生产商占汽车总利润的 50%,整车厂商占 30%,销售商占 20%。因此,就国际上成熟市场而言,整车制造是一个高投入、低回报的行业。汽车制造业的上下游业务——零部件制造、汽车经销、汽车服务的整体营利性要远好于汽车制造业本身。

于是,外资在汽车全产业链的各个环节寻找新的利润增长点。由于政策障碍,外资汽车企业尝试进入中国市场阶段通常采取"硬性投资",重点关注整车制造,对华投资的目标是追求贸易权益。站稳市场后,外资在华投资目标便转型为利用技术、资金、网络、信息等综合优势,采取"软性投资",重点转向汽车投资、设备制造、销售和售后服务、研究开发、汽车金融服务等各个领域,纷纷谋求建立独资零部件公司,成立控股销售公司,以期获得全产业链价值。跨国汽车公司对汽车全产业链不断加强控制,中国汽车产业资本的话语权不断被削弱。

而且,这种全产业链的控制同样具备政策准入的条件。根据中国在《WTO 服务贸易总协定》中的承诺,2006 年,外资可获得在汽车服务贸易领域内的全面贸易权和分销权,享受不通过中间代理商直接从事汽车及相关产品的进出口及在国内市场的营销权利,外资可以进入涉及批发零售、售后服务、维护保养和运输等与分销相关的整个服务领域。

(5) 政府职能改革将对我国汽车产业发展产生重大影响

我国汽车产业和汽车市场的发展涉及政府多方位管理职能,政府深化改革的方针政策对汽车产业加快转型升级至关重要。政府对汽车产业的监管尚存在一些问题，面临深化改革的攻坚期。有关政府职能改革方案的出台，将对促进汽车市场健康发展和产业竞争力提升产生积极的影响。同时，深化改革对汽车产业加快战略性结构调整、体制机制变革具有积极作用。

放松市场准入，降低进入门槛；制定合理的汽车消费政策，引导大众汽车消费；转变国家政策的原则和重点，鼓励汽车企业的技术创新；调整财政税收政策，对于符合国家产业政策的研发活动，政府要予以财政资助等，这将是未来一段时间政府职能改革的重点方向。

(6)"互联网+"已经上升到国家战略

互联网技术已经影响到生产和生活的各个方面。2015年7月1日，国务院发布了《国务院关于积极推进"互联网+"行动的指导意见》，提出11项重点行动。其中，"互联网+电子商务""互联网+便捷交通""互联网+智能制造"等重点行动将进一步促进汽车产业的互联网应用水平，提升汽车产业与互联网的融合，推动汽车产业的转型升级。

2. 汽车经销服务行业转型升级迫在眉睫

汽车经销服务行业是汽车产业的重要组成部分，其发展质量对中国汽车工业可持续发展至关重要。然而，目前我国汽车经销服务行业正在经历阵痛期，作为发展主体的4S店亏损面正在扩大，全行业发展转型迫在眉睫。

研究认为，出现这种情况既有外部因素，也有内部因素。其中，外部因素主要包括如下几个方面：一是，于2005年颁布实施的《汽车品牌销售管理办法》强化供应商的渠道控制主导地位，但对其不恰当地影响市场公平竞争的行为缺少有效约束，导致现在全行业库存很高、价格倒挂严重，并且厂商之间矛盾较为突出；二是，一系列关于行业发展的政策相继出台，对传统的利益格局产生了较大影响；三是，新能源汽车、智能汽车的发展将影响未来渠道发展；四是，互联网快速发展影响了消费者的消费习惯，汽车电子商务对传统渠道的冲击已经显现。

二 中国汽车电子商务发展概述

（一）国内电子商务市场发展现状

1. 中国电子商务 B2B 市场发展情况

2014年，中国电子商务 B2B 市场交易规模达到8.8万亿元。预计未来几年电子商务 B2B 市场仍将保持较为稳定的高速增长。随着国家拉动内需政策和鼓励跨境电商政策等红利，以及传统行业厂商不断探索与实体经济的协同融合，B2B 市场还有较大的空间，电子商务 B2B 市场将迎来快速成长期，B2B 市场服务模式也逐步向多元化、垂直化方向发展。

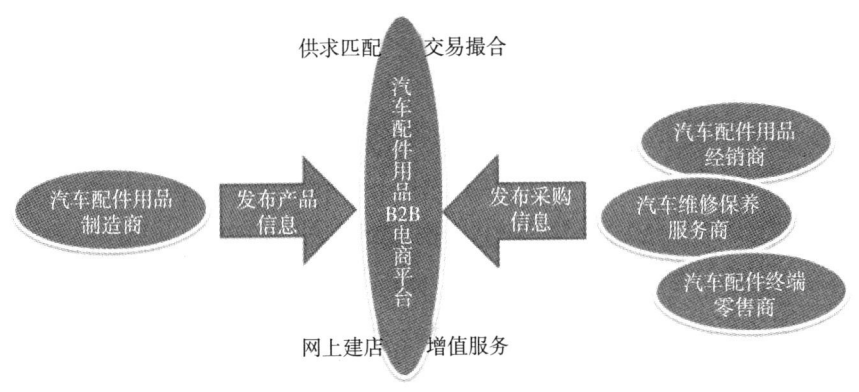

图 5 汽车配件 B2B 市场发展

对汽车产业来说，B2B 电子商务发展较早且主要集中在汽车配件和汽车用品领域，通过搭建配件及用品的供应方和采购方的在线信息匹配平台，解决了供求双方的交易撮合需求。但是，这类平台的商业模式相对单一，在增值业务如大额支付、金融、供应链服务、O2O等方面发展较为缓慢。未来，汽车B2B电子商务的发展将更多地依赖于服务的细化、增值业务的拓展以及创新模式的出现。

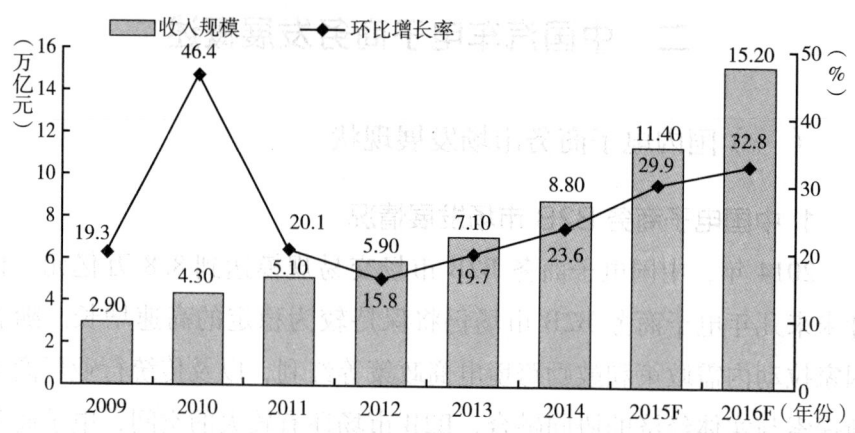

图6　2009～2016年中国电子商务B2B市场交易规模

注：2015年和2016年为预测数值。

2. 中国网上零售B2C市场发展情况

2014年，中国网上零售B2C市场交易规模约为8416亿元，年平均增长率在30%左右。未来两年B2C电商市场将保持较低的增速，但仍将维持在两位数。

中国网上零售B2C市场近年来已经日臻成熟，逐步向综合性平台规模化和垂直型平台细分化方向发展，网购用户规模和交易额规模持续增长。其中，品类开始延伸到更广泛的领域，比如，生鲜、母婴、医疗、汽车和房产等，产业链分工也日趋分化。此外，B2C市场在与传统企业线下合作推行O2O的力度加大，多个传统领域开始逐步实现O2O闭环，B2C市场的线上线下融合趋势明显。

一直以来，网上零售B2C市场的交易品类都以单价较低的品类为主，图书、服装、3C产品等占据了整个网上零售B2C交易的主要份额,但随着这两年汽车电商的兴起,多家互联网企业大力推进汽车的网上销售,未来B2C市场的空间将被极大地拓展,以汽车(包括新车和二手车)这种大宗消费品为代表的品类将快速崛起。

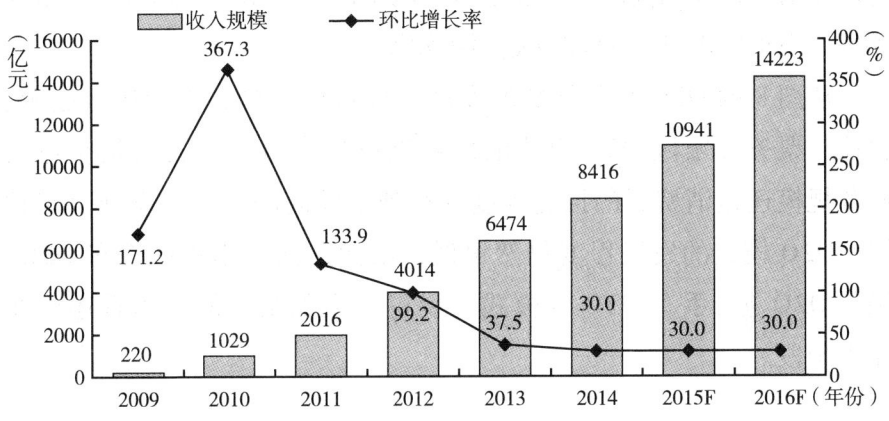

图7　2009～2016年中国电子商务B2C市场交易规模

注:2015年和2016年为预测数值。

3. 中国O2O市场发展情况

O2O(Online to Offline),是线下传统商家与线上互联网相结合的一种电子商务模式,指的是用户在互联网上进行信息筛选、预订、支付等行为,但必须在线下享受所消费的服务,从而完成整个闭环。

O2O形式的出现让电子商务向传统工业、农业、服务业渗透和融合,带动农业、传统服务业转型升级。传统企业利用线上线下融合的发展模式,将调整原有的经营方式和利润体系,妥善解决电子商务对传统产业带来的利益冲击,推动实体企业向电子商务转型升级。

汽车行业互联网化离不开线上线下的协同融合,O2O将是汽车互联网化的重要形式。未来无论是新车销售、二手车交易,还是汽车后市场服务等O2O将是产业结构中的重要组成部分。欧美国家汽车后市场的渠道比较集中,有大型经销商,如仓储式经销商、连锁店经销商。在其集中度很高的情况下,通过电子商务直接到达消费者终端,很大程度上会对传统渠道造成一定威胁。而相比于欧美等发达国家和地区,中国汽车后市场传统渠道发展较晚,没有形成龙头地位的传统经销商,经销商的集中度很低。电子商务开始渗透到汽车后市场领域,汽车后市场O2O将开始逐步发展。

从图8的O2O细分领域的发展程度可以看到,在酒店、旅游、餐饮、票务等领域O2O模式的成熟度已经比较高,无论是企业的业务规模还是消费者的接受程度都达到了较高的水平。反观汽车领域,O2O模式的发展程度仍然很低,虽然这两年出现的洗车O2O、保养O2O、二手车O2O等模式开展得如火如荼,但整体看还处在探索阶段。

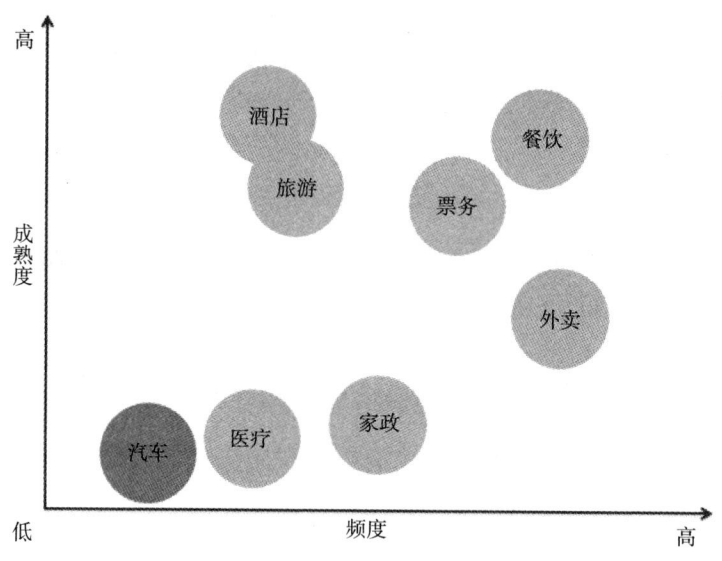

图8　O2O细分领域发展程度

此外,中国强大的电子商务市场培育了年轻一代消费者网络购物的习惯和能力。20世纪80年代以后出生的车主、经销商、维修技师基本都有网上购物的习惯,有在网上筛选、辨别物品的能力,并且具备较强的自学搜索能力和 DIY 精神。无论是针对经销商、维修店的 B2B 电商，还是针对一般车主的 B2C 电商，汽车零配件和用品电商都具备一定的用户基础。

（二）汽车电子商务的内涵和主要分类

1. 汽车电子商务的内涵

汽车电子商务是指利用互联网/移动互联网等技术和手段完成与汽车相关的商务流程，提高汽车消费的流通效率，降低成本，实现汽车相关交易和服务在线化、便捷化和扁平化。

汽车电子商务主要是对汽车行业与互联网融合而进行的产业优化和升级，是产业链上的各方利用互联网技术在营销、渠道、产品和运营四个层面开展的一系列资源整合、效率提升、模式创新和价值链重构的活动。具体的领域包括（但不限于）新车电子商务、二手车电子商务、汽车配件用品电子商务、汽车后市场电子商务等。

如图 9 所示，互联网对汽车产业的影响可以从以下四个方面进行分析。

从营销角度看，互联网为汽车相关企业特别是车企和经销商提供了广告投放、品牌推广、促销、产品宣传等活动的网上传播渠道。与传统的传播渠道相比（比如，电视、纸媒、户外媒体、广播等），基于互联网的传播渠道具有更精准、可量化、低成本和多样化等特点。

从渠道角度看，互联网为汽车类产品和服务（包括整车、汽车配件、汽车用品、汽车服务）提供了线上交易的渠道，企业和消费者能够通过在线的方式完成信息获取、下单预订、资金支付等流程，并结合线下服务实现交易闭环。就目前的发展现状而言，与新车和汽车后服务相比，二手车和配件用品领域利用互联网实现在线交易的程度更高。

从产品角度看，汽车（特别是乘用车）这一产品本身具备互联

图 9　互联网对汽车产业影响的四个层面

网化的空间。目前多数品牌的汽车并未装载具备互联网接入能力的车载系统，车载终端仅能够实现导航和影音等基本功能。一旦汽车本身实现互联网化，即通过前装 Telematics 或后装 OBD 等方式实现车辆的网络接入功能，基于车联网平台将能够实现更多的更有价值的应用和服务，比如，周边服务查询和预订、车辆远程控制、实时诊断服务、UBI 等。

从运营角度看，互联网能够帮助汽车产业链上下游的企业之间、企业与用户之间以及企业内部各单元之间实现更快速、更有效、更便捷的业务和商务往来。比如，4S 店利用移动 APP、微信等应用实现 CRM，汽车维修服务门店通过在线配件采购平台完成进货，车企借助移动互联网应用实现业务部门之间的实时互联，这些都是汽车类企业在运营层面上实现互联网化的典型例子。

2. 汽车电子商务的主要分类

（1）按企业类型划分

近两年，我国汽车电商行业发展迅速，2015 年，随着"互联网+

汽车"产业风口加速，各类汽车电商平台将发挥优势，加快拓展市场。目前，参与汽车电商的企业较多，包括众多的互联网企业和传统汽车企业，如果按照平台类型来划分的话，目前汽车电子商务平台主要有以下三种类型（见图10）。

图10 按平台类型划分的汽车电子商务平台

第一，垂直电商平台。代表厂商有易车商城、车商城、车易拍等。汽车垂直电商平台是指专注于汽车电商细分领域的垂直电商平台，出现时间较短，近两年在资本的扶持下发展迅速。汽车垂直电商平台的优势在于：目标消费者定位精准。劣势在于：相比综合电商平台和汽车垂直网站而言，流量在短期内难以企及；相比车企、经销商而言，线下资源的整合和控制能力相对较弱。

第二，综合电商平台。代表厂商有天猫、京东等。近两年综合电商平台品类扩张布局全产业链，开始整合汽车相关资源，加大汽车品类电商生态链的建设；通过自建线上平台以及和线下厂商合作等形式迅速进入汽车电商市场。汽车综合电商平台的优势在于：用户基数大，具备较强的导流能力；资金实力强，能加速教育新市场消费者。劣势在于：相比汽车垂直网站而言，目标用户精准度较低；相比传统整车厂、经销商，对线下资源把控能力较低。

第三,厂商自建电商平台。代表厂商有上汽集团(车享)、庞大集团(庞大汽车电子商城)、长城汽车(哈弗商城)等。近两年,车企/经销商在传统行业互联网化风潮下,开始尝试布局线上平台,打通汽车销售和服务的O2O闭环。车企/经销商自建电商平台的优势在于:拥有强大的线下资源,具备完善的新车、二手车和后服务的产业布局。劣势在于:相比于汽车垂直网站、综合类电商平台而言,在线上流量方面相对缺失,网上获取C端用户的能力较弱。

(2)按细分行业划分

汽车产业包括不同的细分行业,互联网对于每一个细分行业的渗透率也不尽相同,新车市场、二手车市场、配件用品市场和后服务市场的电商化程度不一。如果按照汽车领域细分行业划分,汽车电子商务目前主要有以下三类类型(见图11)。

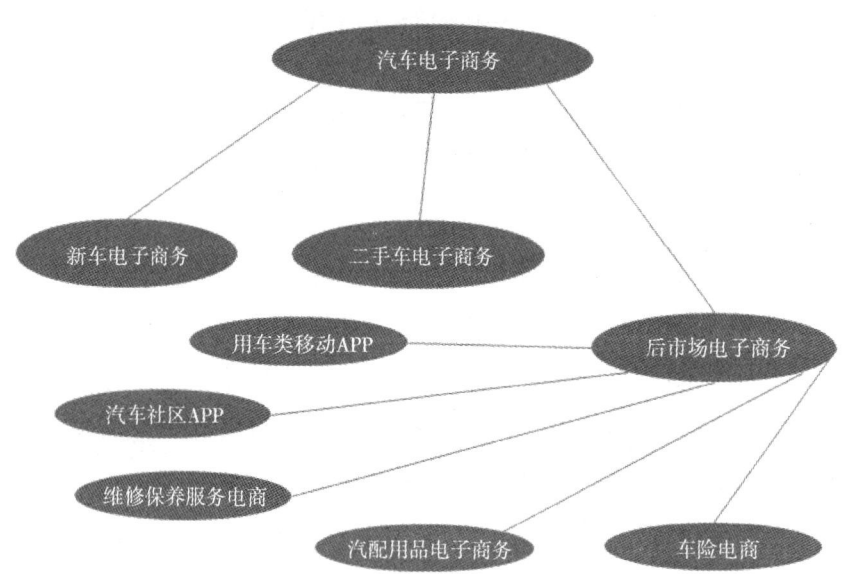

图11 按汽车领域细分行业划分的汽车电子商务类型

第一,新车电子商务。新车电商从2010年9月奔驰在天猫聚划算的"Smart秒杀"团购活动开始就已经初现端倪;2011年开始,陆续有汽车厂商以旗舰店形式入驻电商平台，但一直未引起各方关注。2013年"双十一"期间由三大汽车网站推出的促销活动首次让"汽车电商"这一概念成为各界关注的焦点。2014年，汽车电商领域更多的参与者进入，更多的模式在探索中。

由于汽车产品本身的特点，目前，汽车领域还无法实现像其他品类（如3C产品和家电）那样通过直接网上下单然后配送到家的方式，整个销售流程仍然离不开线下实体店的参与。因此，新车电商过程需要品牌车企、经销商和互联网企业三方的合力才能完成。目前新车电子商务主要模式仍是线上实现营销和集客，线下门店完成后续的导购和交易流程（看车、试驾、支付、提车），电商平台仍然停留在导流阶段。

第二，二手车电子商务。二手车电商主要分为ToB交易服务型、ToC交易服务型以及信息服务型，前两者属于交易导向的电商平台，更符合目前电子商务属性，也更能解决当前二手车市场存在的问题。

首先，ToB交易服务型二手车电商属于批发渠道，目前这类平台都以在线竞拍模式为主，部分厂商同时开展线下的拍卖业务。车源可以来自个人或者企业（整车厂商、4S店、租车公司等），平台对待售车辆进行车况检测后出具权威的检测报告后，车辆上线拍卖，各地的二手车商通过在线出价的方式参与竞拍。同时，这类平台还为交易双方提供相关的线下服务，包括检测、过户、整备、物流、金融、售后等。从目前国内二手车市场的发展情况来看，ToB交易服务型二手车电商平台将起到至关重要的作用，扮演整个二手车流通链条中的交易中枢的角色，起到连接碎片化车源和碎片化需求的作用。

其次，ToC交易服务型二手车电商属于零售型渠道，以线上展示平台和线下门店（或上门服务）为主。线下门店设施齐全，除了相关服务外，还为上门的顾客提供休息和休闲娱乐的场所，是一体化的二手车卖场。上门服务则是通过专业的二手车检测人员为车主提供车况检测和车辆估值服务。这类平台的车源可以来自个人或企业，但只服务于个人购买者。平台除了提供网上车辆展示平台之外，还为二手车买卖双方提供配套的线下服务，包括车辆检测、车辆整备、物流和交付、售后等一站式的交易服务。这种模式直接实现了二手车交易的去中介化，特别是C2C的模式极大地提高了二手车流通的效率，改变了原来需要经过车商转手加价的交易方式。

最后，信息服务型二手车电商模式在中国出现时间较早，二手车信息网站的发展有10年左右，这类模式的代表企业——第一车网和51汽车成立时间分别为2004年和2005年。除了垂直类的二手车信息网站之外，诸如易车网、汽车之家、搜狐汽车等汽车网站也有自己的二手车业务，诸如58同城、赶集网等分类信息网站也建立了二手车频道。这类平台的收入来源主要依赖广告、会员费等，解决的仅仅是二手车供求在信息层面的匹配，未涉及后续的交易流程。

第三，后市场电子商务。后市场电子商务目前主要分为汽车配件用品电商和汽车维修保养服务电商两大主体，其中汽车配件用品电商包括汽车配件用品B2B电商、汽车配件用品B2C电商；汽车维修保养服务电商主要包括自营型电商、导流平台型电商、上门服务型电商、供应链服务平台电商。此外，后市场电子商务还包括车险电商、用车类工具以及汽车社交工具等。

首先，汽车配件用品电商。汽车配件用品B2B电商是指将汽车配件用品生产商和零售商通过互联网进行产品、服务及信息交换。汽车配件用品B2B电商属于批发渠道，目前这类平台是汽车后市场电商中发展最早、发展比较成熟的部分。供应商主要来自汽车零部件厂商、经销商。

汽车配件用品B2C电商为个人车主提供了在线购买汽车相关配件（如机油、机滤等）和汽车相关用品（如导航仪、坐垫、车内吸尘器等）的平台，直接进行产品售卖，但不提供安装、维修和保养的汽车服务。汽车配件用品 B2C 在中国市场出现时间较早，目前中国市场中汽车配件用品 B2C 电商主要有两种形式：一是综合电商平台；二是汽车配件用品垂直电商平台。

其次，汽车维修保养服务电商。汽车维修保养服务电商通过 O2O 的方式为车主提供汽车后服务（目前主要以洗车、保养为主），利用线上平台（网站或移动 APP）获取用户并提供服务展示、搜索、比价、下单的功能，结合线下的实体门店（自营、加盟或合作等多种形式）为用户提供实际服务。

再次，车险电子商务。车险电子商务是指保险公司或新型网上保险中介机构通过互联网为车主提供有关保险产品和服务的信息，并实现网上投保、承保等保险业务，直接完成保险产品的销售和服务，并由银行将保费划入保险公司。目前车险电商的主要形式可以分为传统车险官方网站自营和第三方车险电子商务平台两种模式。

又次，用车类移动 APP。这类 APP 针对车主在用车过程中产生的需求，如查违章、找停车位、道路救援、代驾、找加油站、导航等，利用移动互联网技术开发的移动应用产品。这类产品主要以工具属性为主，通过高频的需求获得用户黏性，在获取大量用户资源之后可以开展相关的营销或者电商业务，比如在查违章 APP 中嵌入汽车广告，实现汽车用品的售卖等。

最后，汽车社交 APP。汽车社交是指针对车主这一垂直群体开发的 SNS 平台，分为 PC 端和移动端。PC 端的汽车社交出现时间较长，发展成熟，主要表现形式为汽车论坛，如汽车之家、爱卡汽车等都是 PC 时代排名靠前的汽车社交产品。从 2014 年下半年开始，汽车主流媒体相继切入汽车社交移动端，包括太平洋的车友会、易车的车友会、腾讯汽车社区的最强车友会、汽车之家的车友会等，均开始布局抢占全国各地的车主用户，利用福利、社交等占据市场。

（三）国内汽车电子商务发展阶段和关键事件

1. 汽车电子商务发展阶段

汽车电子商务可以划分为多个细分领域，图 12 显示的是每个细分领域所处的发展阶段。总体来说，汽车电子商务的发展将经历以下四个阶段。

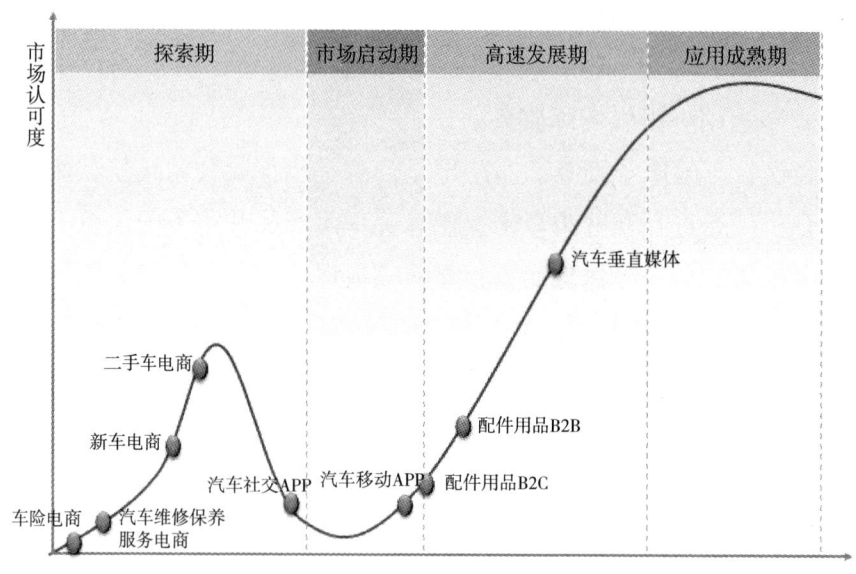

图 12 中国汽车电子商务 AMC 模型

（1）探索期

在这个阶段，市场的发展处于初始阶段，商业模式不够清晰，用户的认可度也在上下摇摆中。但是这一时期是资本强烈关注的时期，多数创业企业在探索期能够获得多轮的融资。目前处于这一阶段的细分领域占大多数，包括新车电商、二手车电商、车险电商、维修保养服务电商和汽车社交 APP。

（2）市场启动期

这个阶段，市场中的主流厂商逐步确立，较为成熟的商业模式开始出现,主流厂商开始发力市场推广。目前处于这一阶段的细分领域有用车类移动APP。

(3)高速发展期

这个阶段,在成熟的商业模式的支撑下,市场稳定增长,市场进入门槛提高,主流厂商IPO成功。厂商逐步实现盈利,产业链分工明确。目前处于这一阶段的细分领域有汽车垂直媒体、配件用品B2B电商和配件用品B2C电商。其中汽车垂直媒体在商业模式上已经相当成熟,收入也保持稳定增长,将很快进入成熟期,配件用品电商的高速发展才刚刚开始。

(4)应用成熟期

这个阶段应用成熟,市场发展达到顶峰,相关厂商收入稳定,企业开始探索新的产品和应用。目前还没有任何一个汽车电商细分领域进入这个阶段。

2. 汽车电子商务领域关键事件梳理和分析

整个汽车行业发展的黄金10年刚好遇上了电子商务疯狂发展的十年,新车、二手车、配件用品、后市场等方面均有众多电商企业在加速进驻抢夺市场。汽车电子商务的发展也经历了从无到有、从信息和营销为主到交易和服务为主的转变,通过对这一发展历程中对汽车电商有着深远影响的关键事件的梳理和分析,能够对行业未来的发展起到一定的指引作用。

(1)2010年9月,奔驰Smart车型首次登陆淘宝聚划算平台,开启了汽车网购的历史

2010年奔驰与淘宝的合作是车企与电商平台的首次合作,虽然合作方式仅限于网上促销活动,但这是整车电商初现端倪的标志性事件,可以说从此次事件开始汽车电商逐渐拉开大幕。

(2)2011年4月,吉利天猫旗舰店正式上线,成为第一家入驻天猫的整车厂商

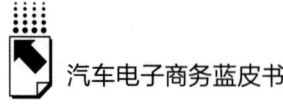

吉利天猫旗舰店的上线，是车企开启电商业务的起点，互联网对于汽车品牌的意义开始发生变化，从过去一直作为广告投放的渠道之一，演变成能够具备交易价值的平台，汽车行业的互联网化开始从营销演进到渠道。

（3）2013年11月，庞大集团自建的汽车电商平台"庞大汽车电子商城"正式上线

庞大集团是国内第一个自建电商平台的经销商集团，作为国内最重要的经销商集团之一，庞大集团自建电商平台具备一定的超前意识，是传统汽车经销商探索线上渠道的一次尝试。

（4）2013年11月，汽车之家、易车、搜狐汽车首推"双十一"汽车网购活动

一直以来，"双十一"活动都是电商行业的盛宴，活动遍及全国并覆盖3C产品、家电、服装、食品等多种商品。但这次三家汽车网站推出的"双十一"汽车网购活动是第一次把新车这一商品品类纳入电商大促活动，无论是对消费者购车习惯还是对互联网企业运作汽车电商来说，这次事件的影响都是巨大的。

（5）2014年3月，上汽集团自建的汽车电商平台"车享网"正式上线

车享平台的上线标志着国内车企第一次开始自建电商平台的尝试。过去几年，车企都是通过与综合电商平台（比如，天猫、苏宁易购等）的合作来开展电商业务，上汽集团的这次尝试则试图通过自建的线上平台与既有的线下资源进行更为有效地整合，建立自有体系内的O2O闭环。

（6）2014年7月，天猫宣布推出汽车"先开后买"整车购买增值服务

天猫推出的整车购买增值服务是在汽车电商支付环节上的一次创新，利用阿里巴巴在金融和在线支付方面的优势，尝试打通整车交易

的线上支付通道。

（7）2015年4月，阿里集团成立汽车事业部

阿里巴巴汽车事业部的成立，意味着国内最大电子商务企业开始全面布局汽车业务，利用自身多年积累的用户资源、企业资源、技术能力、大数据、互联网金融等方面的优势，试图构建一个覆盖汽车全产业链和汽车消费全生命周期的开放平台。

三 汽车电子商务宏观环境

（一）政策环境

（1）二手车管理正逐步规范化

2013年12月31日，国家质检总局、国家标准委正式发布《二手车鉴定评估技术规范》，并于2014年6月1日起正式实施。《二手车鉴定评估技术规范》是我国二手车车辆评估首个国家标准，有利于改善行业不规范的现象。

此外，《二手车流通企业经营管理规范》即将出台，该规范是二手车流通企业强制准入标准，该标准对二手车流通企业强制准入标准做出详细规定，对二手车交易市场、二手车经销商、二手车拍卖公司、二手车经纪公司和二手车鉴定评估机构以及人员素质条件等提出更高要求。

（2）中国汽车后市场可信品牌认证平台启动

中国汽车后市场可信品牌认证平台于2012年在上海启动。该认证平台是为中国车主和汽车后市场从业者提供一个在汽车维修服务市场流通的汽车配件用品等产品进行品牌可信度认证、可信品牌信息发布及查询的综合服务系统。

汽车后市场规模过快增长的同时，优质零部件生产厂家及消费

者利益也受到了侵害。目前，国内消费者缺乏对汽车配件产品的判断力，在良莠不齐的汽车配件市场的权益得不到保障。可信认证品牌平台可以为汽车配件市场品牌进行中立评估，改善汽车后市场信任危机问题。

（3）新三包政策正式实施

2013年10月1日，《家用汽车产品修理、更换、退货责任规定》汽车三包政策正式实施。汽车三包政策对家用汽车产品保修期，以及其间三包责任免除、三包责任、修理者义务和罚则等进行了明文规定。汽车三包政策的出台，对规范保修期内汽车维修保养市场有较大影响。

（4）汽车维修业转型升级指导意见出台

2014年9月3日《关于促进汽车维修业转型升级提升服务质量的指导意见》（简称《意见》）出台，《意见》指出要改进汽车维修市场结构不优、发展不规范、消费不透明、不诚信等问题。《意见》表示通过5年左右努力，推动汽车维修业基本完成从规模扩张型向质量效益型的转变。《意见》要求汽车生产及其授权销售、维修企业（包括进口汽车经营企业）应告知消费者按照使用说明书要求正确使用、维护、修理汽车产品，不得限制、干预消费者自主选择维修企业和维修服务，不得以汽车在"三包"期限内选择非授权维修服务为理由拒绝提供维修服务。各地要按照"渠道畅通、处理及时、技术权威、裁决公正"的原则，建立健全汽车维修质量纠纷调解、投诉处理的工作平台和机制。

（5）汽车平行进口政策

2014年10月，国务院发布了《关于加强进口的若干意见》，并批准在上海自贸区汽车平行进口试点。该意见指出，将"调整汽车品牌销售有关规定，加紧在中国（上海）自由贸易试验区率先开展汽车平行进口试点工作"。随着深圳、天津等城市陆续开展平行进口试点,以平行进口汽车销售和服务为对象的汽车电子商务活动也将开展起来。

(6)关于推进"互联网+"的有关政策陆续出台

2015年5月4日,《国务院关于大力发展电子商务加快培育经济新动力的意见》公布;2015年7月1日,《国务院关于积极推进"互联网+"行动的指导意见》公布。两份文件提出了我国电子商务和"互联网+"的发展目标、重点工作和保障措施,对促进我国电子商务和"互联网+"的发展将起到积极作用。

(二)经济环境

(1)国民经济运行相对平稳

当前中国经济运行总体平稳,增速仍然保持在较为合理的区间。政府坚持稳中有进和稳中有为的发展策略,采取了一系列政策措施稳增长、控通胀、防风险,保证了经济的持续健康发展。国内生产总值(GDP)保持稳定增长,第三产业依旧保持强势增长。

经历了2008年金融危机,GDP增速有所放缓,内需成为拉动GDP的主要力量,居民的消费需求将持续释放。以提升营销效果、挖掘用户需求、简化交易流程为目的的汽车行业电商化在这样的经济形势下获得了较好的发展环境。

(2)居民消费水平提升

国家统计局的数据显示,2004~2013年,城镇居民家庭人均可支配收入从9421.6元增长至26955元,恩格尔系数从37.7%下降至35%。可见除了GDP总量增长外,国民消费能力也在提升。有数据表示,91%的车主至少半年进行一次常规维修保养。

同时CEIC数据显示,目前在社会消费品零售总额中汽车类消费占消费总额的26.7%,汽车消费在社会消费品类中占比第一。该数据表明,汽车消费对国民经济有重要影响力,汽车销量、二手车销量

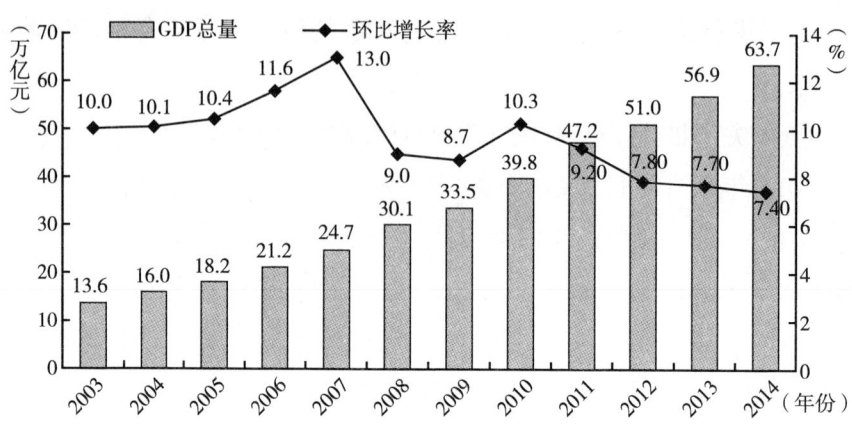

图 13 2003~2014 年中国 GDP 增长情况

资料来源：国家统计局 2003~2014 年统计数据。

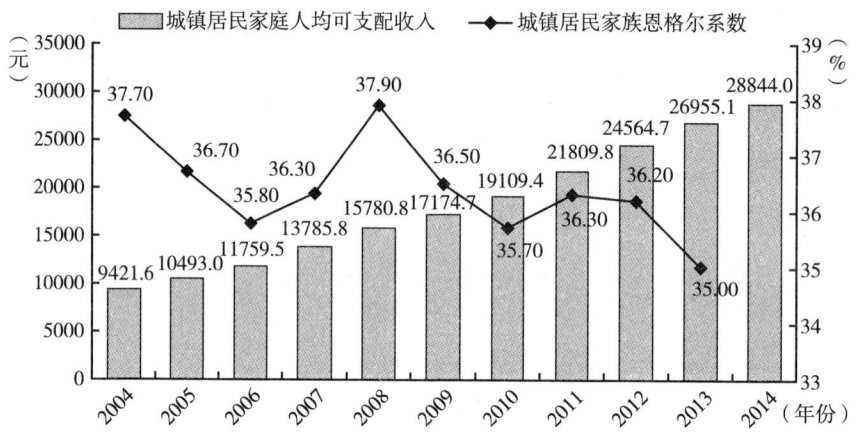

图 14 2004~2014 年城镇居民家庭人均可支配收入及恩格尔系数

资料来源：国家统计局 2004~2014 年统计数据。

的提升将带动社会消费总额的提升。

（3）电子商务的发展进入新阶段

电子商务经历十几年的快速发展，无论是在行业成熟度、市场规模，还是用户规模上都得到了很大的提升。在总体增速放缓的形势下，各个电商企业纷纷开拓新业务，O2O模式和本地服务类电商成为新的发展趋势。

电子商务发展的新阶段为汽车行业特别是后市场电商化提供了良好的发展契机，汽车后市场服务电商利用O2O模式带动产业优化和升级势必形成一条新的电商发展路径。

（三）社会环境

（1）城镇化加速

国家统计局数据显示，2003～2014年，中国城镇化人口从5亿多人增长至7亿多人，城镇化率从40.53%增长至54.77%。随着城镇化水平的提高和新农村的发展，汽车已经成为普通居民消费的对象。

城镇消费者通过网络媒介等的培育，对汽车的了解越来越深刻，开始逐步产生个性化的需求，需求的提升带动汽车后市场维修保养、改装等市场的发展。

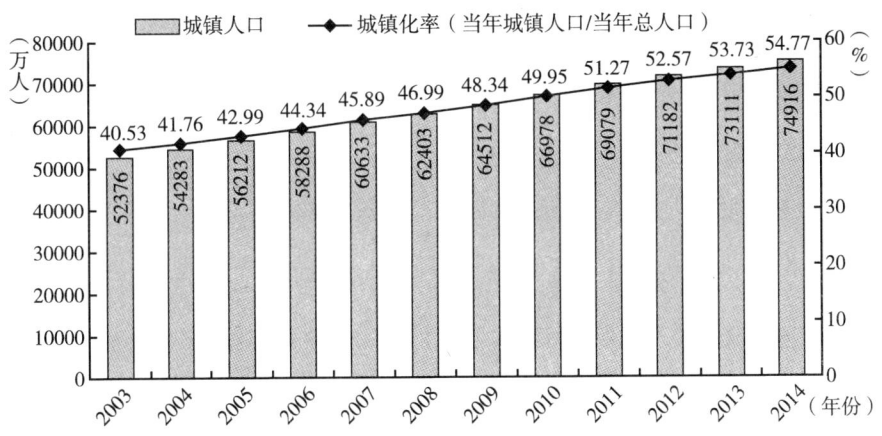

图15　2003～2014年中国城镇人口及城镇化率

资料来源：国家统计局2003～2014年统计数据。

(2) 汽车社交兴起

随着中国汽车行业的发展、私人汽车保有量的提高，汽车的作用已经不局限于代步工具。在汽车广告、汽车竞赛、汽车杂志、汽车展览等汽车文化的普及和教育下，消费者对汽车的认知度和参与度开始提高。

互联网的一个主要的特点在于能够更有效地聚合同类用户，实现用户之间的沟通和交流，构建基于某种兴趣或者话题的社交平台。对汽车来说，其工具属性正在逐渐弱化，平台属性正在逐渐形成，围绕车主形成的社交网络将有可能形成，从中可以挖掘更大的商业价值。

(3) 互联网渗透进一步加深

根据CNNIC发布的第36次《中国互联网络发展状况统计报告》，截至2015年6月，我国网民规模达6.68亿人，互联网普及率为48.8%，手机网民规模达5.94亿人，占比提升至88.9%。互联网的广泛普及为网络经济的发展提供了最坚实、最基础的动力。

中国电子商务快速发展对传统行业有巨大的影响，消费者网购观念开始从一般生活用品向更细化垂直的用品发展。互联网自我能动精神普及和4S店高居不下的价格，让一些车主开始尝试利用互联网帮助完成维修保养。

网民规模的增长意味着汽车行业互联网化有广阔的发展空间，无论是车主的后续服务需求还是潜在消费者的购买需求，都有望更多地通过线上得到满足。

（四）技术环境

(1) 大数据

进入互联网时代，数据正在迅速膨胀并呈现几何级数增长。大数据的收集、整合、分析和处理技术越来越受到互联网企业的重视，特别是那些掌握巨量数字消费者信息的互联网企业，都在加速布局大数据战略。数据作为企业的一项重要的信息资产已经得到普遍认可,如何进行深入挖掘并发挥这些资产的最大价值是所有企业都面临的一大挑战。

大数据对二手车电子商务,可以让相关企业将外部海量消费者数据与企业内部海量运营数据联系起来,通过分析用户的行为,提升运营效率。

大数据对二手车估值服务,可以基于大数据搜索引擎及数据挖掘技术,同时收集、追踪、覆盖全国各个城市的数据,将国内汽车市场所有车型的历史成交价格入库云端数据库,以此推算真实的二手车交易价格,解除二手车估价的难题。

大数据可以根据消费者对产品的喜好,在未来货物销售趋势方面做出有效预测。优化自身网站、提升顾客忠诚度、帮助企业进行产品预测、改善对顾客的服务、收集消费者偏好,具体来说,通过对车辆数据、道路数据、环境感知数据等海量信息的处理、分析、汇总,汽车服务商或整车厂商可获得相关车主的车况、驾驶行为、里程等行车、用车过程中的数据,从而可基于大数据挖掘对车主进行精细化的管理,这实际上是一条贯穿于每一辆车整个生命周期中的精准营销方案。

此外,汽车保险UBI也是充分利用大数据的典型。UBI（Usage Based Insurance）,即基于驾驶行为而定保费的保险,保费基于驾驶时间、地点、驾驶方式等综合指标考量,为记录驾驶员的上述行为并关联理赔金额,参加UBI的车主都会在车上安装UBI车载智能盒子。欧洲和北美以及韩国等发达国家和地区已颁布了一些鼓励政策以促进UBI发展,2012年,中国已核准发布了UBI产品,目前已经有一些和保险公司合作的UBI智能盒子上市,利用车主行为大数据对车主驾驶行为进行评估分析。

（2）移动互联网

智能手机的普及和3G网络的建设使移动互联网开始了爆发式的

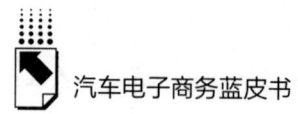

增长,4G牌照的发放更加速了PC互联网时代向移动互联网时代迈进的步伐。高速的无线数据传输,随时随地的网络接入和便携式的输入输出设备都需要更加适应移动互联的应用和模式,简单的PC端到移动端的"迁移"是无法适应移动互联网的,变革过程将面临更多的挑战和机遇。

汽车产业相关企业在面对移动互联网时代到来时的战略部署至关重要。从目前看,汽车行业内的各类企业实体(车企、4S店、维修店等)与车主的关联度较弱,主要通过一些传统的方式与用户保持关联(如传单、电话、电视、广播等),紧密度和交互性较差。移动互联网技术使这些企业能够利用APP、微信、社交媒体等多种方式与用户保持更实时、更紧密的关联,从而使企业更靠近用户,更了解用户,最终挖掘更大的用户价值,提供更好的用户体验。

(3) 车况鉴定评估技术

二手车车况鉴定评估技术是二手车市场交易发展的基础保障。目前市场的二手车经营主体都有自己的一套车况检测技术和标准,也有不少经营主体拥有汽车检测、鉴定专利。但也带来一个问题,即同一辆车在不同的经营者手里会出现不同的检测结果,并且影响二手车的估价。2014年6月1日起实施的《二手车鉴定评估规范》成为二手车鉴定的一个技术标准,一定程度上将改善目前车况鉴定混乱的问题。

四 汽车产业互联网化:现状与趋势

从2000年易车网创建开始,经历十多年发展,互联网逐步渗透到汽车行业各个市场和各类业务中,目前产业链中的每一个环节几乎都与互联网发生了一定程度的关联,虽然不同领域的互联网化程度有所不同,但总体来看,汽车行业与互联网已经进入全面融合的阶段。

从图16可以看到，各种类型的互联网企业所开展的业务已经覆盖到零部件制造商和经销商、整车制造商和经销商、后市场服务商和消费者的各种需求，包括汽车门户网站、电子商务、网络广告、在线营销、服务中介等，其中有专注于汽车行业的互联网企业，也有通过业务延伸覆盖到汽车行业的其他互联网企业。

图16　中国汽车电商产业地图

（一）汽车产业互联网化的驱动因素

互联网化对汽车行业的影响并不像某些行业那样具有颠覆性（比如，广告和零售行业），至少从目前来看，这种影响并未撼动产业链结构或产业链各方的地位，而是基于互联网的技术、产品、模式和数据为其提供强有力的支撑和服务，使消费者、制造商、经销商和服务提供商都能从中受益（见图17）。

经过对国内汽车行业和相关汽车互联网企业的深入研究，并结合当前互联网发展的现状和趋势，我们认为，现阶段驱动汽车行业互联网化的主要因素有以下四点（见图18）。

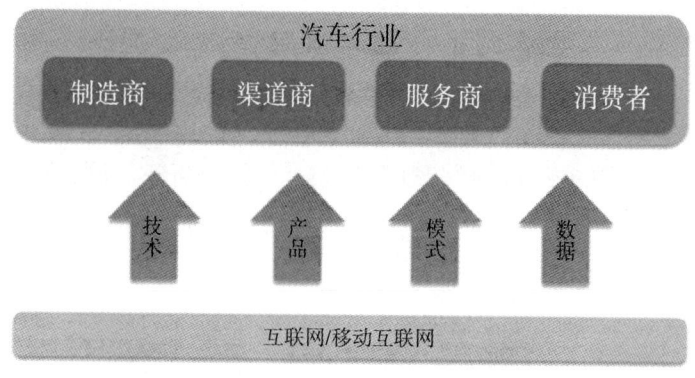

图 17　互联网助力汽车行业

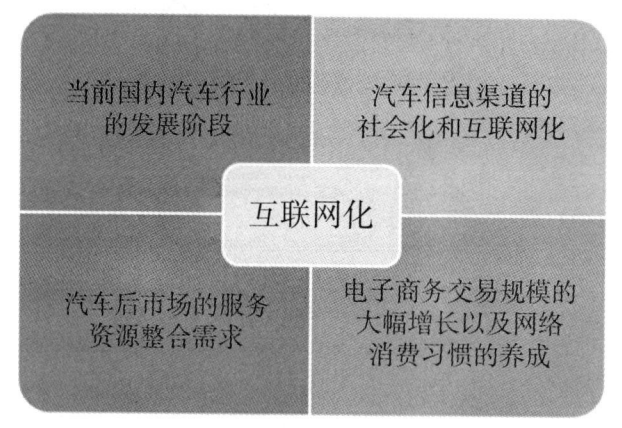

图 18　汽车行业互联网化驱动因素

1. 当前国内汽车行业的发展阶段

过去十多年，中国的汽车行业经历了一轮快速发展的黄金时期，汽车产销量增长了近10倍，虽然近几年增速已经开始放缓，但这段时期累积的汽车保有量已经使汽车市场拥有了巨大的消费基础。因此，未来除了新车市场的稳步增长外，AM模式的零部件市场、二手车市场和汽车后市场也将崛起。正是国内汽车行业处在这样的发展阶段，才为互联网化奠定了稳定而庞大的消费基础，并且在未来持续驱动这一行业与互联网的进一步融合。

2. 汽车信息渠道的社会化和互联网化

相比其他消费品,汽车产品本身的复杂性和多样性决定了消费者在购买和使用阶段对信息获取和交流的需求更加强烈,汽车对现在消费者已不再是简单的交通工具,而是代表着一种个性化生活方式。同时,伴随互联网和移动互联网成长起来的"数字一代"已经成为汽车消费的主力人群,他们已经习惯通过各类网络媒体和社交平台获取信息和进行交流。以上两种因素的合力促使了众多汽车网络媒体、门户和论坛的产生,并逐渐成为消费者在购车和用车环节首选的信息渠道(见图19)。

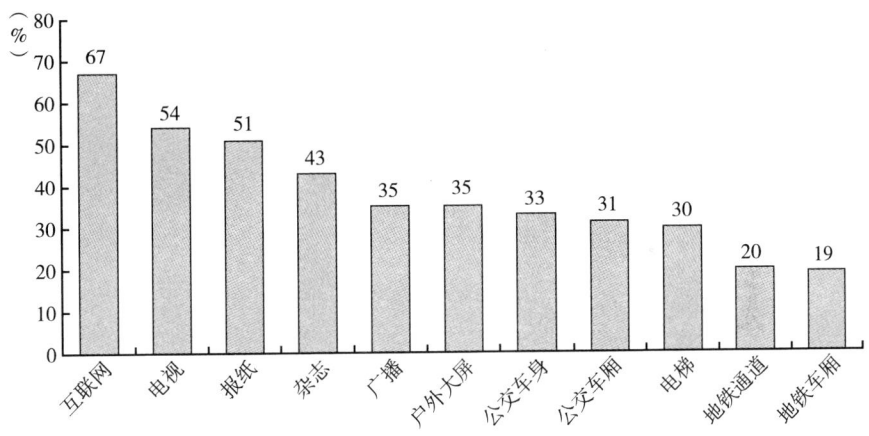

图19 汽车用户过去一周的媒体接触时间

注:调查时间为2013年1月。
资料来源:CNNIC。

3. 汽车后市场的服务资源整合需求

随着国内汽车保有量的提高,车主对购买后的消费需求日益提高,汽车后市场的崛起是大势所趋。目前,这类市场的渠道不够健全,服务资源相对分散,亟须通过更加有效的方式进行改善和整合。

互联网具备开放、分享和创新的精神，电子商务和第三方支付技术已日益完善，其他领域成功模式的借鉴，这些都能为汽车后市场提供更多样化的解决方案，通过对消费需求和服务资源的深度整合，使供给方和需求方达到更好的匹配。从这两年陆续出现的为汽车后市场服务的途虎养车网、养车无忧、12号公路、携车网等，以及为租车市场服务的易到用车、驴车网、PP租车等，都显示了这个市场的互联网化程度正在逐步加深。

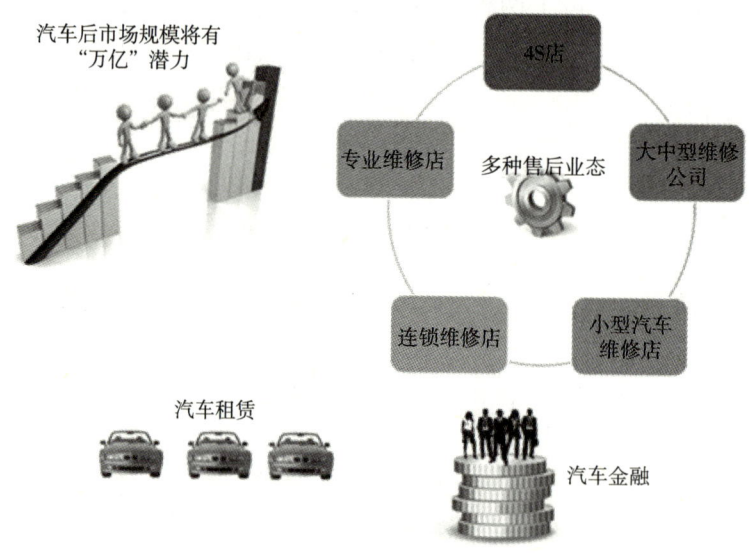

图20　汽车后市场业态示意

4. 电子商务交易规模的大幅增长以及网络消费习惯的养成

电子商务在中国从1998年开始发展，2005年进入真正的高速成长期，各类综合性电商和垂直电商纷纷成立，其中包含了B2B、B2C以及C2C等模式，并逐步朝着线上线下融合的方式演进，同时涉及的商品种类也得到了极大地丰富。截至2013年第三季度，中国网络零售市场交易规模达4153亿元，在社会消费品零售总额中占比达7.2%。经过这么多年的市场培育，国内消费者的网购习惯已经形成，愿意在网上购买的商品也从之前的图书、3C产品、服装等小件消费品扩大至家电这种大宗耐用消费品。对汽车行业而言，上述的发展现状给汽车产品的网上销售奠定了足够坚实的基础，无论是新车还是二手车的交易，未来都会更多地利用线上辅助线下的方式来完成。虽然目前汽车销售的传统渠道仍然相对封闭和强势，但电子商务发展和网购习惯的养成势必会驱动传统渠道加速互联网化，以更加有效率的模式完成线上线下渠道的融合。

（二）汽车产业互联网化的价值

课题组认为，互联网化给汽车产业带来的价值可以归纳为以下四点。

1. 更全面和透明的信息资讯平台

汽车同家电一样都属于耐用消费品。不同的是，汽车产品具有更加复杂的型号和参数，更加个性化的选型，更加频繁和专业的维修保养，以及更多随之衍生的娱乐和消费需求，所以，无论是选购和比价环节，还是使用和维护环节，消费者对相关汽车产品和服务信息的获取和交流需求都更加的强烈和迫切。

通过传统媒体、厂商及其他渠道，消费者能够获取的汽车信息是不够全面和透明的，而且这样的信息传递方式大多是单向的，存在卖方和买方的信息不对称现象。自从各类汽车网络媒体的出现，包括车型数据、价格、导购、评测等丰富的信息被更加有效地收集和整合，使消费者在选型、购买、使用和维护等各个环节都能快速且便利地获取全面翔实的信息并且进行交流和分享，这些优势都是传统媒体及信息获取渠道所无法比拟的。这种全面和透明的信息资讯平台很大程度上解决了信息不对称的问题，当前的汽车购买者和使用者已经习惯通过互联网的方式来满足自己对各类信息的需求（见图21）。近几年，相关汽车网络媒体的用户关注度都在持续上升，比如，汽车之家和易车网。图 22、图 23 的数据来自百度指数，表示这两个关键词这三年的搜索指数。

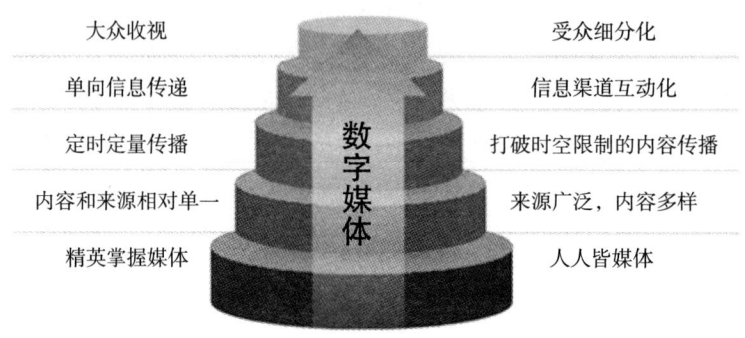

图 21　传统媒体和数字媒体对比

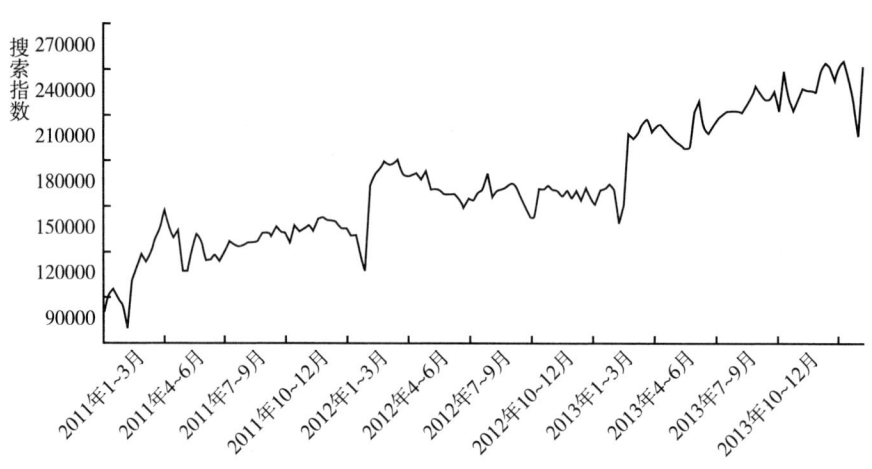

图 22　2011～2013 年"汽车之家"关键词搜索指数

2. 更精准和高效的数字营销

随着互联网的媒体属性日益增强，数字营销已经成为各个企业在品牌宣传和产品推广上必须运用的手段。各类搜索、门户、社区、社交媒体、电商网站的出现，极大地拓宽和丰富了数字消费者感知信息

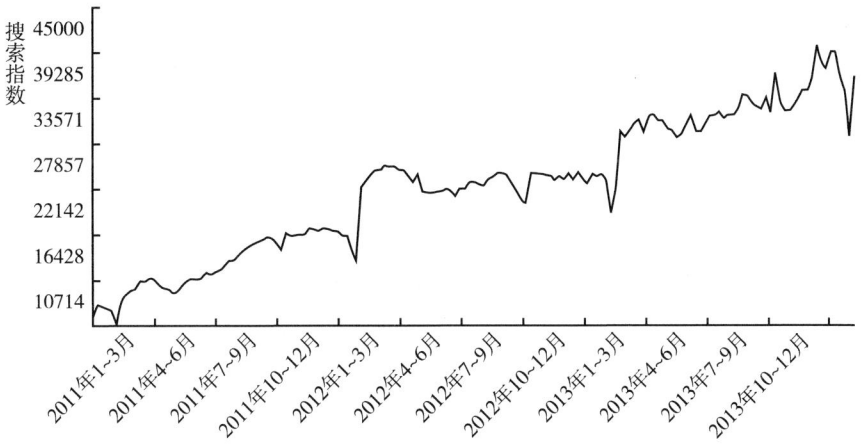

图 23　2011～2013 年"易车网"关键词搜索指数

的通道和方式，同时使互联网的营销价值逐渐放大并成为能够与传统媒体并重的营销渠道。

对于各大整车厂商、经销商和服务提供商来说，汽车的购买和使用人群是有一定条件和分类的，通过传统媒体很难去准确定位到这些消费者，只能通过粗放式的海量广告投放去尽可能多地覆盖到，但效果并不理想。基于互联网的数字营销手段恰好弥补了传统媒体的不足，通过对在线用户行为和属性的监测和分析，网络广告能够更精准地投放给潜在的消费者，从而提高营销的效果，即吸引消费者关注并最终形成购买。

从 2000 年开始，汽车行业内的厂商特别是整车制造厂商就开始进行基于互联网的营销，随着互联网的进一步发展以及国内汽车市场的扩大，企业在数字营销方面的投入规模和占比也在逐年上升。新媒体越来越成为各大车企和经销商开展营销活动的主战场。

3. 更多样化的产品销售渠道

汽车行业涉及产品多，除了整车产品外（包括新车和二手车），还包括汽车零部件以及相关的汽车用品。对零部件和汽车用品来说，

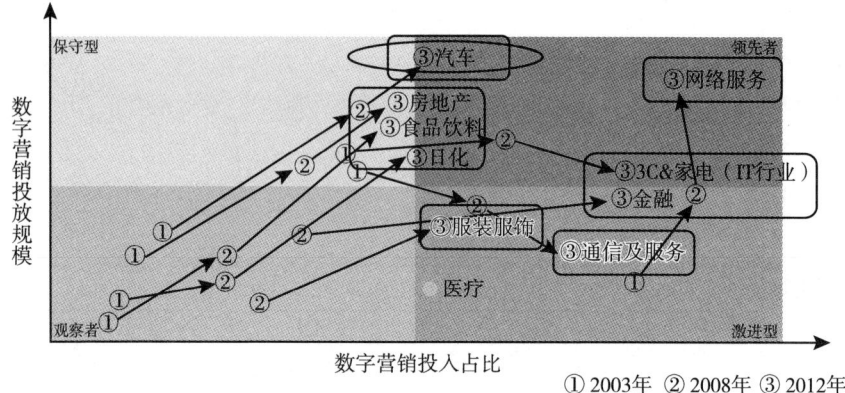

①2003年 ②2008年 ③2012年

图24 中国行业营销互联网化发展矩阵（2013年）

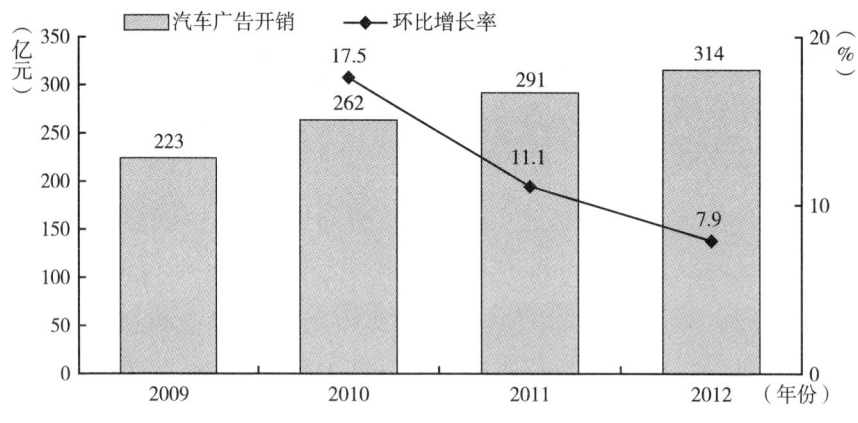

图25 2009~2012年中国汽车广告开销

目前通过线上渠道进行交易已经比较频繁，各种B2B、C2C和B2C平台已经覆盖了大多数品类。对整车来说，由于其自身的产品属性，至少从目前来看完全通过线上完成交易的难度还比较大，同时，汽车行业本身的线下分销渠道相对封闭和强势，想要完全打破这样的分销体系并不容易。

从渠道层面，互联网化带给汽车行业的价值是提供了更加多样化

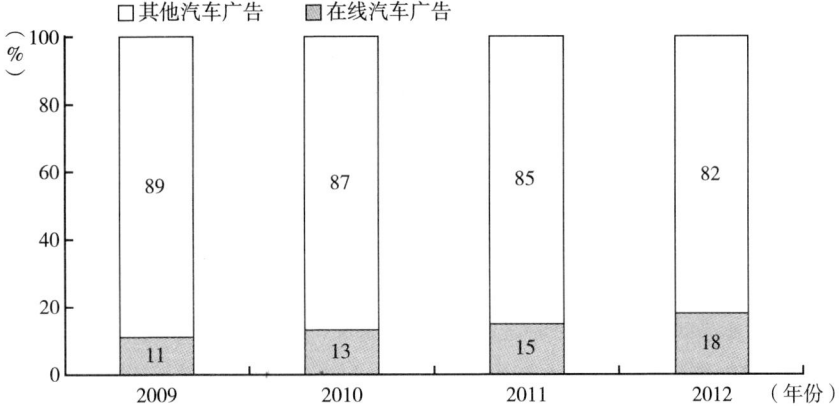

图 26　2009～2012 年中国汽车广告开销份额

资料来源：汽车之家招股书。

图 27　多样化的产品销售渠道

的产品分销路径。汽车零部件和汽车用品在传统渠道上可以通过直销、汽配城或维修配套等方式销售，在线上则可以通过B2B、B2C、C2C商城作为传统渠道的补充。整车的线上销售近两年才开始渐渐兴起，2013年，汽车之家、易车网和搜狐汽车首开的"双十一"汽车购物节可以说真正打开了大规模汽车网购的大门，虽然目前线上渠道还只是通过营销和引导的方式将用户导入线下实体店消费，但这种O2O的方式更适合现阶段国内汽车分销体系的现状，线上辅助线下成为当前整车分销模式的有力补充。

4. 更强大的服务资源整合平台

这些年国内汽车保有量的大幅提升带来了巨大的汽车后市场空间，其中蕴含着大量在用车环节产生的服务需求（比如，上车险、维修保养、美容改装、租车等），同时也在线下存在众多分布于不同地理位置的各类服务资源。对消费者来说，一方面，通过传统方式去寻找这些极其分散的服务资源并不容易，而且无法掌握公开透明的价格信息，使得需求和服务资源很难得到有效的匹配；另一方面，当前国内汽车后市场的经营乱象极其严重，商家众多且竞争无序，品牌意识薄弱，服务质量参差不齐，价格混乱，各类标准和监管也没有跟上，这些在很大程度上也加剧了消费者获得服务的成本和难度。

这种情况跟旅游服务资源类似，诸如携程和艺龙的出现恰好解决了这样的问题。通过与线下的商户建立合作关系，整合这些分散于不同地理位置的服务资源，并借助互联网技术将这些信息汇集，给用户提供"一站式"的服务解决方案。这样的方式同样可以应用在汽车后市场领域，并结合移动端应用和LBS带给用户随时随地的服务体验。这两年已经陆续出现了像途虎养车网、养车无忧、12号公路、车途邦这些定位在汽车后市场服务的互联网公司，虽然现阶段从模式上和规模上都尚在探索阶段，但未来这种方式势必给汽车后市场带来巨大价值。

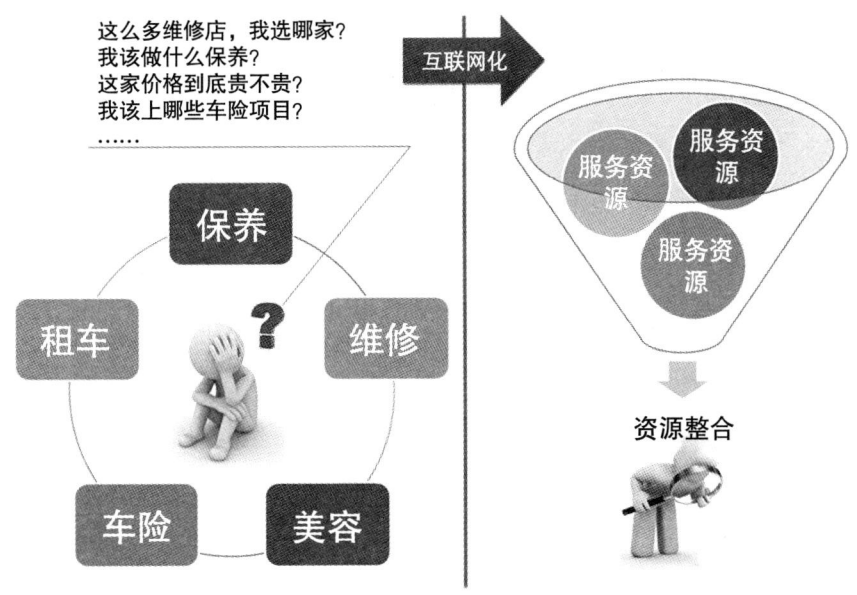

图28 互联网化促进服务资源整合

(三)汽车产业互联网化预期

汽车行业的互联网化因为涉及多个市场和多个产业链环节,未来的发展进程必然有多种不同路径,但整体趋势仍然是以营销和渠道的变革以及移动互联网为主线。本文基于对汽车行业互联网化宏观环境、驱动力、发展现状的深入研究,总结出以下发展趋势。

1. 汽车厂商在线广告的投入将持续加大

一方面,目前,互联网已经成为消费者获取汽车相关信息的主要渠道,网络媒体对消费者购买决策的影响已经大大超越了传统媒体。据第三方机构的调查,受访者中有超过90%的人把互联网作为他们获得汽车信息的主要来源。各类汽车垂直媒体、其他网站的汽车频道、视频网站等已经成为各大汽车品牌厂商的非常重要的广告投放渠道,近几年汽车在线广告投入占整体广告投入的比例在逐步提高,但

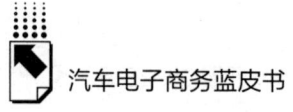

仍低于20%。

另一方面，国内汽车行业经过十几年的高速发展，销量增速正在放缓，新车市场将逐渐从卖方市场向买方市场转变，汽车厂商之间的竞争会进一步加剧，对营销的诉求将更加强烈。从数据上看，过去几年国内汽车广告总体费用均保持了两位数以上的增长。

基于以上两方面的原因，我们认为，未来汽车厂商的在线广告投入规模会进一步加大，占比也会继续提高。汽车广告主会更加重视在线广告带来的营销效果的提升，同时也会选择更加多样的形式（如视频类富媒体、社交媒体等）来进行网络营销。

2. 大数据对汽车网络营销的价值凸显

根据著名研究机构Gartner的定义，大数据是需要新处理模式才能具有更强的决策力、洞察发现力和流程优化能力的海量、高增长率和多样化的信息资产。对大数据的收集、整合和分析能力越来越受到各类互联网企业的重视。

对汽车行业特别是品牌厂商和经销商来说，大数据的价值将更多地体现在网络营销方面。随着购车人群越来越倾向于通过网络方式来获取汽车资讯，各类汽车媒体、汽车门户和汽车频道成为消费者购车前最主要的信息来源。根据易观智库的中国数字消费者行为分析系统（ECDC）的监测，各主流汽车网站的日均访问次数已超百万，最高的超过400万次。巨大访问量带来的消费者属性、行为偏好、购买意向、购买价格等数据毫无疑问已经成为汽车网站最有价值的信息资产，成为他们深入挖掘的目标。这样的"汽车消费大数据"如果能够被汽车网站有效地整合和分析，他们就能够为广告主提供更精准、更有效的营销服务。

我们已经看到，易车和汽车之家正在实施自己的大数据战略，希望借由数据的力量提供更大的营销价值。我们认为，未来，这样的战略势必会在各大汽车互联网企业中扩散开来，无论是前市场还是后市场,大数据对汽车行业的价值会很快凸显出来。

3. 移动互联网时代下的商业格局存在不小变数

在移动互联网时代下,传统的互联网巨头正在如火如荼地进行着移动端的各种布局和争夺,他们已经强烈地意识到在 PC 互联网时代下构筑起来的强大优势随着移动化进程的加快将变得不堪一击,在电脑屏上建立起来的商业格局和价值链随着多屏的扩展(手机、平板、智能电视)将会被全面重构。无论是腾讯微信和阿里来往的正面交锋,还是百度高价收购 91 无线,都反映了巨头在这种充满变局的大环境下的危机意识。

汽车互联网企业在移动化浪潮之下也无法独善其身,思变是唯一的路径。如果说巨头间争夺的重点是移动端的入口,那么汽车互联网企业则更多地从用户细分需求的角度出发来进行移动端的布局。目前,虽然我们已经可以看到一些类似汽车报价、违章查询、汽车管家等工具性的移动 APP 的广泛应用,但这还只是汽车互联网企业在移动端开展竞争的初级阶段,大家仍以抢占用户流量为主。

我们认为,在 PC 互联网时代建立起来的较为单一的商业模式和并不稳固的竞争格局不仅会因为汽车前市场和后市场的变化而改变,而且会因为移动化浪潮的推动而被重构。汽车行业互联网化的商业格局在进入移动互联网时代后将存在更大的变数,原来的强者在移动端的战略布局稍有不慎就会被对手彻底颠覆。

4. 新车销售电商化进程短期内难有实质突破

B2C 电商零售产业经历了十几年的发展,线上销售的品类不断扩充,从最初的图书、服装和小家电等品类发展到 3C 产品、大家电和奢侈品等,消费者越来越习惯于大金额单品的网购。这样的趋势让我们看到了汽车网购普及的机会。2013 年"双十一"促销因为汽车网站的加入变得更加火爆,汽车之家、易车和搜狐汽车三家网站在"双十一"汽车促销活动中实现的总订购金额高达 235 亿元,占天猫总成交额（350亿元）的2/3。2014年，参与"双十一"汽车大促的企业数量和活动力度都进一步增加。这无疑为汽车网购注入了一针强心剂。

不过，这样的购车活动仍带有浓重的营销色彩，汽车网站扮演的依旧是聚拢人气和向线下导流的角色，消费者在网上预订之后仍然要到4S店去完成支付和提车。从电商化的角度看，这仅仅是一次试水，"三流"中的资金流和物流仍未打通。现实情况是，汽车电商化在美国这样的成熟市场都没有完全做成，在中国则面临更多的困难。首先，汽车行业封闭的渠道体系和价格体系是电商化的最大阻力，目前，电商根本无法直接绕开传统渠道去独立完成汽车销售，如何与厂商经销商合作去重构利益链条仍需长时间的探索。其次，4S店之外的后服务体系不完善，这也在很大程度上增加了消费者网上购车的顾虑。所以，我们认为，未来新车销售电商化的发展仍然困难重重，短期内难见实质性突破。

5. 二手车在线交易规模有望迎来高增长

这两年，二手车成为汽车产业的投资热点。相关企业的成立和资本的密集进入，说明各方对国内二手车市场未来发展的强烈看好。而市场的实际情况也能够印证这一点：据统计，2000～2014年，国内二手车交易量由25.17万辆上升到605万辆，增长了24倍，在美国、欧洲等成熟市场中，二手车的比例均高于70%，而中国2014年的二手车交易量仅为新车销量的30%左右。这些数据都表明，中国二手车市场具有很大的发展空间。

二手车电商企业利用线上竞拍和线下实体店服务相结合的模式为二手车供给方（私家车主和4S店）和需求方（二手车商）建立直接、快速的匹配通道，相比传统的二手车交易渠道，这样的模式大大简化了交易环节、节约了交易成本、提高了流通效率。目前，二手车在线交易业务规模占整个二手车交易量的比例不到10%，这些企业的区域化布局已经基本完成，随着资本的进入，业务的快速扩张已经展开。课题组认为，在国内二手车市场大发展的背景下，未来二手车在线交易规模有望迎来高速增长。

6. 维修保养服务电商将对4S店的售后业务造成一定冲击

一直以来，私家车的售后维修保养服务都是以4S店为主，经验的缺乏和后服务市场的混乱局面导致个人车主过度依赖4S店。但同时我们也看到，4S店售后维修保养业务的高价格和不透明越来越受到消费者的诟病。最近的一项调查显示，汽车使用年限在5~8年的车主，仅50%左右继续在4S店保养和维修；超过8年的，仅15%在4S店保养和维修。这意味着越来越多的车主开始选择4S店之外的维修保养服务商。

汽车后服务电商的出现正是顺应了这样的趋势，通过O2O模式和"一站式"的解决方案将消费者引导至线下的服务实体店，这样的服务资源整合加速了车主"逃离"4S店的脚步。虽然这类汽车后服务电商平台还处于起步阶段，覆盖的区域也比较小，但未来的发展值得期待。课题组认为，未来这一领域将吸引更多的资本关注，后服务电商的崛起将给4S维修保养业务造成一定冲击，同时，这种外来的变革性力量的进入也将促使4S店在业务重点、服务质量和价格体系上进行改变。

分 报 告
Special Reports

B.2
中国新车电子商务发展报告（2015）

——各展所长聚焦营销集客，喧闹过后更需冷静思考

摘　要： 本报告描述了2014年中国新车电子商务市场发展情况，分析了新车电商价值链以及主要的分类和参与者。目前新车电子商务市场主要包括开放平台型新车电商、导流型新车电商、特卖型新车电商、团购型新车电商、厂商自建型新车电商等。此外，本报告还分析了2014年中国新车电子商务领域包括投融资事件、企业事件、行业事件等热点事件，并分析了新车电子商务未来的发展趋势。

关键词： 新车电子商务　开放平台型新车电商　导流型新车电商　特卖型新车电商　团购型新车电商

一 新车电子商务

（一）研究定义

新车电子商务平台是企业搭建的新车在线销售平台，利用互联网技术并结合线下的 4S 店为购车用户提供完整的新车购买服务，线上平台主要承担信息展示、营销、集客和导流的功能，用户通过线上平台完成订购之后在线下指定的 4S 店完成交易并提车。

开放平台型新车电商是开放性的新车在线销售平台，各种类型的汽车销售主体均可入驻并开设网上店铺，包括车企、经销商以及其他类型的汽车电商，这类平台不介入实际的整车交易流程，只为入驻方提供全面的信息、营销、数据、金融等服务，帮助企业实现整车的 O2O 交易。

导流型新车电商是以销售线索为导向的平台，通过 PC 网站、移动 APP、微信、社交媒体的方式精准获取潜在购车用户，并将用户导流至线下 4S 店进行看车、试驾和交易，这类平台与同样提供销售线索的汽车网站的区别在于线索更精准、转化率更高，同时，平台根据最终成交收费。

特卖型新车电商是类似唯品会的模式，平台就某个品牌的某款车型与汽车厂商达成合作，从厂家批量拿车并包销，实现汽车价格的透明化，消费者通过平台可以获得真实的成交价格而不需要线下议价，通过指定的 4S 店完成支付并提车。

团购型新车电商是利用在线平台聚合某个品牌某款车型的潜在购车用户，在达到一定数量之后由专业人员组织定时定点到店看车并议价，这种方式的优势在于通过集体购买的方式提高消费者的议价能力。

厂商自建型新车电商是车企或经销商集团自建的电商平台，与入驻开放平台不同的是，自建平台需要厂商独立运营线上平台，获取流量和树立品牌，并且实现线上平台与自有线下实体资源的有效联动。

本报告主要研究范围为新车在线销售平台，包括开放平台型新车电商、导流型新车电商、特卖型新车电商、团购型新车电商和厂商自建型新车电商。

（二）新车电子商务的发展阶段

AMC（应用成熟度曲线）模型是以时间为参照系，从市场价值等多个维度对产业发展成熟度及产业发展阶段进行分析的模型，基于AMC曲线可以对所有市场发展成熟度进行精准刻画，定义市场发展阶段，描述市场特点及未来发展趋势。

针对新车电商市场的AMC模型，课题组认为其发展可以分为四个阶段，即探索期、市场启动期、高速发展期和应用成熟期。这一模型能够大致描述新车电子商务市场的发展现状并预测未来的发展趋势。

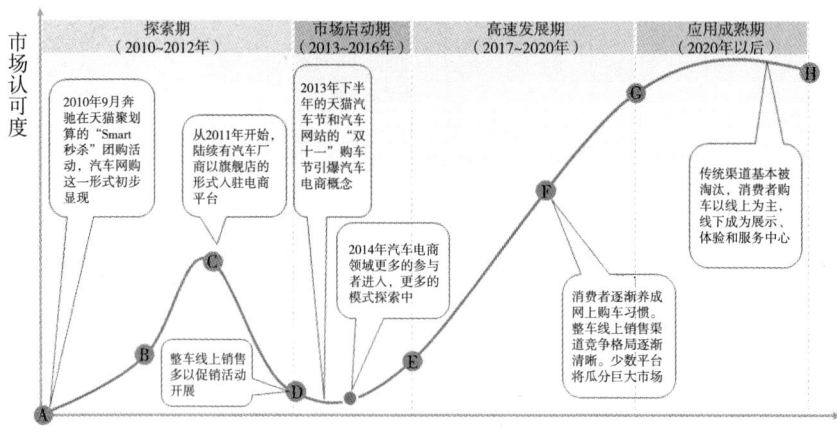

图1　中国新车电商市场AMC模型

(1) 探索期（2010~2012年）

我们认为，新车电商市场始于2010年，奔驰与天猫聚划算合作的汽车团购活动使汽车网购这一形式开始被大家所了解，虽然这次活动依然只是以营销为导向，但车企通过与电商平台的合作实现整车的销售突破了原有的传统交易模式。从2011年开始，车企和经销商与电商平台的合作陆续展开，各个汽车品牌开始以网上建店的方式入驻综合类的电商平台，借助电商平台的用户资源和营销服务获取更精准的销售线索，同时在网上开展各种促销活动来吸引购买者。

在这个阶段，电商主要扮演了信息展示平台的角色，消费者对网购汽车的接受程度较低，多数时候商家是利用阶段性的促销活动来吸引顾客，通过礼包、返现、优惠卡的方式给予购车用户一定的实惠。同时，多数车企以及经销商对电商的态度并不十分积极，更多的是停留在非常浅层面的合作，甚至是被动地接受或者持质疑的态度。我们认为在这一时期汽车电商发展较为缓慢，消费者和企业对这一形式的认知度也较低，大型的综合类电商平台对汽车这一品类也仅仅是保持一种试水的态度，业务的重心仍然放在大众更为接受的单价较低、配送方便的商品上。

(2) 市场启动期（2013~2016年）

课题组认为，目前的新车电商市场正处于启动期，无论是互联网企业、车企、经销商、消费者还是投资机构和媒体都对汽车网销给予了极大的热情，甚至出现了一定程度的过热迹象。2013年，易车、汽车之家和搜狐汽车在"双十一"期间推出的汽车网购大促活动，真正从概念上引爆了这个市场。一直以来，"双十一"作为电商领域一年一度的促销盛宴，为各大电商平台所重视，三家汽车网站参与这次活动第一次让汽车这一品类加入电商年度大促的活动，集聚了大量的人气，也大幅提升了业界对汽车电商的关注程度。

在这个阶段，我们看到的是各个企业对汽车电商态度上的变化。

以媒体业务为主的汽车垂直网站开始主动进入这一市场并尝试各种模式，以天猫为代表的综合电商平台开始把新车这一市场提升到非常重要的战略地位，通过组织结构的调整以及对外的战略合作不断推进新车电商业务的持续升级。以上汽、庞大为代表的车企/经销商开始主动构建自有的电商平台，希望借助线上线下联动的方式更高效地盘活其线下资源。总体来看，我们认为，启动期会出现较为有效的新车电商模式，传统车企和经销商开始思考和尝试电商化的发展路径，这一切都为新车电商市场的跨越式发展奠定了基础。

(3) 高速发展期 (2017~2020年)

经过启动期各大平台对消费者网购汽车习惯的培育，新车电商进入高速发展期，大众对这一形式将会给予更大范围的认可。同时，新车电商领域将会出现能够实现大规模整车销售的巨头级平台，其交易量和交易规模占整体市场的比例将有可能超过10%。新车销售的线上渠道呈现集中化的趋势。从车企的角度来看，基本上各大汽车品牌都将通过合作或自建的方式实现新车销售的电商化。

(4) 应用成熟期 (2020年以后)

在成熟期，传统的新车销售方式有可能逐步被淘汰，线下实体店面的功能将全面转变成展示、体验和服务的中心。汽车配送上门的方式将成为可能。对于中低档车型来说，消费者不再需要实地看车和试驾，仅通过线上下单支付，在家等待厂商将车辆配送上门即可。

(三) 新车电子商务行业大事记

2008~2012年，部分汽车企业试图与天猫、京东等大型平台电商合作，例如，奔驰曾在2010年参加了天猫聚划算活动，吉利天猫旗舰店也于2011年4月正式上线，但该阶段无论是新车电商企业数量还是规模相对传统的汽车销售企业仍然较为薄弱。自2013年起就有大批各种背景的新车电商不断成立上线，通过差异化的服务与资源在新车电商领域展开了竞争，也标志着新车交易电商化的开始。

2010年

• 9月，奔驰在天猫聚划算举办"Smart秒杀"团购活动。

2011年

• 4月，吉利天猫旗舰店正式上线，成为第一家入驻天猫的整车厂商。

2012年

• 2月，京东宣布与豪华轿车品牌Smart展开合作。

2013年

• 8月，首届"天猫汽车节"，各大汽车品牌和经销商参与活动。

• 11月，庞大集团自建的汽车电商平台"庞大汽车电子商城"正式上线。

• 11月，汽车之家、易车、搜狐汽车首推"双十一"汽车网购活动。

• 11月，苏宁易购正式上线汽车频道，开展整车销售业务。

• 12月，易车再推"双十二"，与京东联手打造汽车网购活动。

2014年

• 1月，国美在线与车讯网达成合作，正式推出整车销售业务。

• 3月，上汽集团自建的汽车电商平台"车享网"正式上线。

• 6月，汽车之家推出汽车电商平台车商城，并入驻京东商城、拍拍网。

• 7月，易车的B2C汽车电商平台——易车商城正式上线，与京东达成合作。

• 7月，长城汽车推出国内第一家定制化购车电商平台——哈弗商城。

• 7月，天猫宣布推出汽车"先开后买"整车购买增值服务。

• 7月，阿里巴巴集团与上汽集团签署"互联网汽车"战略合作协议。

- 9月，上汽车享平台服务社区车享汇推出2.0版本，新增四大业务板块。
- 10月，特斯拉宣布进驻天猫试水整车销售，并且参与"双十一"活动。
- 10月，新浪汽车宣布与天猫共同打造"双十一"购车活动。

2015年

- 1月，小马购车获得A轮1000万美元融资。
- 1月，易车宣布与上汽深化合作，通过易车商城开售MG GT。
- 2月，易车与一汽海马达成电商框架合作，易车商城独销普力马。
- 3月，宝马宣布与天猫合作，成为国内首家推出全产品线电子商务的豪华汽车品牌。
- 3月，阿里巴巴集团与上海汽车集团宣布，共同出资10亿元设立"互联网汽车基金"，并组建合资公司，专注互联网汽车的技术研发。
- 3月，吉利博瑞礼宾限量版在京东、苏宁、天猫、我的车城等电商平台正式发售。发售的第一分钟就创造了266辆的销量，短短77分钟千辆吉利博瑞被抢购一空。
- 3月，小马购车上线汽车金融业务。
- 3月，易车第一季度财报显示第一季度营收7.013亿元人民币，同比增长98.4%，成交数量超过3.6万辆。
- 4月，阿里集团成立汽车事业部。
- 4月，天猫同步上海车展，合作车企达50家，包括宝马、捷豹路虎、凯迪拉克、大众、别克、雪佛兰、丰田、本田、日产、现代、奇瑞、吉利等。
- 4月，捷豹路虎宣布与天猫商城达成战略合作。

- 4月，吉利汽车开设官方商城，与我的车城合作。
- 4月，易车与京东合作，已完成了商品对接，即惠买车和易车商城的所有车型全部入驻京东商品库；并计划将双方的订单体系、用户体系和客服体系全部打通。
- 5月，车风网完成A轮6000万元融资，领投方为腾信股份。

（四）主要汽车品牌电商化现状

从目前国内各大汽车品牌（包括自主品牌、合资品牌和外资品牌）布局电商的情况来看，已经有很大一部分汽车品牌厂商意识到建立电商平台的必要性。但是对于传统的汽车厂商来说，自建电商平台的人员、资金以及流量获取等方面的投入都比较大，因此，大多数汽车品牌厂商选择在各大电商平台上开设自己的品牌旗舰店，通过这样的方式实现初步的电商化运作，在网上销售的产品不仅包括整车，而且包括配件和汽车生活用品等。

各大汽车品牌选择开设旗舰店的电商平台主要包括以下三类，如图2所示。

从汽车品牌选择电商平台的分布来看，综合电商平台成为各大品牌厂商开设旗舰店的最优选择，在电商品牌的知名度、用户流量以及

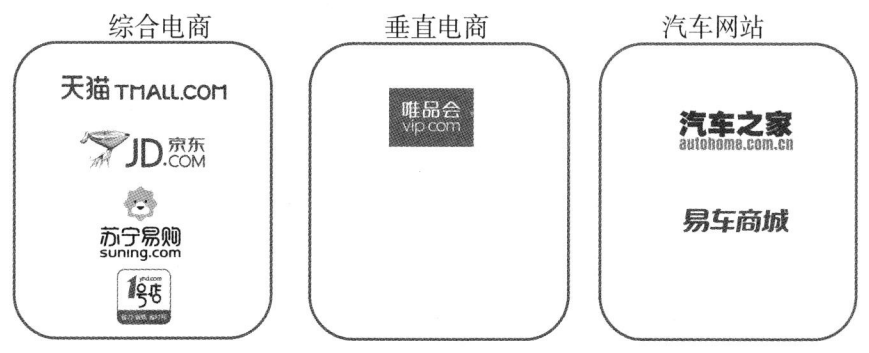

图2　各大汽车品牌选择开设旗舰店的电商平台

营销增值服务等方面，综合电商平台都具有较强的优势。目前汽车品牌厂商开设旗舰店并不是为了能够提升多少实际销量，而是希望借助知名的电商平台这一渠道更广泛地覆盖线上用户，更好地开展各类品牌的推广、产品的推介和营销活动等，所以基本上是秉承以营销为导向的思路。

对于垂直电商来说，覆盖的用户人群有很强的局限性，在用户流量获取上的能力相比综合电商平台来说也比较弱，因此，目前仅有少数汽车品牌在唯品会开设旗舰店。

另外，国内最大的两家汽车网站——易车和汽车之家也在大力拓展整车电商业务，前者建立的平台是易车商城（同时有惠买车协同），后者建立的平台是车商城，这类平台的最大优势在于它们通过多年在汽车媒体方面的运营，已经积累了大量与汽车关联度极强的用户群体，同时他们对汽车消费者的偏好和行为都有较强的数据层面的分析能力，因此，在销售线索转化率上有明显的优势。汽车品牌选择这类平台开设旗舰店的主要动因是希望借助平台带来的精准的销售线索提升实际销量。

根据权威机构的统计，截至2015年5月，总共有44个汽车品牌在7个不同的新车电商平台上开设品牌旗舰店。从品牌分布的情况来看，国产自主品牌在这方面的布局相对比较积极，欧系品牌次之，而豪华车品牌则相对比较保守。

早在2011年，国内最重要的自主品牌之一吉利就在天猫上开设品牌旗舰店，吉利成为国内第一家在电商平台上建立旗舰店的汽车品牌。从这一点可以反映出国产品牌在电商化上的布局最早，图3的数据也显示了国产自主品牌对电商的积极态度。课题组认为，虽然国内汽车产业入世以来一直保持着快速成长，但是国外品牌在整个市场的占有率上有明显的优势，自主品牌无论是在口碑、知名度，还是在销量上都与国外品牌有着较大的差距，随着最近两年新车市场增速的逐

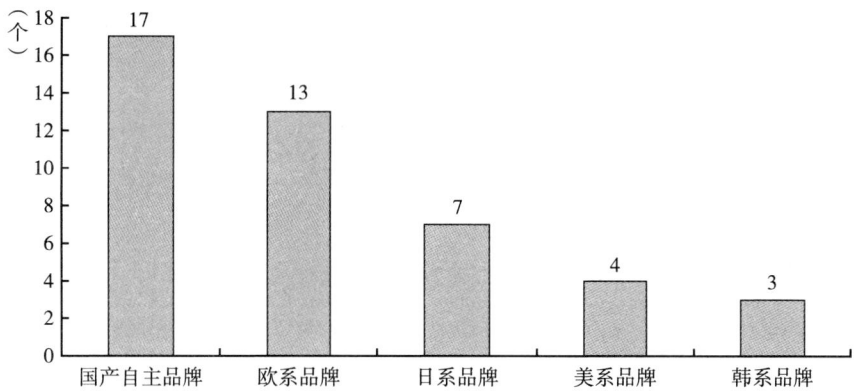

图3 开设电商品牌旗舰店的汽车品牌数量

渐回落,自主品牌面临的压力也在逐渐增大,电商平台上的布局也显示了它们在营销方式和互联网渠道上开展新尝试的努力。

从品牌档次的维度上来看,在目前开设电商旗舰店的汽车品牌中,豪华品牌的占比很小,绝大部分是一般品牌。豪华品牌注重的是比例非常小的高端富裕人群,通过电商渠道获取这类人群的效果并不明显,因此,豪华品牌在电商业务上的积极性明显比一般品牌要低得多(见图4)。

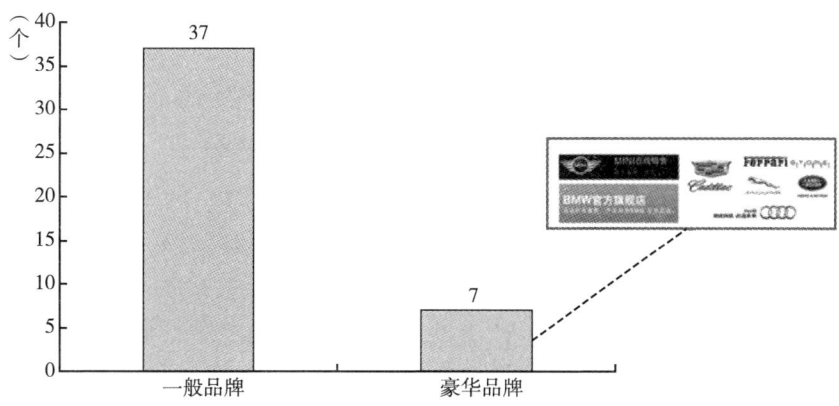

图4 按品牌档次分类的开设电商品牌旗舰店的汽车品牌数量

从各大电商平台上的汽车品牌旗舰店的数量来看，截至2015年5月，天猫仍然是各大汽车品牌最青睐的电商平台，在其上共有37个汽车品牌开设旗舰店，占所有开设电商旗舰店品牌总数的84%。易车商城以32个品牌旗舰店位居第二，这样的数据也显示了易车在新车电商方面的快速扩张和布局，随着易车与京东和腾讯在汽车业务上的深入合作，未来在这方面的发展可期。相比之下，其他电商平台的品牌旗舰店的数量还比较少。从这样的数据上，我们也能够看出，各大电商平台的新车业务布局上的力度是不一样的（见图5）。

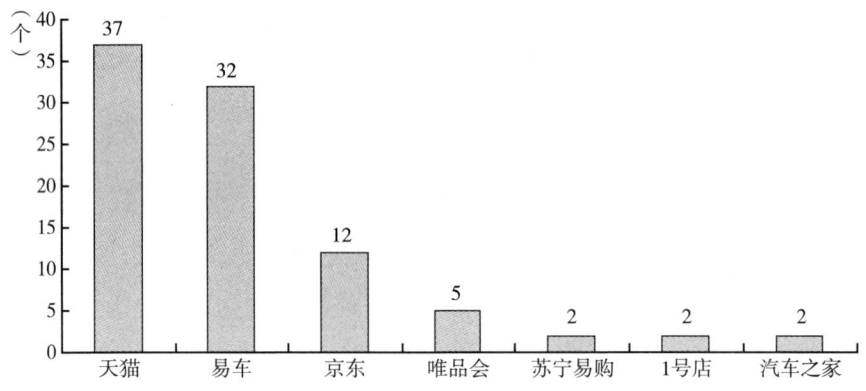

图5　各大电商平台汽车品牌旗舰店数量

（五）新车电子商务的价值链分析和主要分类

1. 新车电商的价值链

在国内，新车的零售环节有多种业态，包括4S店、汽车超市、汽车园区和汽车交易市场。在中国新车市场快速发展的这十年间，4S店这一汽车零售业态经历了一轮快速的发展，到目前为止国内共有两万多家4S店，并且出现了以大型经销商集团为代表的专业的汽车零售商，很多经销商集团年收入都能够达到几百亿元的规模。4S店这种特殊的汽车零售业态具备新车销售、配件销售、售后服务和信息反馈四种职能，并且每个汽车品牌厂商对4S店的选址、装修风格、展示风格、人员培训、服务标准等方面都有严格的规定，同时建设一家4S店的投入成本也非常高（通常在几千万元）。

目前来看，国内的新车零售（特别是乘用车零售）环节以4S店这一业态为主，众多4S店遍及全国各地。与其他行业的零售渠道相比（比如家电行业），4S店有一些不同之处，主要包括以下几点。

第一，上游车企对4S店的控制力很强，4S店的渠道话语权较弱。

第二，一家4S店只能够销售单一品牌的汽车。

第三，车企对4S店销售的汽车规定指导价，但实际的车价是不统一和不透明的。

第四，除了新车销售的收入外，4S店还通过其他业务（比如，售后服务、配件、保险代销等）获得收入，并且近几年4S店的新车销售利润在逐渐下滑，收入来源更多地偏向于售后服务。

第五，新车零售市场集中度较低，前10家经销商集团收入占整体市场规模的比例不到30%。

正是以上这些特点，使得新车销售的电商化与其他行业有着较大的不同。以家电行业为例，传统的家电零售渠道相对集中，以苏宁、国美为代表的主要家电连锁企业曾经牢牢把控了家电行业的零售渠道，使上游的家电企业处于相对弱势的地位，但随着电子商务的兴起，天猫、京东这类电商平台的快速崛起彻底颠覆了传统的家电零售业态。相比之下，正处在电商化进程中的新车销售市场有着很大的不同，由于汽车的销售仍然需要依赖线下的实体门店提供实际的体验以及交付，同时还需要售后的支持，短期内电商平台难以真正取代现有的新车销售体系。

课题组认为，从目前来看，新车电商在整个新车销售的价值链中只是扮演了营销、集客和导流的角色，解决的是信息流的问题，为线下的4S店提供一个线上营销的平台，并利用电商平台自身在用户流量方面的优势更精准和有效地为线下的4S店提供转化率更高的销售线索。换句话说，新车电商带给4S店的仍然是具有购买意向的客源，但并不一定能够完成实际的成交。从这一点上看，这是新车电商同其他类型的电商（比如，图书、服装、食品、数码产品、家电等）相比最大的差异。所以，真正的电子商务应该能够实现信息流、商品流和现金流的在线化，并通过线下的物流体系完成商品的物理流转，但对新车电商来说，目前仅能解决信息流的在线化（见图6）。

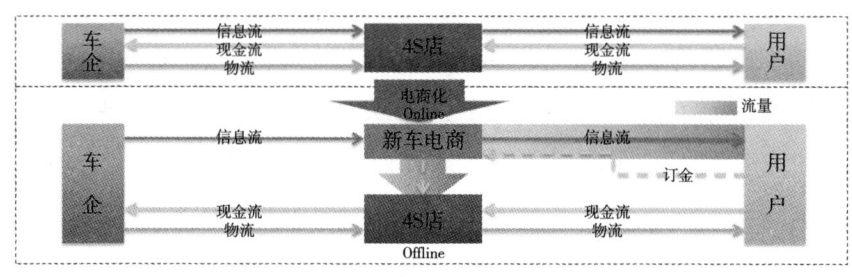

图6　新车电商信息流的在线化

综上所述，新车网销是一个真正的O2O模式。在这一模式下，电商平台和线下4S店应该是一个和谐共存的关系。电商平台承担Online的部分，而4S店承担Offline的部分，双方如果在合作上能够更加深入，毫无疑问这是一个更有效的汽车销售渠道。

图7　新车网销的O2O模式

2. 新车电商的主要参与者

课题组认为，目前新车电商领域主要存在三类参与者，分别是汽车垂直网站、综合电商平台以及车企和经销商集团。

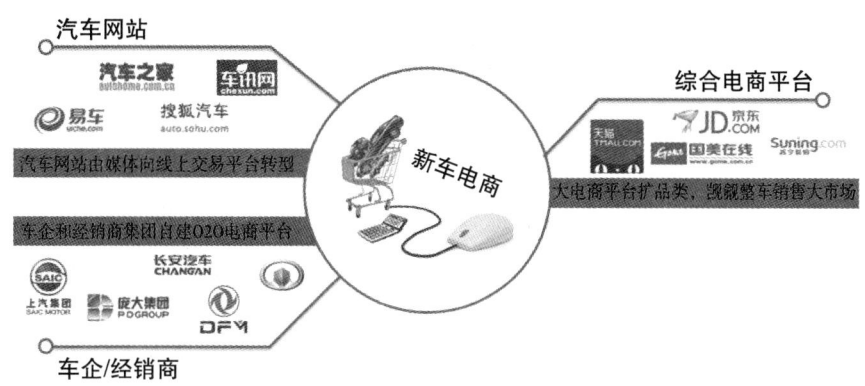

图8　新车电商领域的主要参与者

第一，汽车垂直网站。以易车和汽车之家为代表的汽车垂直网站，一直以来主要是通过为汽车品牌厂商提供广告服务来获得收入，具备的是很强的媒体属性。但随着汽车网络广告市场规模的不断增大，天花板效应也越来越明显，在这样的大背景下实力较强的汽车垂直网站开始布局汽车电商业务，从媒体属性平台向交易属性平台转变。近两年来，汽车垂直网站在新车电商业务上的布局越来越明显，2014年，易车和汽车之家均推出了自有的网上汽车商城。

第二，综合电商平台。以天猫、京东和苏宁易购为代表的综合电商平台，经历了多年的发展，在各种品类的布局上也实现了长足的发展。综合电商平台的定位在于实现一个能够尽可能多地覆盖各种品类商品的平台，与垂直电商深耕某个细分品类不同，前者一直是以商品多而广的方式来吸引用户。目前，服装鞋帽、图书音像、数码家电、食品饮料等领域已经被综合电商全面覆盖，汽车相关的周边用品和配件也是这些平台的主力销售产品（比如京东，汽车用品占整体交易规模的很大份额），但整车这个品类一直是一个尚未被开发的领域。不可否认的是，新车每年超过2万亿元的销售规模对这些综合电商平台来说是一个难以忽视的巨大市场。从2011年开始，天猫凭借自身的品牌和流量优势在新车电商方面持续发力，到目前为止已经有接近40个国内外的汽车品牌在天猫平台上设立旗舰店。前不久，京东联合腾讯和易车全面布局整车销售业务，也显示了其抢占新车市场的强大决心。

第三，车企/经销商。车企和经销商集团在新车电商方面的运作主要是通过与综合电商平台合作来实现，即通过网上开设品牌旗舰店的方式来构建其电商业务。从2013年开始，我们看到，车企在自建电商平台的道路上开始有所突破，上汽的车享平台和长城的哈弗商城的建立标志着车企开始全面思考自建电商平台的模式。虽然从目前来看这两个平台仍处在相对初级的阶段，在用户流量和线上运营等方面尚不能与成熟的电商平台比肩，但车企成熟的线下服务体系是它的独特优势。在需要以O2O方式实现交易闭环的新车电商领域，车企和经销商集团的线下优势是一个强有力的筹码，如果能够很好地实现线上线下的联动，在电商化的进程中将会具备极强的后发优势。

二 中国新车电子商务市场发展现状

（一）开放平台型新车电商现状

1. 开放平台型模式研究

这一类型的新车电商的定位是成为其他新车相关企业（无论是车企、经销商集团还是其他类型的新车电商）的用户聚合平台，凭借自身巨大的用户流量为入驻的企业提供丰富的流量资源。换句话说，这类平台并不涉及任何线下的部分，也不会直接对接线下的4S

店导流，只是提供了Online部分的展示和营销平台，由企业自己去运营。从盈利模式上来看，这类平台主要通过向入驻企业收取会员费用以及相关的数据营销等增值服务费用来获得收入。

图9　开放平台型模式

天猫是B2C开放平台型电商的最典型代表，它的开放平台业务已经覆盖了目前可以销售的大部分商品，小到图书文具，大到电视空调，各类消费品领域的品牌企业均已入驻天猫。对汽车品牌来说，2011年吉利成为第一家入驻天猫的汽车品牌，可以说，天猫是最早涉足新车电商业务的平台。京东和苏宁易购一直是以自营业务为主的电商平台，近几年也开始引入开放平台来拓展商品种类，对整车来说，电商还不具备自营的能力，所以通过开放平台来聚合汽车品牌企业是更为合适的选择。

课题组认为，开放平台型电商平台布局新车业务绝不仅仅只是为了新车这一个环节。由于汽车这一产品的特殊性，用户在购买汽车之

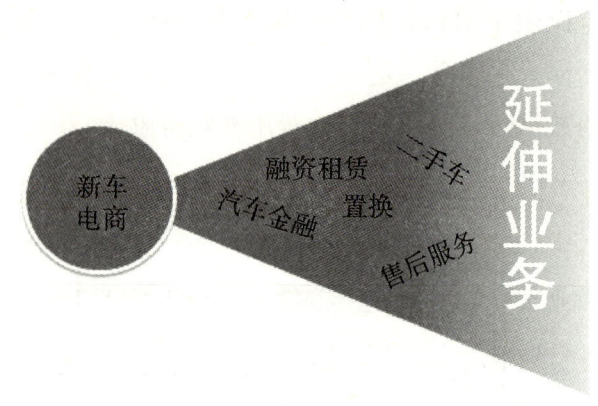

图 10 新车电商的延伸业务

后会衍生很多不同的需求,因此,一直以来,车企和经销商在销售新车的同时也会开展其他相关的业务,比如,汽车金融、融资租赁、置换、售后服务、二手车等。新车电商也不会例外,在涉足新车销售业务之后它们更希望能够通过新车撬动空间更大的后服务和金融环节。

2. 开放平台型新车电商发展情况

开放平台型新车电商的主要代表企业包括天猫、京东和苏宁。这三家是目前国内最主要的综合电商平台,经营的商品种类多达上千种,业务已经覆盖全国绝大多数一、二、三线城市,并且它们的业务触角都在逐渐向乡镇和农村市场延伸,移动端的布局也从最近两年开始大规模发力。

天猫作为平台型 B2C 电商的领先者,最早涉足整车业务,截至 2015 年第一季度,已有多达 37 个汽车品牌在其上开设旗舰店,同时,天猫依托阿里的支付和金融优势,已经开始尝试为购车用户提供这两方面的服务。京东作为自营型 B2C 电商平台的领先者,虽然在平台业务的发展上落后于天猫,但在新车业务方面的投入不容忽视,2015 年 1 月联合腾讯战略投资易车 15.5 亿美元布局汽车业务也显示了京东对新车电商领域的重视程度。苏宁作为传统零售家电连锁转型电商的代表企业之一,已经基本完成了由线下业务向O2O业务的转型,在经历了转型的阵痛之后,苏宁开始考虑更广泛地布局以前未涉足的领域,虽然在汽车业务特别是整车业务方面稍显迟疑,但2015年也从战略层面上开始重视汽车方向上的布局。

课题组认为,开放平台型模式相比其他类型的新车电商模式发展较快,这种开放的思路也比较适合当前国内新车销售电商化的发展,同时这类企业在资金、用户流量、数据、技术等方面都具备强大实力,如果能够较好地解决与汽车企业的合作的话,未来的发展前景可期。

(二)导流型新车电商现状

1. 导流型模式研究

导流型新车电商平台的基本逻辑是利用互联网的方式(可以通过PC端网站、APP、微信公众号等)获取有明确购车意向的用户,将这些潜在购车人群吸引到导流平台上来,并为其提供车辆展示、比价询价、订金支付等服务。另外,平台与线下的4S店达成合作关系,店内的销售人员可以从平台获得潜在客户信息并通过在线或电话的方式进行报价并争取消费者到店内交易。这类平台的收入以交易抽成为主,即消费者通过平台完成预约并最终实现成交,平台能够从销售收入中获得一定比例的佣金(见图11)。

从消费者的角度来说,这类平台提供了一个能够初步锁定预购车型并快速方便地获得不同4S店报价的在线渠道,相比原来要亲自去不同的实体店逐个询价来说省去了不少时间。同时,如果通过平台成功完成购车则能够获得不同程度的补贴和优惠,这也是消费者选择这类平台购车的一大因素。

课题组认为,从本质上来说,这类平台解决的仍然只是信息流的问题,能够提升消费者在购买过程中的效率,同时为4S店带去更为精准的销售线索。在导流型平台未出现之前,以汽车垂直网站为代表

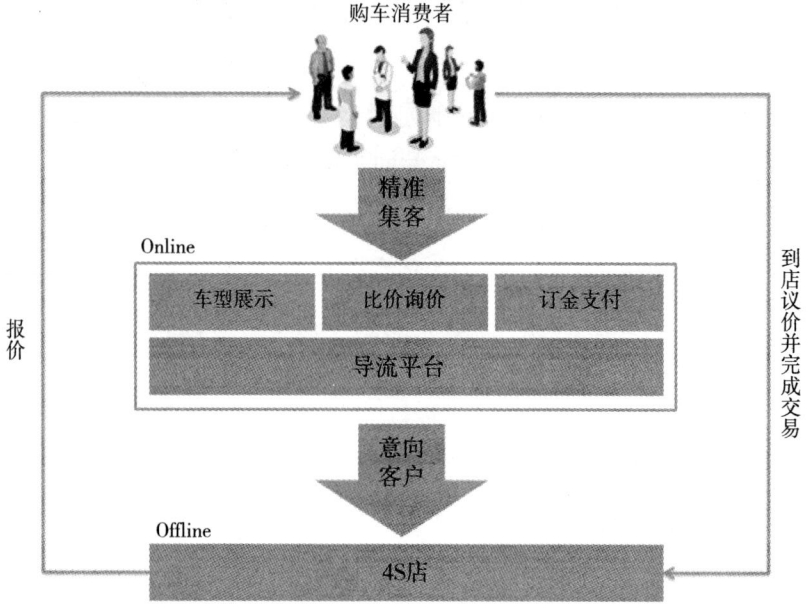

图11 新车电商导流平台商业模式

的媒体平台已经能够为经销商带去大量的销售线索，但是转化率较低，同时汽车网站并不根据成交收费，所以仍然属于营销的一种。导流平台的出现在一定程度上能够过滤掉很多无效的销售线索，带给4S店的客源其购买意向也比较明确，因此，成交转化率会比较高。但是，4S店体系本身存在的价格不透明的现状，使导流型平台在与4S店合作时也无法确定某款车型的具体价格，部分平台上出现的具体报价均不是真正的价格，大部分消费者到店后会再与4S店内的销售人员进行议价。从这个角度上来看，电商平台一直以来具有的价格信息透明的特点在导流型平台上并没有得到体现，因此，导流型平台也不能被称为真正意义上的电商，它只具备了电商的部分功能。

2. 导流型新车电商平台发展情况

导流型新车电商平台出现的时间较晚，2014年前后才出现这种类型的新车电商平台，随着汽车电商领域的持续升温，以交易为导向的导流平台陆续出现,但是,相比二手车和后市场来说,这类平台受资本的关注度较小。目前存在的导流型新车电商平台包括易车的易车商城和惠买车、汽车之家的车商城、小马购车和好买车。从发展阶段来看,这类平台仍处在非常早期的阶段,商业模式也在不断地探索当中。以目前发展最好的易车为例,其2015年第一季度公开发布的财报显示,易车商城和惠买车平台上共成交新车3.6万辆,相比整体新车市场的交易量来说比例极小。

课题组认为,这类平台需要具备能够获取大量有购车意向的用户流量,从这一点来看,易车和汽车之家这类汽车垂直网站具备天然的优势,首先,它们通过多年经营的汽车媒体平台已经积累了巨大的汽车用户资源;其次,凭借经销商营销平台业务覆盖了数千家4S店,因此,在两端资源的把控上相比其他初创型企业更胜一等。

(三)特卖型新车电商现状

1. 特卖型模式研究

特卖型新车电商平台的出现时间相比其他类型平台来说是最晚的,车风网作为国内首家新车电商特卖平台在2014年5月才拿到天使轮的融资。不同于其他类型平台只是实现了与经销商的浅层合作并为其导流,特卖型平台通过与汽车品牌厂商的直接合作买断某款车型的销售权,直接从车厂拿货并销售给消费者,平台在为消费者提供更有吸引力的价格的同时也在一定程度上缩短了汽车的销售周期。

具体来说,特卖型平台与车企直接签订合作协议,批量采购一定数量的某款车型车辆,从而获得较低的价格,消费者在特卖平台上能够看到预购车型的实际售价并通过在线的方式完成预定,然后到指定的4S店提车并按照平台上的价格完成支付。相比其他类型的平台,消费者在特卖型平台上购车省去了询价议价的环节,能够更快地实现车辆的购买并获得较为优惠的价格(见图12)。

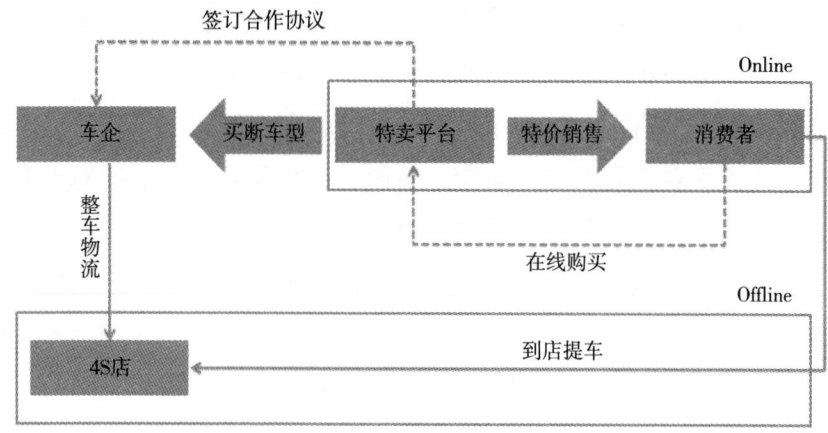

图12　新车电商特卖型平台商业模式

2. 特卖型新车电商平台发展情况

特卖型的电商模式并不是一种新兴模式，其他消费品领域已经有很多电商平台在运作这种模式，比如，这几年发展很快的特卖型电商唯品会，只是特卖模式在新车网销方面的应用才刚刚兴起。目前，属于这种类型的新车电商平台还比较少，主要代表企业有车风网和车百惠。

课题组认为，特卖型新车电商模式相比那些以营销、集客和导流为主的模式来说，具备一定的优势。对车企来说，能够在一定程度上减轻库存压力，加快库存周转；对消费者来说，可以在限定的时间和限定车型的条件下买到价格更为优惠的汽车。但是，这种模式在新车市场能否有效实行仍有待检验，车企、平台和经销商三者的利益如何平衡是最关键的问题。

（四）团购型新车电商现状

1. 团购型模式研究

团购型平台的模式相对比较简单，主要是通过定期定点地组织不同类型的看车团,由平台的工作人员协助去指定的4S看车并集体议价。这种模式的特点在于通过聚合需求、集体订购的方式提高议价空间,相比个人购车来说能够获得更大的让利空间。这类企业的线上平台仅仅只是一个组团信息发布和参团报名的平台,相比其他类型的新车电商平台来说要简单很多。

除了组织看车团以外,团购平台负责前期的4S店洽谈工作以及提供协助询价和售后维权等服务,尽可能地为消费者争取更低的价格并保障消费者的利益。这类平台的主要收入来自与4S店的交易分成(见图13)。

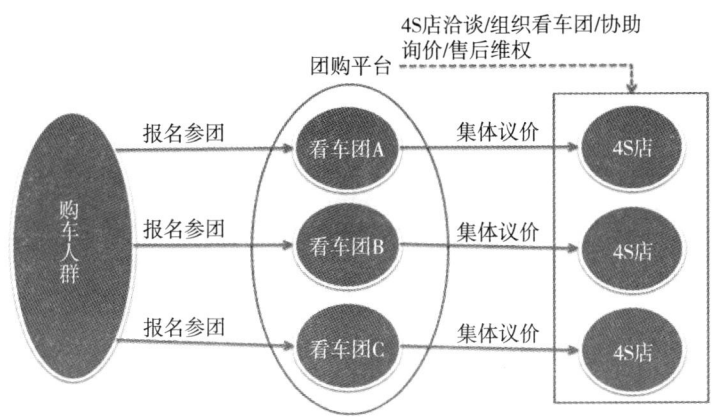

图13　新车电商团购型平台商业模式

2. 团购型新车电商平台发展情况

团购型平台出现的时间较早,在2010年之前就有企业开展新车团购业务,目前的代表企业包括团车网、齐新网、车惠网、车团等。相对其他模式而言,这种模式虽然出现较早但是创新性不足,线上平台只是一个报名的通道(消费者也可以借助其他方式报名),更多的是依赖大量的本地团队来开展业务。课题组认为,随着其他类型的新车电商平台的快速崛起,团购型平台在未来有可能被逐渐边缘化。在资本层面，这类平台也不被投资机构青睐，2014年仅有一家团购平台获得百万元级别的融资，从中也能够看出资本并不看好这种模式。

（五）厂商自建型新车电商现状

1. 厂商自建型模式研究

厂商自建型平台与其他类型最大的不同在于，这类平台是由车企或经销商集团直接建立的新车在线销售平台，并由厂商直接运营（或由第三方电商服务企业代为运营）。由于新车电商必须通过O2O的方式完成整个交易闭环，其他类型的新车电商平台能够实现的都是"Online"和"To"的部分，线下仍然需要依赖原有的新车经销体系，而车企和经销商集团则不同，它们拥有完整的线下交付和服务实体，能够在自有体系内实现新车电商O2O的交易闭环。

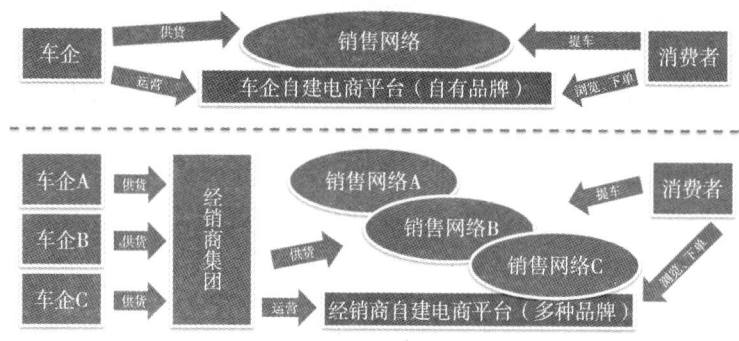

图14 新车电商厂商自建电商平台商业模式

由车企主导的自建型平台主要实现了自有品牌汽车的在线销售，通过自有线上平台的运营打通与线下经销网络的连接。从车企在互联网方面的布局来看，过去十年，车企逐步实现了品牌营销的互联网化，目前，绝大部分车企（特别是乘用车）每年的广告预算都会有一定比例投入互联网平台（比如，汽车网站、门户网站、社交媒体等),但是在渠道层面的互联网化上一直未有实质突破,直到近两年才逐步开始尝试自建电商平台的方式。

由经销商集团主导的自建型平台实现的方式与车企类似,但相比车企来说,由于经销商集团拥有不同类型品牌的经销网络,因此,经销商集团的电商平台能够为消费者提供更为丰富的品牌种类,也能最大化地实现需求和供给的有效匹配。

2. 厂商自建型新车电商平台发展情况

目前,在国内的车企和经销商集团中已经自建电商平台的企业数量屈指可数,主要的代表包括上汽集团的车享平台、长城汽车的哈弗商城以及庞大集团的庞大汽车商城。从发展情况来看,上汽集团的车享平台走得最快,无论是从集团的互联网意识上、战略的支持上,还是实际的运营和推广情况上来看,都处于领先地位。从课题组了解的情况来看,目前也有其他品牌车企在考虑自建电商平台,预计未来几年会陆续有这类新车电商平台上线。相比之下,经销商集团在自建平台方面显得保守很多,仅有庞大集团建立了线上平台但从实际运营和推广情况上来看也不尽理想。

三 典型案例

(一)易车商城和易车惠买车

1. 企业情况

易车商城是易车旗下的汽车电商交易平台,主要和汽车品牌厂商直接建立合作,完成汽车品牌厂商新车预售、专属定制、独家渠道销售等多种销售模式的电商代运营服务工作。消费者在易车商城可以享受厂家合作的优惠价格。

惠买车是易车旗下的汽车电商交易平台,主要和经销商、4S店建立合作，当消费者在平台选择购车时，为消费者提供多家4S店实时竞价，最终可以让消费者选择同款车型最低价的4S店进行看车试驾、低价买车。

此外，除了以上两个常态化新车电商平台，易车旗下还有主打新车限时特卖的"易车惠"频道。

2. 商业模式

易车在新车电商方面的布局，无论是易车商城还是惠买车，并没有打破传统汽车的销售模式，而是在原有销售体系下，试图用线上电商平台去解决新车销售价格透明、统一的问题，并辅以相关的配套服务，提升用户体验，提高成交转化率。

从商业模式来看，易车商城主要和大B端整车厂家合作并由厂家按"一口价"直销的B2C新车电商模式。

易车商城的模式实现形式为"线上订购+线下提车"。用户在线上电商平台选好车型、支付订金后，到线下4S店交付尾款、提车。此外，易车商城推出了厂商定制模式，用户可根据自己的需求选购不同配置。

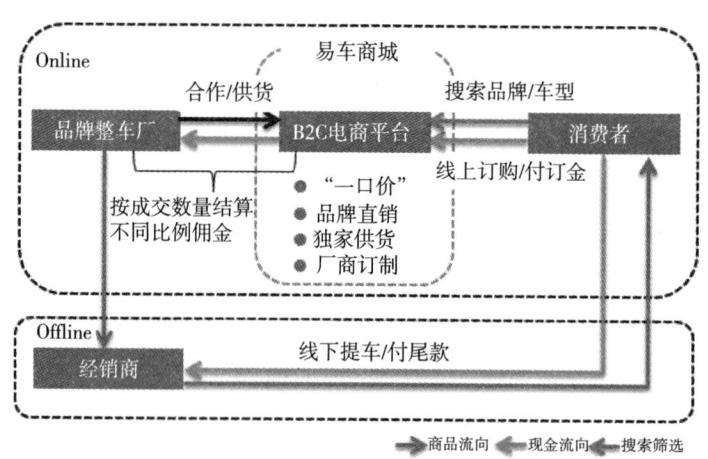

图15 易车商城商业模式

目前,易车商城的盈利模式主要是向 B 端厂商收取佣金为主,摒弃了传统的按销售线索获取费用,而是按成交数量结算不同比例的佣金。

此外,易车商城还将为所有在售车型提供金融贷款或融资租赁的购车解决方案,未来还会推出"延保""原厂精品"等多种服务组合。对 B 端,易车商城的 B2C 模式摒弃了传统按销售线索结算的模式,改为按成交数量结算不同比例的佣金。

惠买车新车电商平台模式主要是 C2B 模式,用户在线上平台搜索/提出购买需求(品牌/车型),多个经销商进行底价竞拍,出价最低的经销商可以继续进行汽车的成交。

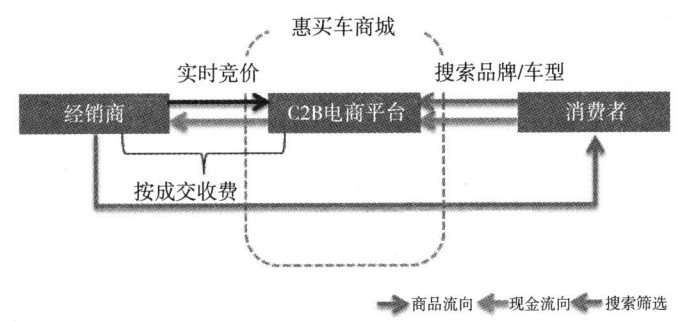

图 16　惠买车商业模式

惠买车盈利模式为按成交结果收取一定比例的佣金。

此外,易车相当重视电商服务能力建设,在西安建立了业内最大的呼叫中心,以及时解决客户的服务需求,2015 年 5 月,易车推出了"汽车经纪人"服务,提倡全民竞技,将进一步巩固和扩展易车在新车电商领域的优势。

3. 企业运营分析

易车 2015 年第二季度财报数据显示,易车第二季度营业收入为人民币 10.06 亿元,同比增长 92.5%。为汽车客户提供了超过 2500 万条销售线索,其中来自移动端的销售线索占比进一步提高。上半年,易车旗下的易车商城和易车·惠买车两大电商平台累计成交近 10 万台。

易车在 2014 年 9 月，与广汽签署了为期 3 年的电商战略合作协议，作为双方的第一个合作项目，易车商城将独家销售广汽本田 2014 款珍藏版奥德赛。目前，广汽本田、上汽乘用车、北汽、海马汽车、DS、观致、沃尔沃、北京现代等多个品牌与易车商城达成了独家直销合作。

易车及其旗下金融公司易鑫资本在 2015 年 1 月获得腾讯、京东共计 13 亿美元的投资，此次融资将主要用于易车电商和金融业务的发展，在电商业务上，会加大对市场推广的投入，并一定程度地补贴用户，用来培育市场，培育用户习惯。

4. SWOT 分析

S	· 投资金额大，资金雄厚 · 有易车强大的平台资源和背景	W	· 新车电商还需要市场培育 · 按成交结果付费的新模式盈利能力尚难预测
O	· 汽车新车电商空间巨大 · 行业尚无龙头	T	· 大型整车厂如上汽集团、吉利集团等布局新车电商 · 大型经销商集团如庞大集团等布局新车电商

图 17　易车商城与惠买车 SWOT 分析

（二）天猫汽车

1. 企业简介

天猫汽车为天猫购物平台下重要的独立项目，截至 2014 年"双十一"购车节，几乎上汽集团全部品牌（除凯迪拉克），广汽集团全部品牌，东风日产，雪铁龙，标致，纳智捷，长安集团全部品牌（除长安福特），北京现代等都加入天猫汽车。并且，阿里集团成立了汽车事业部，进一步整合了新车、后市场以及汽车金融等数据业务，形成整体产业链闭环。

2. 商业模式分析

天猫汽车的使命是帮助厂商、经销商做电商，而非自己卖汽车，借助阿里金融和大数据，用市场认知度极高的余额宝取代传统预付款模式。

天猫模式省去了前期到店询价的过程，促成一部分潜在购车者的购买，本质上还只是一种集客行为。由于汽车产品的特殊性，很难实现完全脱离线下的纯电商模式。与其他传统的商品不一样，汽车零部件磨损后需要维修、保养，仍然需要线下经销商去支撑。

天猫同时解决了消费者支付订金转到经销商账户的时间差。天猫推出的企业支付宝账户，天猫汽车结合蚂蚁金融提供的资金服务，借助阿里巴巴数据，联合新浪汽车等，开始围绕车主权益，打通产业链上下游，构建线上销售、线下享受服务的汽车电商O2O模式。

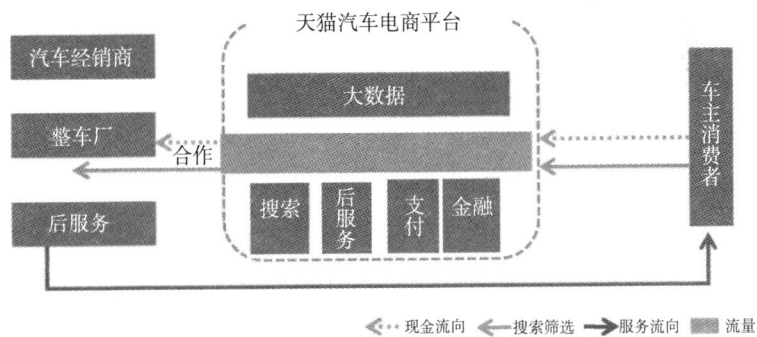

图18 天猫汽车商业模式

3. 企业运营分析

以"双十一"为例，2014年10月15日至11月11日，天猫整个"双十一购车狂欢节"期间，通过订金、余额宝冻结或天猫授信分期购方式,消费者在天猫订购整车5.07万辆。上海通用雪佛兰"双十一"共销售8600多辆,位列汽车类第一,而2013年,仅销售了1100多辆。吉利汽车从2014年10月15日,开始启动售卖,到11月11日,卖了2600多辆车,2013年同期的销量仅为1700辆,增长率超过50%。而上海大众凌渡一天之内,就在天猫订出2000多辆车。部分豪华车品牌也迎来热销。宝马MINI订出53辆、奔驰GLA订出308辆;而借助聚划算,包括宝马X5、X6等在内的高端平行进口车也订出45辆。

截至目前,包括宝马、捷豹路虎、凯迪拉克、大众、别克、雪佛兰、丰田、本田、日产、现代、奇瑞、吉利等近50家主流车企已与阿里汽车合作。仅2014年"双十一"期间,天猫汽车销售5.07万辆汽车。

4. SWOT分析

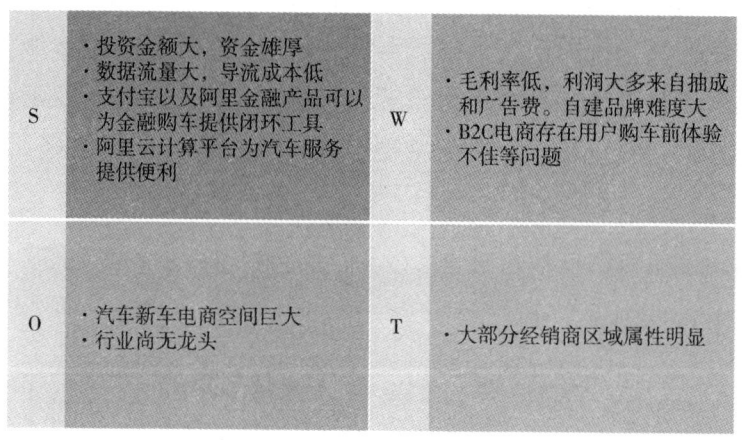

图19　天猫购车SWOT分析

(三)小马购车

1. 企业简介

小马购车是一家体验式试驾购车平台,改变汽车销售的传统方式,为消费者提供购车服务。小马购车隶属于上海达加马信息科技有限公司,成立于 2014 年 7 月,总部位于上海。原名小马试驾,2014 年 12 月正式升级更名为小马购车。

小马购车创造了全新的车主陪驾及购车杀价模式;目前已拥有 1000 多款车型,100 多个汽车品牌,覆盖上海、北京、深圳、长沙、重庆等城市,更多城市陆续开启。

目前获得了曾投资过凡客、360、迅雷等互联明星企业的联创策源几百万美元的天使轮融资。同时,小马购车也得到了汽车厂商和经销商的一致认可,已和大众、通用、宝马、奔驰、奥迪、福特、本田等汽车品牌签订战略合作。与大地保险签订战略合作协议,提供全程试驾的保险赔付。

2. 商业模式分析

小马购车(小马试驾)是一个基于移动互联网的试驾购车平台,提供体验式汽车电商服务。提供免费试驾上门、真实车主陪驾、全城底价购车、差价双倍返还、提车全程陪同服务。相对传统汽车电商,小马购车从消费者角度进行切入,布局上门试驾、真实车主陪驾、体验式购车模式。

小马试驾主打体验式汽车电商服务,支持专人试驾、结伴杀价等功能。小马试驾选择从购车者角度出发,采用第三方试驾模式切入,对购车者提供随时随地预约试驾,从而给消费者提供真实用车体验,节约经销商的成本支出。

小马购车的模式在于购车用户通过网站或 APP 选择要购买的品牌、车型、颜色等信息后,提交询价订单便可以得到小马购车反馈的用户所在城市的该车型最低裸车价。为了避免在提车过程中的商业欺骗,在签约和提车当天,小马购车的顾问都会陪同用户前往 4S 店完成签约、验车、提车等手续。同时,小马购车开拓汽车贷款业务,在上海进行试运营,合作银行为浦发银行,未来将面向全国开通,主打 0 服务费、0 利率、0 抵押、4% 的超低手续费。

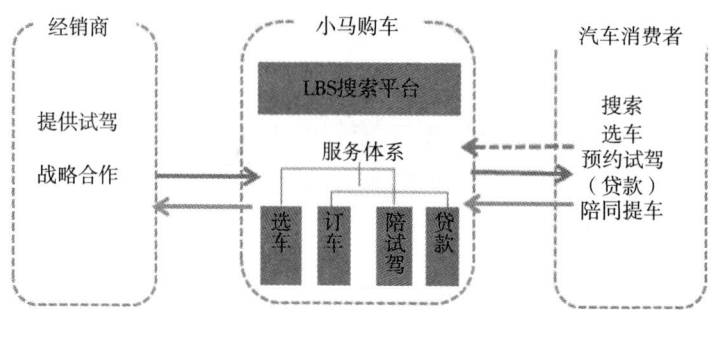

图 20　小马购车商业模式

3. 企业运营分析

基于小马试驾新颖的购车模式和全新的购车体验，上线一个月的时间交易数量达到 200 辆，辐射范围为上海、北京、深圳、长沙和重庆五个城市。小马试驾的最大价值在于，重塑现有的购车流程，以消费者为出发点，促进了传统汽车销售模式转型，努力打造汽车行业线上线下生态圈。

4. 企业运营分析

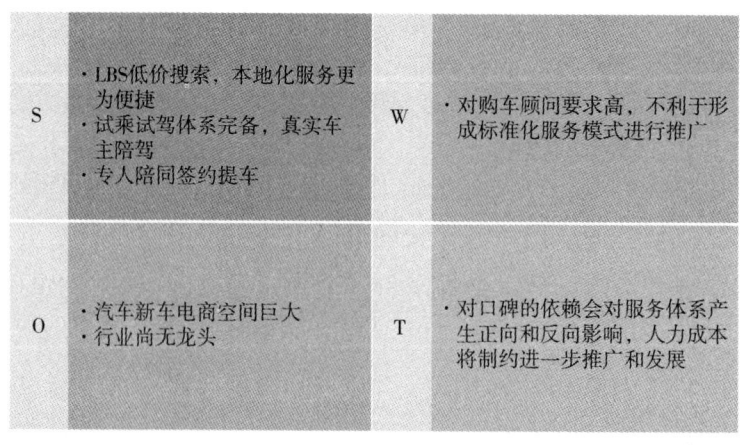

图 21　小马购车 SWOT 模式

（四）上汽车享网

（1）公司简介

上汽车享网是上海汽车集团股份有限公司旗下的汽车全生命周期电子商务平台，依托上海汽车集团旗下各大品牌及数千家经销商，为用户提供品质保证的整车商品及多样的售后服务，注册资金为2亿元。自2014年3月正式上线，车享现已有车享汇、车享拍、车享宝等多个独立产品。车享网是上海汽车集团股份有限公司打造的中国汽车市场首个全生命周期O2O电子商务平台。

（2）商业模式分析

车享网为上汽集团打造的汽车电商全产业链生态平台，其中，车享网新车电商是布局最早的部分，车享网上线后首期包括旗下9大品牌，分别为上海大众、别克、斯柯达、雪佛兰、凯迪拉克、MG、荣威、宝骏、上汽大通。首期覆盖地区主要为南方地区，包括上海、南京、杭州、宁波、苏州、天津、深圳、成都。

车享网新车平台主要模式为：消费者在车享平台搜索品牌/车型（覆盖上汽集团所有品牌、车型），上汽集团整车厂直接供货。此外，车享网依托上汽集团产业链背景，将会有包括二手车、后市场、车险、汽车金融、物流以及会员等全方位的服务。数据方面，车享平台相比其他平台有先发优势。车享平台本身在2014年底有80万实名注册的车主会员。上汽集团主机厂有2000万以上车主信息。

（3）企业运营分析

上线之后4个月里，车享平台共成交1800辆车，通过车享平台促成经销商的销量超过5000辆，覆盖范围也从8个城市120家经销商扩展到32个城市615家经销商。

首批进驻车享网的品牌为上汽集团乘用车品牌荣威、MG、别克、雪佛兰、凯迪拉克、大众、斯柯达、宝骏和上汽集团商用车品牌上汽

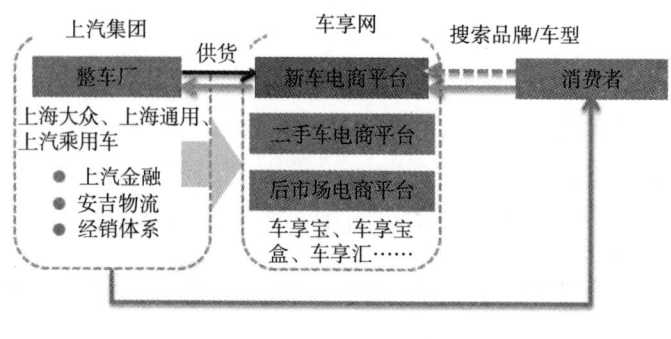

图 22　上汽车享网商业模式

大通。同时，车享网在上海、南京、杭州、苏州、宁波、天津、成都、深圳 8 个城市，选择超过 120 家经销商率先试点。

（4）SWOT 分析

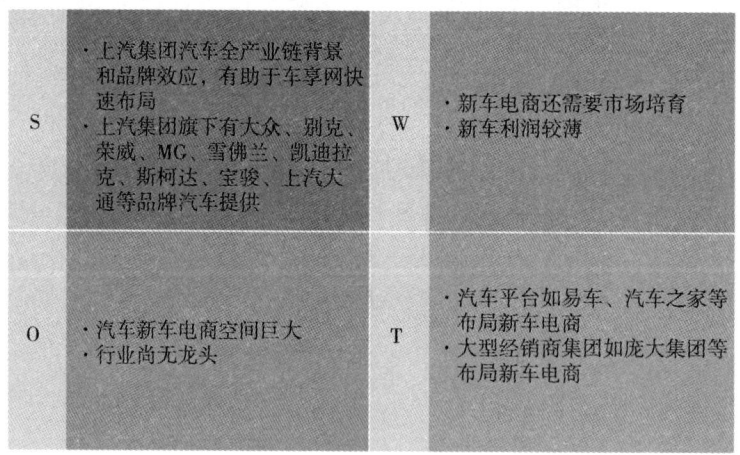

图 23　车享网 SWOT 分析

（五）车风网

（1）公司简介

车风网隶属于上海车瑞信息科技有限公司，成立于 2013 年，主要做新车特卖。挑选品牌不超过20%的4S店作为认证合作伙伴，并推出"价格保证"，确保客户能够在更加透明的环境下挑选车。

（2）商业模式分析

车风网主要做新车特卖，从交易切入，通过大批量地买断车型，降低流通渠道成本，从而形成价格优势。同时，车风网采用电商定价的方式，保证价格透明度，相对于传统4S店的议价方式，让购车用户有了更大选择空间。

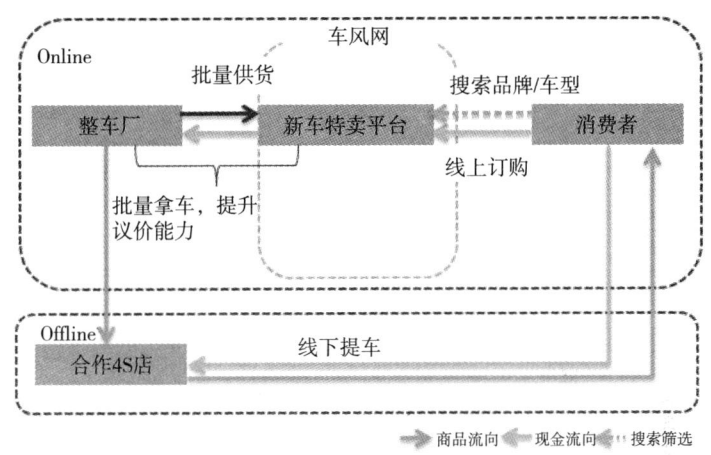

图24　车风网商业模式

车风网的汽车电商可以简单地概括为以下两点。

第一，跳出引流者的身份，从厂家批量拿车，并且在议价环节通过数量优势建立价格优势。

第二，用户仍然到本地或周边4S店提车，质量及售后均有保证，消除用户购车的信任问题。

腾信股份公司和车风网合作后，将带来两方面的积极作用。

第一，增强腾信公司汽车电商平台的竞争力。

第二，腾信在汽车领域的客户将与车风网形成互补，为车风网的业务发展拓宽了客户渠道。而且，公司有望打通从汽车互联网营销到汽车电商的产业链环节，随着汽车电商平台流量和用户规模的持续扩大，未来进一步拓展汽车金融等后市场业务的潜力巨大。

（3）企业运营分析

车风网成立于2013年，2014年5月获得500万元天使投资，2015年3月获得1000万元Pre-A轮融资；2015年5月获得6000万元A轮融资，领投方为腾信股份。

目前，车风网在售品牌包括宝马、奥迪、别克、凯迪拉克等20多个，车风网在售的价格比市场成交价格低2%~10%。车风网基本能够保证现车或者一周内交车。

除了新车平台外，车风网还提供如二手车信息发布、养车用车服务等。当前开通服务的有上海、北京、广东、山东、江苏、浙江、湖北、湖南、四川、重庆等省市。

（4）SWOT分析

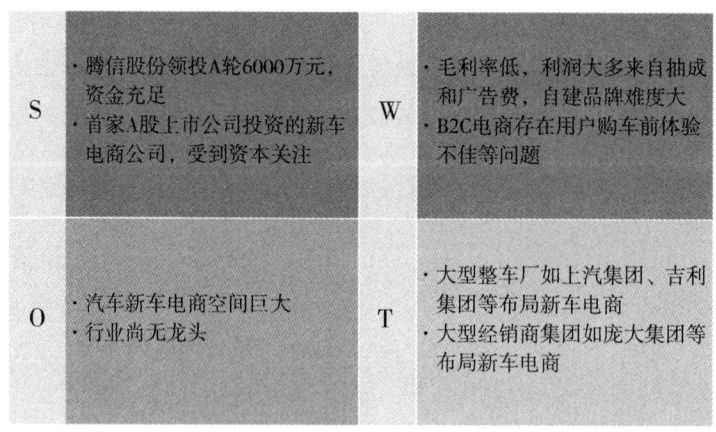

图25　车风网SWOT模式

四 2014年中国新车电子商务领域热点事件

(一)投融资事件

1. 新车电商投融资项目规模分布

据统计,2014年,公开可查的关于新车电商的投融资事件达8起,相比二手车电商以及汽车后市场电商而言规模较小,但融资金额有着逐渐增大的趋势,其中,约八成投融资项目金额超过了500万元;超过千万元级规模的占总数的一成左右。

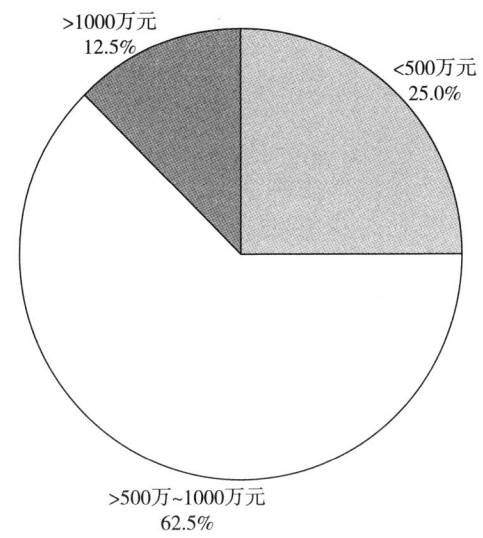

图26　2014年全国新车电商投融资项目规模分布

2. 新车电商投融资项目模式分布

从新车电商投融资的模式分布来看,2014年,新车电商领域获得融资的公司,有近六成运营模式为导流平台电商模式;近三成为特卖类电商模式;而团购模式电商平台投融资仅一例。

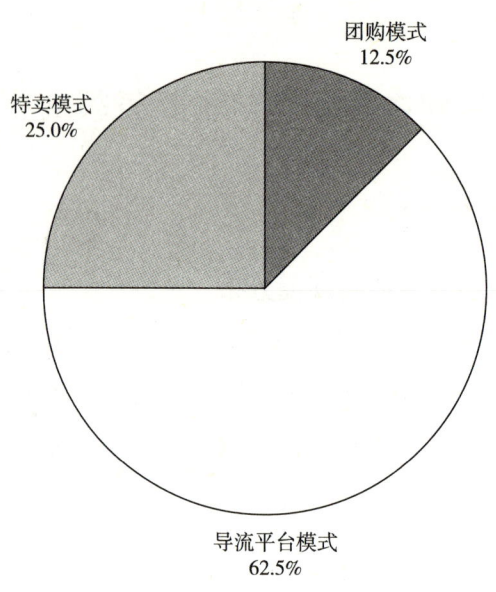

图27　2014年全国新车电商投融资项目模式分布

我们经过厂商访谈和行业调研后分析认为，2014年是中国新车电商发展的关键转折年，这一年新车电商热度大增，资本市场开始关注。作为最受资本市场所关注的导流平台模式由于其运营成本相对较低、资金占用量少，互联网运作机制成熟备受期待。特卖模式由于受到一定的局限性，例如，受代销车辆品牌、车辆维修以及售后等问题的困扰，相比导流模式而言，投融资项目略少。几年前就已上线的团购模式，则仅获得一例投融资。

随着新车电商的进一步发展，2015年可能会出现新的商业模式，而原先风头正劲的一些模式除了继续烧钱扩大覆盖面外，也将会逐步出现分水岭。在所处模式中将根据其所拥有的整车厂资源、服务体验等进一步细化，并且逐渐加快在全国范围内的扩张速度；部分有着良好资本背景以及行业发展较长的企业将进一步拓展在其他一线城市的业务规模，同时也必然会遇到资金以及人才的阻碍，从而加大对融资的需求。

此外，虽然团购模式在2014年并不是资本市场热捧类型，但其销售车辆成功率高、水分小，并且该模式运营多年，在消费者中有着较高的认可度。相比特卖模式而言，其所购买的新车仍然是线下4S店提供负责售后，因此接受度较高，团购模式类电商的主要商业模式均为移动互联网导流入口平台型，该模式创业公司大部分为互联网从业者创办，通过对关注度高的热门车型着手，切入点小，容易打开市场，因此不排除在接下来的发展过程中赢得资本市场的青睐。

3. 新车电商投融资项目地区分布

从2014年获得投融资的新车电商公司所在地区来看，有近四成拿到投融资的公司来自上海；两成多分布在广州；其他北京、浙江、江苏等省市也各有一成新车电商的分布。

课题组认为，新车电商投融资项目所集中覆盖的北、上、广、浙，经济发展相对发达，汽车市场更为成熟，汽车销量、二手车市场发展都相对靠前，土壤更适合发展新车电商。而由于汽车集团中的龙头企业——上汽集团位于上海，以及电商中的龙头企业——阿里巴巴位于浙江，因此，整个江、浙、沪一带新车电商项目分布占比达到了六成。

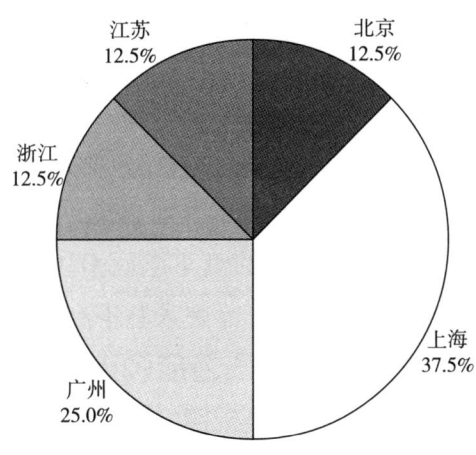

图28　2014年全国新车电商投融资项目地区分布

4. 2014年新车电商投融资情况一览

表1 2014年新车电商投融资情况一览

时间	公司	轮次	金额	投资者	主营业务	公司地址
2014年12月	大众侃车/车汇网络	A轮	500万元	蓝色光标	新车电商-导流平台	北京
2014年12月	广州有车以后信息科技	A轮	300万元	蓝色光标	新车电商-导流平台	广州
2014年9月	买好车	种子天使	数百万元	创新工场	新车电商-特卖模式	浙江
2014年9月	车买买	种子天使	300万元	暴龙投资	新车电商-导流平台	广州
2014年8月	小马购车/小马试驾	种子天使	数百万美元	—	新车电商-导流平台	上海
2014年5月	车风网	种子天使	数百万元	—	新车电商-特卖模式	上海
2014年4月	优易购车	种子天使	数百万元	新进创投	新车电商-导流平台	上海
2014年4月	车惠网	A轮	数百万元	中国平安/平安创新投资基金	新车电商-团购模式	江苏

（二）企业事件

1. 上汽集团自建汽车电商平台车享网正式上线

2014年3月，上汽集团打造的汽车电商O2O平台——上汽车享网正式上线，集团旗下的9大汽车品牌入驻平台，全国8个城市超过120家经销商率先试点。车享网平台通过O2O电商平台的方式，依托上汽集团旗下各大品牌和数千家经销网络，实现线上和线下的无缝对接。首批进驻的上汽乘用车品牌包括荣威、MG、别克、雪佛兰、凯迪拉克、大众、斯柯达、宝骏和商用车品牌上汽大通。

事件点评：上汽集团自建电商平台的举措，表明其对汽车电商的未来发展的看好。O2O 模式将成为汽车电商发展的重要趋势，而线下对客户优质服务承接的标准化和一致性将是整个模式成败的关键。上汽集团拥有丰富的用户资源、渠道资源以及完整的产业链布局，为其率先打通汽车 O2O 提供了强有力的支撑。

2. 易车旗下新车电商平台易车商城正式上线

2014 年 7 月，易车推出 B2C 新车电商平台——易车商城，并启用独立域名 yichemall.com。易车商城定位于常态化新车在线销售，主打一口价、可专属定制和按成交付费的三大功能。在收费模式上，易车商城的 B2C 模式摒弃了传统的按销售线索结算的模式，转而按照成交量结算不同比例的佣金。在与经销商的合作模式上，易车商城扮演的仍然是线上导流和集客的平台，购车用户在易车商城上选购和下单，并到指定的 4S 店提车和完成支付。

事件点评：易车商城是易车在汽车电商领域进一步的深化布局。易车作为国内最大的汽车垂直媒体以及经销商营销平台之一，在汽车营销方面（包括品牌广告和效果营销）建立起了极强的竞争优势，与另一大汽车网站汽车之家专注内容不同，易车在经销商会员服务方面一直保持领先优势，同时凭借多年积累的对整车销售的资源和理解，这次在电商平台上的尝试是易车的业务从媒体属性迈向交易属性的重要一步。

3. 长城汽车推出国内第一家定制化购车电商平台——哈弗商城

2014 年 7 月，长城汽车推出汽车电商平台哈弗商城。哈弗商城为 C2B 定制化购车平台，通过哈弗商城，用户可以进行线上选车、下单并追踪车辆生产情况，同时可以对选购车型的搭配方案进行在线分享和评价。哈弗商城采用 O2O 电商模式，客户可在线上对汽车外观、内饰、装备进行 DIY 设计，线下订单执行，线下客户交付订金后由经销商将客户需求反馈至厂商，厂商安排生产，线下 4S 店实体

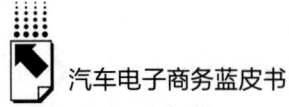

交付。此外，顾客还可以在线查询经销商或预约试乘试驾，在线对订单进行跟踪、查询，随时了解所订车辆排产、运输情况。

事件点评：长城汽车自建的哈弗商城，是中国车企第一次在C2B电商方面的尝试。C2B用户定制的模式在其他领域已有比较广泛的应用，汽车作为最大宗的消费品，外观和配置的多样性为C2B提供了更大的可能性，在互联网全面渗透和新一代消费者成长起来的时代，以消费者需求为导向的产品设计和制造是大势所趋。汽车电商的出现也让汽车消费的大规模C2B定制成为可能。

4. 天猫推出汽车"先开后买"整车购买增值服务

2014年7月，天猫联合阿里小贷、余额宝、汽车厂商推出汽车"先开后买"的整车购买及增值服务。"先开后买"主要是根据消费者大数据，推出授信平均5万~6万元、最长18期的0利率、0手续费的"汽车分期购"服务。

事件点评：天猫汽车"先开后买"整车购买增值服务主要利用了自身大数据和金融优势，为汽车电商用户提供互联网金融服务。对新车电商来说，利用自身的流量优势聚集用户，筛选有效的用户线索只是第一步，基于有效流量体系的构建以及同线下经销商的深度合作之后，随着汽车在线销售规模的不断扩大，电商平台将有可能在金融、延保、售后等多个领域开展业务，充分利用互联网的跨界特性，充分布局汽车消费的全生命周期，为用户在不同阶段（选车、购车、用车、卖车等各个环节）都提供全方位的增值服务。从这一点来看，新车电商最重要的意义并不在于卖了多少辆车，而在于通过网上卖车的方式抓住用户并撬动后续的商业价值。

5. 新浪汽车与天猫共同打造"双十一"大型购车活动

2014年10月，新浪汽车与天猫进行合作，在天猫"双十一"购物狂欢节期间，同步打造"双十一"购车狂欢节。10月16日起启动汽车整车预售，一直持续到"双十一"当天。天猫新浪汽车专营店、

"天猫余额宝购车"、"分期付款"等金融购车功能与新浪汽车打通。奔驰、宝马MINI、上海大众、东风日产、广汽丰田、广汽本田、长安福特、北京现代等40多个品牌300款车型,超过6000家4S店参与了此次"双十一"活动。

事件点评:新浪汽车为国内较大的汽车媒体资讯平台之一,通过"双十一"切入汽车电商领域,可以借助阿里系大数据,实现购车精准人群挖掘,及对大件商品微博电商探索。新浪汽车的优势在于凭借其汽车媒体的属性和专业的汽车内容能吸引大量的用户,以及微博在SNS社交网络提供强大的数据入口和精准覆盖。

(三)行业事件

1. 上海市自贸区进行"平行进口汽车"政策试点

从2014年开始,国家相关部委陆续出台一系列政策,支持平行进口车业务发展。2014年8月,国家工商总局发布了《关于停止实施汽车总经销商和汽车品牌授权经销商备案工作的公告》;11月,商务部正式复函,同意上海自贸试验区试点平行进口汽车业务;2015年1月,上海市商务委员会等五部委发布《关于在中国(上海)自由贸易试验区开展平行进口汽车试点的通知》,标志着上海自贸区平行进口汽车试点正式启动。

事件点评:虽然当前上海等地的平行进口车试点业务已经逐步开放,但是申请企业的资质要求较高,真正入市的企业还非常有限。无论是消费者还是车商,观望的情绪还是很浓。另外,曾经的平行进口车商因为规模小、责任小,因此,成本低、价格低。但是,规范化的车商,纳入了多重责任后,经营的成本也随之增加。再加上外国车企的"小动作",平行进口车的价格优势进一步被拉低。

2. 2014年"双十一"汽车电商大促

2014年"双十一"汽车电商大促相比2013年规模更大,汽车之家的车商城打出在线支付全款的口号;搜狐汽车启动特惠车活动。易车公开的数据表明,易车旗下两大电商平台——易车·惠买车和易车商城11月11日当天的订购量(用户支付订金总量)分别为2.6万笔和3.7万笔,累计超过6.3万笔。其他汽车电商也较2013年无论销量还是订单数都有爆发性增长。

事件点评:2014年"双十一"的备战有更多的电商平台参与进来,但主要呈现电商营销的职能,导流是关键,真正的交易模式尚不成熟。未来汽车电商将成为重要的营销平台,互联网汽车媒体应该以"双十一"这类短期促销为基础,向常态化交易平台转变。2014年的"双十一"百家争鸣的战争格局不仅在销量、车企参加积极度上有了大幅提高,而且在形式上也更趋向多样化。然而,从根本意义上来说,2014年的这场"双十一"战争仍旧是营销成分大于商业模式的本质没有改变。

3. 关于停止实施汽车总经销商和汽车品牌授权经销商备案工作的公告

2014年8月1日,国家工商总局发布《关于停止实施汽车总经销商和汽车品牌授权经销商备案工作的公告》,表示"自2014年10月1日起,国家工商总局将停止实施汽车总经销商和汽车品牌授权经销商备案工作"。

事件点评:上述新政最直接的影响将是打破以厂家授权为核心的汽车零售体系的垄断。也就是说,汽车4S店将不再需要厂家的授权,只需要获得工商审批就可以卖车,而且一个4S店可以卖不同品牌的车。今后只要相关资质符合,以前没有得到厂家授权的汽车经销商也将合法进入汽车销售市场,他们可以自由选择进货的渠道,市场竞争会更加充分,而被视为小众路线的平行进口,也将迎来巨大机会。

4. 公车改革政策于2014年7月16日由国务院正式发布

2014年7月16日,国务院正式发布《关于全面推进公务用车制度改革的指导意见》和《中央和国家机关公务用车制度改革方案》。根据改革计划，中央单位的车改工作在2014年底前完成，地方车改工作在2015年底完成。接下来的2~3年时间内，完成事业单位、国企以及国有金融企业的车改工作。改革后，普通公务出行，由公务人员自行选择社会化的方式，适度发放公务交通补贴。中央和国家机关车改交通补贴标准确定为：司局级每人每月1300元、处级每人每月800元、科级及以下每人每月500元。《关于全面推进公务用车制度改革的指导意见》明确规定，地方不得高于中央补贴标准的130%，边疆少数民族地区和其他边远地区不得高于中央补贴标准的150%。

事件点评：目前公务车的保有量大约在180万辆，光是中央本级2013年的公务用车购置及运行费就达到42.53亿元。照此推算，到2016年底如果实现公务车改革目标，而这类用车需求转移至私车购买市场的话，保守估计私车市场的购车和售后需求将增加2000亿元左右。

五 新车电子商务的发展趋势

（一）通过新车电商平台的不断促销和补贴政策，消费者网购汽车的习惯将逐渐形成

从目前新车电商的发展现状来看，能够接受汽车网购这样方式的消费者占比还非常小，大部分人仍然习惯去线下门店试驾、看车、议价和提车，但是各类新车电商平台在培养消费者网购汽车习惯上不遗余力，通过各种促销活动和补贴政策吸引消费者在线上完成订购。

课题组认为，消费者逐渐习惯网购汽车只是时间问题，主要基于以下两方面的原因。

第一，电商平台一直以来都利用大促销和补贴这种烧钱的方式来

培养用户的购买习惯，电子商务在中国十几年的发展也正是消费者的网购习惯从小件商品向大件商品、从低单价商品向高单价商品转变的过程。

第二，随着居民消费水平的提高、汽车价格的不断下降以及二次以上购车人群比例的增加，人们对普通车型（特别是10万元以内的大众化车型）的需求趋向一致，对配置、看车、试乘试驾的要求降低，也进一步提高了大众对网购汽车这一更便捷方式的认可。

（二）新车电商模式将呈现多样化发展，新的参与者将不断出现

纵观最近几年新车电商的发展，我们可以看到不同的企业、不同的平台在新车在线销售模式上的各种探索和尝试，虽然到目前为止还没有一个被大家普遍认同的最有效的新车电商模式，但多种模式的共同发展无疑会促进这一市场向更成熟的方向推进。

目前主要的模式包括开放平台模式（以天猫代表）、导流平台模式（以惠买车为代表）、特卖模式（以车风网为代表）、团购模式（以团车网为代表）以及厂商自建平台模式（以上汽车享为代表）。这些模式的侧重点不一，比如，开放平台模式主要解决信息层面的问题，导流平台模式提供了更为精准的销售线索，自建平台模式则打通了线上平台与厂商线下资源。

总体来看，新车电商市场未来将会出现更多样化的模式，大型的综合电商平台、巨头级的互联网企业、初创型的互联网公司以及有互联网化意识的车企和经销商都将在这一市场一展拳脚。因此，我们预计至少在未来2～3年内新车电商市场还将处于一个多种模式并存、多方参与以及共同探索的阶段。

（三）汽车网购的在线支付渠道将进一步打通

课题组认为，真正的电子商务应该是能够实现信息流、商品流和

现金流的在线化,并通过物流解决物理配送的问题。就这个角度而言,目前的新车电子商务还停留在信息流在线化的层面,电商平台能够给消费者提供的还只是车辆的选购和预订,最终的全款支付环节仍然在线下即4S店完成。

2014年,一些电商平台在汽车网购的在线支付上做出了一些尝试。比如,汽车之家通过买断部分车型经销权的方式,提供给消费者确定的车价从而实现车款的在线支付;天猫通过余额宝、分期购等在线金融的方式吸引购车人群选在线的方式来支付部分或全部车款。课题组认为,这些尝试都是新车电商平台希望进一步打通汽车网购在线支付通道的举措,只有全部车款的在线支付能够实现,新车电商才能称得上真正意义上的电子商务。

(四)汽车网购的进一步发展使网上定制汽车(C2B)成为可能

2014年7月,长城汽车推出的国内第一家定制化购车平台——哈弗商城正式上线,通过哈弗商城,用户可以进行线上选车、下单并追踪车辆生产情况,同时可以对选购车型的搭配方案进行在线分享和评价。长城汽车的这次定制化购车平台的尝试,使网上定制汽车的可能性。

由于电子商务和互联网的发展,基于用户需求来定制产品的方式正在大规模兴起,在数码产品和家电领域,这一模式已经出现。同时,随着90后这一代逐渐成为消费的主力,他们对个性化定制更为看重,也更能接受C2B的方式。汽车作为一个配置多样的产品,无论是外观、配置还是内饰都可以根据消费者的喜好进行个性化定制,经销商在销售汽车的时候也为消费者提供了部分的定制空间,但互联网的介入使这种个性化定制能够更好地满足用户的需求。

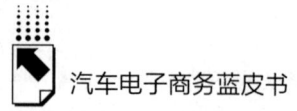

（五）经销商与新车电商进行深度合作将有利于未来的可持续发展

众所周知，在交付和售后方面，汽车与3C数码家电这类产品相比有很大的不同。前者在现阶段还很难做到上门配送，需要实体门店和场地进行交付，并且在使用的整个生命周期当中需要频繁的保养和维修服务，后者可以实现送货上门且使用过程中基本不需要频繁的售后服务。这种产品特性上的差异导致了电商对传统零售渠道的影响也不尽相同，电商对3C数码家电产品的传统零售渠道的影响几乎是颠覆性的：天猫、京东这样的电商平台基本已经取代了线下的实体门店，苏宁、国美这样的传统渠道商正在进行艰难的互联网转型，两者之间是水火不容的竞争关系。

对于新车销售市场来说则不同，目前存在的新车电商并不具备任何线下的服务能力，它们的优势在于能够利用网络获取更大量的客源，并利用自身在大数据、营销、内容、应用等方面的优势从中筛选出具有精准购车需求的用户，并将这些用户线索提供给经销商。从这个角度而言，新车电商平台与经销商是能够和谐共存的，两者各自具备优势，在消费者全面数字化的时代，传统经销商利用互联网渠道获取用户能够更好地提升交易效率、降低运营成本，并把业务的中心转移到配件、维修、保养和金融服务上来。课题组认为，各取所需、和谐共生应该是未来新车电商和经销商发展的主基调，两者之间的深度合作能够促进新车销售市场更好地发展。

B.3
中国二手车电子商务发展报告（2015）

——线上整合信息，线下打磨服务

摘　要： 本报告梳理了中国二手车电子商务的发展阶段，并归纳了当前二手车电子商务的发展现状，对二手车电子商务市场进行了商业模式的分类，并对各细分类型的典型公司进行了详细的分析。最后，对二手车电子商务市场的发展趋势进行了总结。

关键词： 二手车　电子商务　ToB 交易服务型　ToC 交易服务型

一　二手车电子商务综述

（一）研究定义

二手车电子商务（简称"电商"）平台：企业搭建的二手车在线信息或交易平台，利用互联网技术并结合线下的服务资源为二手车买卖双方提供交易过程中的部分或所有服务，进而促成交易的完成，并获得相应的收入。

信息服务型二手车电商：二手车交易主体（个人车主和买主、二手车经销商、二手车经纪商、经销商集团、品牌认证二手车等）的信息发布平台。平台提供车源发布和展示、搜索比价、网上店铺、营销推广等功能和服务，二手车的供给和需求通过这一类型的平台实现初步匹配。

交易服务型二手车电商：直接介入买卖双方的交易流程，或者自身作为二手车买方，提供交易过程中需要的全部或部分服务，包括车况检测、车辆存放、车辆过户、物流等。

ToB交易服务型二手车电商：将二手车卖给车商，车源可以来自个人或者企业，这种类型的平台在整个二手车流通链条中处在批发环节。

ToC交易服务型二手车电商：平台将二手车直接卖给个人，平台的车源可以来自个人或企业，这种类型的平台在整个二手车流通链条中处在零售环节。

二手车在线竞拍：一种利用互联网技术实现的二手车拍卖方式，各地的二手车商或个人通过在线方式（可以基于PC或移动设备）对平台发布的某台二手车进行出价，出价最高（或次高）的车商或个人获得这台二手车的购买权。

二手车车况检测：二手车的车况受到行驶里程、驾驶习惯、维修保养、事故等多方面的影响，导致一车一况。因此，在交易之前需要对二手车进行全面和系统的检测以评估其质量并作为定价的基础。

"行"认证：由中国汽车流通协会基于2014年6月1日正式颁布实施的《二手车鉴定评估技术规范》国家标准推出的全国性、跨品牌二手车认证品牌。

二手车电子商务市场规模：二手车电子商务相关企业在开展二手车在线交易业务或其他相关业务中获得的收入总和，具体的收入来源包括交易佣金、交易差价、增值服务费用、技术和标准输出费用、平台租赁费用等。

二手车电子商务平台交易量：交易服务型二手车电子商务平台实现的二手车交易数量。

二手车电子商务平台交易金额：二手车电子商务平台交易量×交

易均价。

二手车电商企业实力矩阵：用来描述二手车电子商务产业发展趋势和格局的研究模型。该模型综合了二手车电商的市场实际表现以及厂商的创新能力，从而确定主要厂商的竞争地位，并分析未来各个厂商的演进。

本报告主要研究范围为二手车在线销售平台，包括 ToB、ToC 交易服务型二手车电商，信息服务型二手车电商，以及二手车电商产业链的二手车估值服务、二手车垂直搜索服务以及二手车检测服务等。

（二）二手车电子商务的发展阶段

针对二手车电商市场的 AMC 模型，课题组认为其发展可以分为四个阶段，即探索期、市场启动期、高速发展期和应用成熟期。这一模型能够大致描述二手车电子商务市场的发展现状并预测未来的发展趋势。

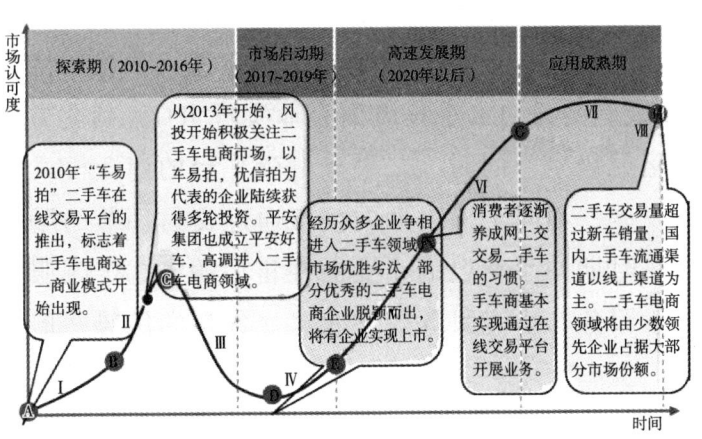

图 1 中国二手车电商市场 AMC 模型

（1）探索期（2010~2016 年）

这一阶段，二手车行业开始进入电商化时代（以 2010 年车易拍在线交易平台的推出为标志),众多初创型企业涉足这一领域并争相探索适合中国二手车在线交易的新模式,不论是C2B模式、B2B模式还是C2C模式都在这个阶段应运而生。同时,资本的追捧也开始升温,从这两年各大风投争相投资二手车电商企业可以明显感受到资本对二手车电商未来发展的看好。另外,消费者和二手车经销商通过在线平台进行二手车交易的习惯开始逐渐形成,二手车的在线交易规模也在这一阶段快速提升,预计到2016年二手车在线交易量占整体二手车交易量的比例将会超过10%,之后二手车电商市场将会进入启动期。

(2) 市场启动期 (2017~2019年)

二手车电商市场经过多年的探索,资本的追捧会促使越来越多的创业者和相关企业(比如,整车厂商、大型的经销商集团、其他互联网企业等)进入这一领域,但最终能够脱颖而出的企业必须具备差异化的竞争优势(比如,权威的车况认证、成熟和完善的线下服务体系以及持续不断的资金支持),其他大部分不具备优势但盲目进入的企业将被逐步淘汰。在这一阶段,将有可能出现1~2家最有实力的二手车电商企业实现IPO,其交易规模也将达到几百亿元级别。同时,二手车电商平台的商业模式也将出现多元化的发展,不同于探索期内仅仅通过交易环节的服务来获取收益,这一时期二手车电商企业会在售后服务、金融服务、数据服务、技术服务、物流服务等方面建立各自的优势并形成有效的盈利模式。

(3) 高速发展期 (2020年之后)

这一阶段,消费者逐渐养成网上交易二手车的习惯,二手车商基本实现通过在线交易平台开展业务。二手车电商领域会出现2~3家实力最强的企业实现IPO,并在交易规模、收入规模和业务多样化等方面都保持领先地位。

（三）二手车电子商务行业大事记

虽然在2010年之前国内就出现了不少二手车网站，其中的一些目前也成为非常重要的二手车领域的互联网平台，比如，51汽车网等，但是，这些网站当时成立的初衷只是充当在线信息的平台而非交易平台。课题组认为，中国二手车电商的真正发端是在2010年，这一年"车易拍"在线交易平台的推出标志着二手车交易电子商务化的开始。

2010年（二手车电子商务元年）

1月，北京巅峰科技有限公司推出"车易拍"在线交易平台，并正式上线运营，标志着中国的二手车产业开始进入电子商务化的新时代。

8月，北京亚运村汽车交易市场电子商务平台正式启动，其核心业务为"车易拍"新旧车竞价置换服务的推出。

2011年

5月，开新汽车服务有限公司正式发布全新品类"二手车帮卖"。

5月，273二手车交易网在获得数百万美元风险投资并低调经营了一年多之后，正式宣布展开其全国战略，全国连锁正式启动。

9月，优信拍在北京成立，成为继车易拍、开新帮卖之后重要的二手车电商平台。

2012年

12月底，车易拍公布2012年的交易数据，当年交易额突破10亿元。

2013年

3月，车易拍完成B轮融资，融资金额为2000万美元，投资方为经纬中国，A轮投资商晨兴资本跟投。

4月，优信拍完成融资总额共计3000万美元，投资方包括君联资本、DCM、亚洲投资基金以及腾讯产业共赢基金等。

9月,二手车交易服务提供商大搜车宣布,公司已获得由红杉资本领投的千万级美元B轮投资。曾在A轮投资大搜车的晨兴资本、源渡创投两家机构也继续参与了本轮投资。

10月,中国平安旗下创新型子公司"平安好车"首批5家分公司在上海、苏州、南京、宁波、温州正式成立,平安集团开始大举进入二手车电商领域。

11月,易车与美国新车及二手车内容提供商KBB、中国汽车流通协会达成战略合作,以成立合资公司的形式共同发力中国二手车估值服务市场。

12月底,车易拍公布2013年交易数据,当年交易额突破50亿元,交易量达到10万辆。

2014年

2月,车易拍完成C轮融资,融资金额超过5000万美元,投资方为红杉资本领投,晨兴创投、经纬中国和中信资本等基金跟投。

4月,庞大汽贸集团股份有限公司与易车公司、优信拍在京签署三方合作协议,共同注资1亿元人民币成立"庞大智信认证二手车合资公司"。

4月,51汽车网旗下的全新竞价平台——天天拍正式落户上海,开始进军本地的二手车网络拍卖市场,为广大消费者提供集车辆检测、网络竞价、手续代办于一体的一站式卖车服务。

7月,平安好车与平安集团旗下金融机构合作,利用好车O2O平台优势以及平安集团的金融实力推出的创新产品"平安车商贷",开启了二手车商融资的新模式。

7月,二手车交易服务商优车诚品完成近千万美元A轮融资,投资方为IDG资本。

8月,车易拍联合国拍机动车合作启动仪式举行,标志着二手车电商与传统二手车拍卖企业联手合作局面的开启。

8月,汽车流通协会"行"认证首发仪式暨268V授权仪式在北京举行,车易拍成为全国第一家"行"认证授权认证机构品牌。

8月,易车与上海永达汽车集团有限公司、优信拍在上海签署三方合作协议,共同注资5000万元成立二手车合资公司。

9月,优信拍完成新一轮融资,金额达到2.6亿美元,投资方包括华平投资集团、老虎环球基金等多家投资机构。

10月,上汽集团旗下的汽车电商"车享"推出二手车交易平台"车享拍",这意味着上汽集团正式涉足二手车交易线上领域,成为整车企业进入二手车电商的范本。

11月11日,车易拍的二手车狂欢节取得不俗成绩,当天二手车总成交量达到3087辆,成交金额超过9000万元。

12月,赶集网召开二手车O2O交易平台"赶集好车"上线发布会,宣布2015年将重点发力二手车O2O市场,并计划投入1亿美元。

12月,淘宝二手汽车交易平台正式上线,用户可通过淘宝平台,实现二手车寄卖及选购。淘宝二手车平台已经与包括车猫、车易拍、大搜车、车王、第一车网等在内的信誉优质的知名车商达成合作。

12月,国内新兴的O2O二手车零售平台优车诚品与国内最大的外资小额贷款公司亚洲联合财务有限公司在京共同签署长期战略合作谅解备忘录,决定就消费者购车贷款、库存融资贷款及供应链金融等多个方面展开合作。

12月,二手车C2C交易平台"人人车"宣布获得新一轮2000万美元B轮融资,由包括策源创投和雷军系的顺为资本领投,A轮投资者红点投资跟投。

(四)二手车电子商务的价值链分析和主要分类

从整体二手车行业的角度来看,二手车电子商务的出现为二手车的流通提供了一种新兴的渠道,这种基于互联网之上的流通渠道为中国二手车市场的发展注入了新的力量。传统的二手车流通渠道中的主体主要包括二手车拍卖公司、二手车经纪商和二手车经销商，存在的问题是传统渠道交易链条冗长、分散，效率低下，信用体系不健全。二手车在跨地域流通过程中经过多次转手不断加价使最终消费者难以真正从中得到实惠。电商渠道的出现为二手车的买方和卖方提供了一个更便捷和更有效率的交易平台，不论是个人车源还是企业车源都能够通过电商渠道进入流通，到达车商或最终消费者手中。

二手车的来源主要分为两类，即个人车源和企业车源。与欧美成熟市场不同（比如，美国的车源所有权更多掌握在大型经销商集团和融资租赁公司手中），中国的二手车市场以个人车源为主（主要原因：用户接受车的模式不同，美国人偏好二手车；中国人偏好买新车。两国的金融渗透率差异大，美国金融渗透率很高，这种模式容易发展起来），个人车主可选择自由交易的方式卖出车辆（比如，直接出售给个人或卖给二手车商），或通过4S店进入流通渠道，后者为现阶段个人车主的主要选择（见图2）。

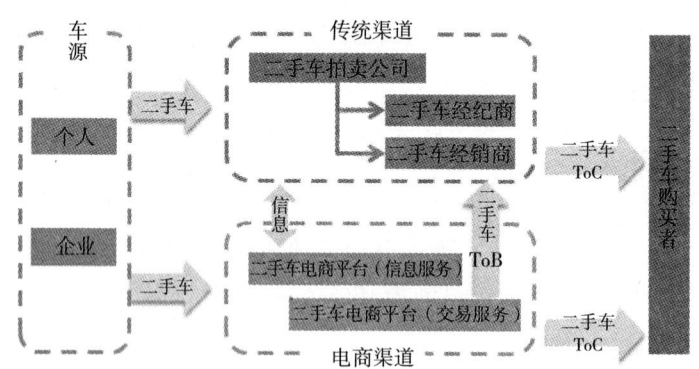

图2　中国二手车电商市场流通渠道

（1）信息服务型二手车电商平台

信息服务型平台解决了信息层面的部分问题，并不涉及交易层面,即供需双方仍然需要自行通过线下的方式完成交易,平台基本不提供任何交易流程中的相关服务,也不保障所发布车辆的真实存在。信息服务型平台的盈利模式主要是广告收入。

信息服务型二手车电商平台可以细分为以下两类。

垂直型:专注二手车细分市场的信息网站,如第一车网、51汽车等。

频道型:汽车网站、综合电商或分类信息网站的二手车频道,如赶集网二手车、58同城二手车、汽车之家的二手车之家、淘宝的淘宝汽车等。

(2)交易服务型二手车电商平台

不同于信息服务型平台,交易服务型平台不仅提供信息服务,并且直接介入买卖双方的交易流程。交易服务型平台会为交易双方提供全部或者部分服务,这些服务绝大部分需要在线下进行,也就是说,这类平台必须是O2O模式,而且平台的优势很大程度上取决于线下服务体系的成熟和完善,而不仅仅是线上的流量和营销。交易服务型平台的盈利模式主要是交易佣金或交易差价以及其他服务费。

根据服务买方来划分,交易服务型二手车电商平台可以细分为以下两类。

ToB型:平台将二手车卖给车商(车商再将二手车卖给其他车商或者个人),平台的车源可以来自个人或者企业(比如,4S店、租车公司、拍卖公司等),前者被称为C2B,后者被称为B2B。这种类型的平台在整个二手车流通链条中处在批发环节,如车易拍、优信拍、车享拍等。

ToC型:平台将二手车直接卖给个人,平台的车源可以来自个人或企业(同上),前者被称为C2C,后者被称为B2C。这种类型的平台在整个二手车流通链条中处在零售环节,如大搜车、车王、人人车等。

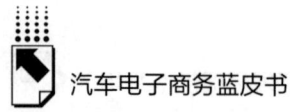

根据业务类型来划分，交易服务型二手车电商平台可以细分为以下三类。

平台型：二手车经纪业务，只撮合交易而不直接购买二手车，收入来自交易佣金，如车易拍、车享拍、大搜车等。

自营型：二手车经销业务，直接购买二手车然后出售，收入来自交易差价，如车王、澳康达等。

混合型：即撮合交易，也可直接购买后出售，如优信拍、优车诚品等。

二 中国二手车电子商务市场发展现状

（一）二手车电子商务市场规模及预测

据不完全统计，2014年二手车电商市场规模达到16.6亿元，未来三年市场规模仍将保持高速增长，预计到2017年整体的市场规模将接近200亿元。目前，二手车电商的发展处于启动期，更多企业的进入、线上交易量的提升以及企业盈利模式的多元化等因素在未来几年将成为推动市场规模增长的动力。

（二）二手车电商平台交易量和交易金额

数据显示，2014年中国二手车电商交易量为60.52万辆，交易金额达到340.3亿元。从增速来看，不论是交易量还是交易金额均保持两位数以上的增长，预计未来3年内这样的高速增长仍将持续。

纵观二手车电商发展的这几年，二手车在线交易规模从2012年的几万辆快速增长到2014年的几十万辆，虽然这样的规模与整体线下的二手车交易量相比还比较小，但过去几年的高速增长显示了二手车电商的巨大发展动力以及潜在的增长空间。

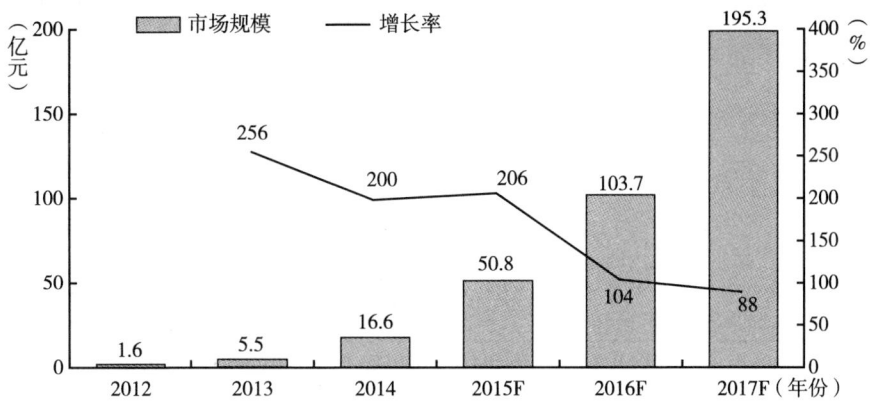

**图 3　2012～2017 年中国二手车电商市场规模
（2015 年、2016 年、2017 年为预测值）**

注：二手车电商市场规模是二手车电商相关企业在开展二手车在线交易业务或其他相关业务中获得的收入总和，具体的收入来源包括交易佣金、交易差价、增值服务费用、技术和标准输出费用、平台租赁费用等。

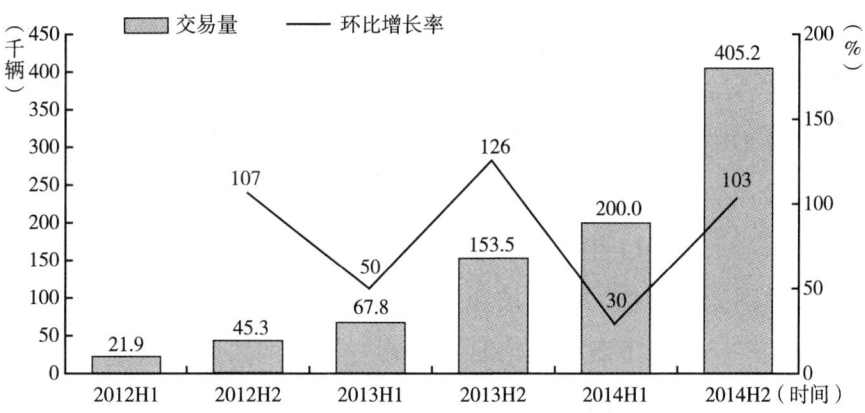

图 4　2012～2014 年中国二手车电商交易量

注：数据基于全国范围内的交易市场、车源、车商抽样，综合企业与专家访谈，根据易观模型测算。

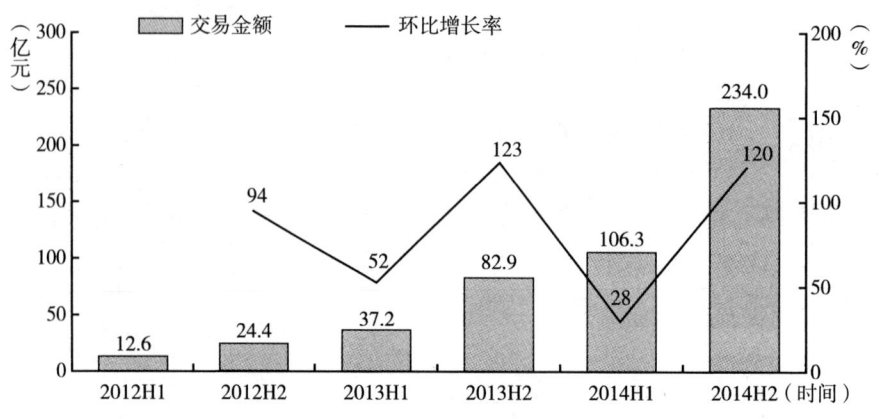

图5 2012～2014年中国二手车电商交易金额

注：基于全国范围内的交易市场、车源、车商抽样，综合企业与专家访谈，根据易观模型测算。

（三）二手车电商企业市场份额

2014年，中国二手车电商市场份额相对比较集中，主要的交易量仍然集中在ToB交易服务型电商平台上，这些平台充当了快速扩展二手车在线交易的角色，成为二手车电商发展的中坚力量。而ToC交易服务型电商平台处于零售环节，交易规模仍然比较低，ToC的二手车在线业务要快速发展仍需时日。

数据显示，2014年，二手车电商交易量和交易金额占比最高的三家企业分别为车易拍、优信拍和开新帮卖。车易拍凭借权威的车况认证品牌和广泛的线下服务网络真正实现二手车的跨区域流通，保持了较大的领先优势。优信拍依托大规模的线下拍卖中心的建设实现二手车的集中交易，也实现了较强的发展势头。开新帮卖深耕上海市场，2014年开始向深圳地域拓展，虽然在交易量上与前两家还有较大差距，但稳健发展的态势也使其成为二手车电商平台发展中不可忽视的重要力量。

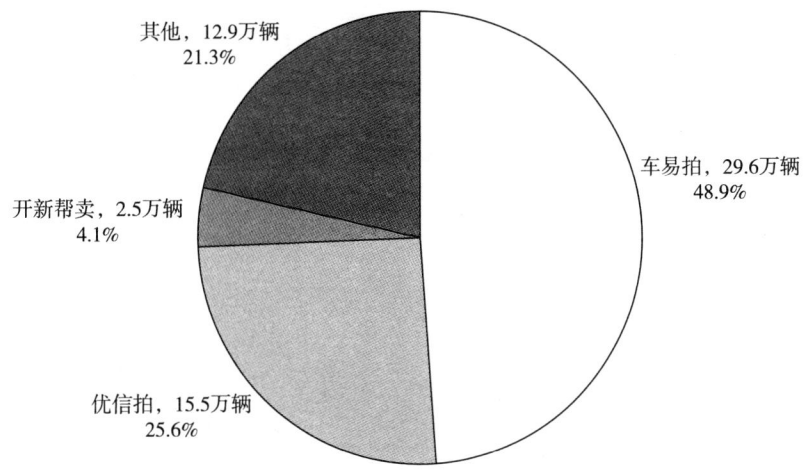

图 6　2014 年中国二手车电商交易量市场份额

注：基于全国范围内的交易市场、车源、车商抽样，综合企业与专家访谈，根据易观模型测算。

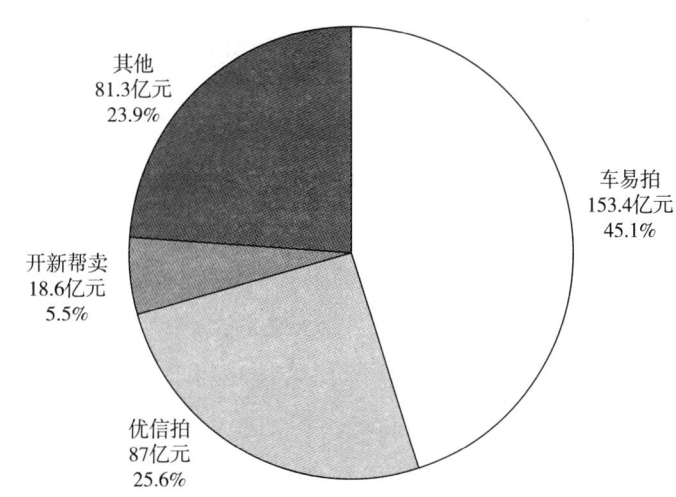

图 7　2014 年中国二手车电商交易金额市场份额

注：基于全国范围内的交易市场、车源、车商抽样，综合企业与专家访谈，根据易观模型测算。

三 ToB 交易服务型二手车电商现状

（一）ToB 交易服务型模式分析

ToB 交易服务型二手车电商属于批发渠道，目前，这类平台都以在线竞拍模式为主，部分厂商同时开展线下的拍卖业务。车源可以来自个人或者企业（整车厂商、4S 店、租车公司等），平台对待售车辆进行车况检测后出具权威的检测报告后，车辆上线拍卖，各地的二手车商通过在线出价的方式参与竞拍。同时，这类平台还为交易双方提供相关的线下服务，包括检测、过户、整备、物流、金融、售后等。

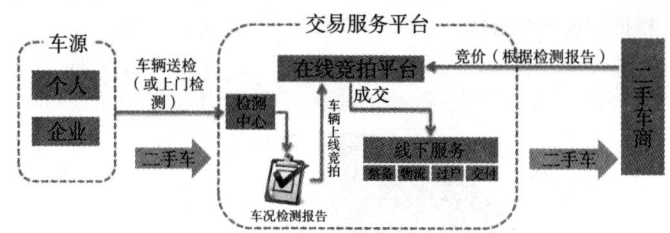

图 8 ToB 交易服务型模式分析

从目前国内的二手车市场发展情况来看，ToB 交易服务型二手车电商平台将起到至关重要的作用，扮演整个二手车流通链条中的交易中枢的角色，起到连接碎片化车源和碎片化需求的作用。

ToB 交易服务型二手车电商平台目前主要的收入来自向二手车商收取的交易佣金（通常为 3%），未来的收入来源可能拓展至检测服务、金融服务、物流服务、售后服务和数据服务。

课题组认为，相比其他的二手车电商模式，ToB 交易服务型模式在当下的市场环境下更能适应中国市场，发展速度较其他模式也会更快些。

（二）ToB 交易服务型二手车电商企业实力矩阵

课题组认为，ToB 交易服务型二手车电商的典型企业为车易拍、优信拍、车享拍、开新帮卖和平安好车。车易拍和优信拍发展时间较长，无论是交易量还是线下资源的布局方面都具有领先优势。开新帮卖成立时间比较早，但由于多年来一直深耕上海地区市场，在其他城市拓展方面比较缓慢。车享拍属于上汽电商车享旗下，虽然成立时间很短（2014 年下半年推出），但依托上汽集团强大的存量车源、4S 店个人置换车源、经销商体系以及原有的二手车相关业务，具备较高的起点，预计在 2015 年会有较快的发展。

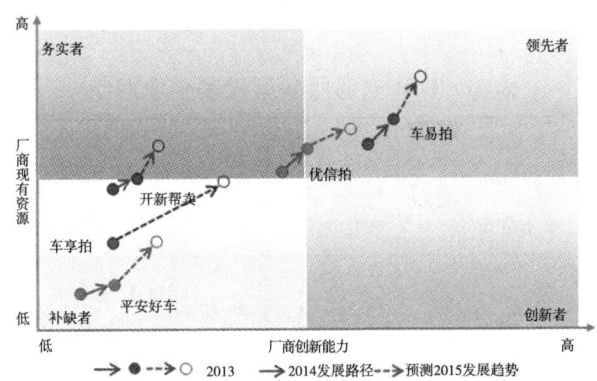

图 9　2014 年中国交易服务型（ToB）二手车电商企业实力矩阵

1. 纵轴定量维度

厂商的执行与运营能力的综合表现，包括市场现状、平台用户基础和其运营能力等。针对交易服务型二手车电商来说，以当年的二手车交易、交易金额、服务的车商数量和车源作为主要指标。

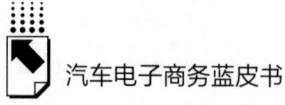

2. 横轴定性维度

厂商业务创新能力的综合表现是厂商的业务独特性,具体可以体现在厂商的技术创新、商业模式创新、运营创新、产品开发、内容代理等。针对交易服务型二手车电商来说,主要基于检测技术的独创性、跨区域的扩张能力和O2O模式的创新能力来进行综合评估。

(三)ToB交易服务型代表企业对比分析

目前,国内主要的ToB交易服务型二手车电商包括车易拍、优信拍、平安好车和开新帮卖。这四家企业虽然都属于在线拍卖型平台,但各自的业务模式和特点有一定区别。我们经过深入调研后,对这四家企业进行对比分析,如表1所示。

表1 ToB交易服务型代表企业对比

类型	车易拍	优信拍	平安好车	开新帮卖
车源	4S店、车企、经销商集团、个人车主等	4S店、车企、经销商集团等	个人车主	个人车主
车商网络	20000多家,全国一体化交易,车商全网跨地域复用	15000家,车源和车商同城交易,不能全网复用	1000家左右,看车交易、车源和车商同城交易	300家左右,看车交易、车源和车商同城交易
检测技术品牌及服务标准	268V,责任赔付承诺(如因检测失误导致的交易损失,由车易拍承担)	查客	无	无
平台服务解决方案	E置换、易SHOP(为厂商、经销商等提供定制化电商平台)	无	无	无

续表

类型	车易拍	优信拍	平安好车	开新帮卖
服务网络	三级服务网络： • 北、上、杭、广等6个核心城市建立综合服务中心 • 10个二、三级结点城市建车商服务中心 • 800多名检测员构建的车源检测服务网络（上门或社区店）	在北、上、广在内的6大城市建立服务中心	在13个城市建立门店	上海有10家门店，深圳有3家门店
竞拍时长	• 即检即拍，15分钟快速竞价交易 • 24小时自定时长竞价交易 • 一周内在线交易	分场次竞价	24小时内竞拍报价	每天6场竞价专场
线下交付场地	有	有	有	有
现场拍卖中心	有	全国6个城市设有大型现场拍卖中心	无	无
过户服务	有	有	有	有
物流	第三方	自建	无	无
支付方式	线上/线下支付	线上/线下支付	线上/线下支付	线上/线下支付
盈利模式	检测费，交易佣金，服务费	交易佣金，服务费	交易佣金，服务费	交易佣金，服务费
易观分析	车易拍以检测员为基础服务单位，跨城市共享全国车商买家。这种以车况信用和碎片化渗透网络为连接的交易模式，前期建立市场信任和基础交易模型的难度大。一旦建立，具备极强的快速扩张能力和平台效应	优信拍以大场地的现场集中拍卖为主，配合线上竞拍的模式。这种集中车源和场地的交易模式，启动期操作难度低，但固定投入较大，适合对规模化批量交易有强需求的城市，快速扩张建立全国化网络的难度大	平安好车依靠平安集团强大的资金实力将服务快速拓展至各大城市，以数千万平安车险用户为基础具有个人车源优势及配套车贷和车险服务优势	开新立足上海本地市场，深耕多年，在上海二手车市场占有绝对优势。但业务的区域性较强，在市场拓展方面进展较慢

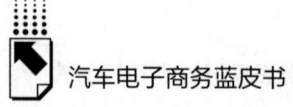

（四）ToB 交易服务型平台的主要拍卖模式研究

二手车拍卖企业一直以来都是二手车流通环节中非常重要的一个部分，它发挥着集合碎片化车源的功能，国拍机动车拍卖、北汽鹏龙机动车拍卖等企业是传统拍卖模式的代表。目前，国内的 ToB 交易服务型二手车电商平台也以拍卖模式为主，但实现的是比传统拍卖模式更加高效的电子拍卖和在线竞拍模式。

1. 现场电子拍

集中式的场地交易：车辆停放在现场，车商看车后出价。由于受到场地和时间的限制，用户的覆盖能力受限，组织交易的灵活性弱，交易时间长。ToB 交易服务型代表企业优信拍以现场电子拍为主，同时也开展在线竞拍业务。

2. 在线竞拍

分布式的服务布局，检测人员分布广泛，可上门服务，交易方便快捷，车主体验好，技术和运营管理的门槛较高。ToB 交易服务型代表企业车易拍以在线竞拍为主，同时也开展现场电子拍业务。

经过 3 年多的发展，以车易拍和优信拍两大领军企业为代表，其服务模式、核心竞争力、发展趋势等开始呈现明显的差异化定位，这标志着 ToB 交易型二手车电商平台的发展已走过模式探索期而趋于成熟。

车易拍坚持车况信息标准化、IT 化的发展方向，坚持通过看报告而非看实车的全国一体化交易模式，强调快速扩张更加贴近买卖双方碎片化的线下服务网络，以及开发满足不同客群、不同场景的多元化在线交易产品，以实现 O2O 服务闭环下的规模化扩张。

优信拍选择了以集中式场地交易为主体的服务模式。车辆集中停放在交易现场，买家看车后以电子竞价的方式进行交易。

（1）车易拍、优信拍的主体交易模式

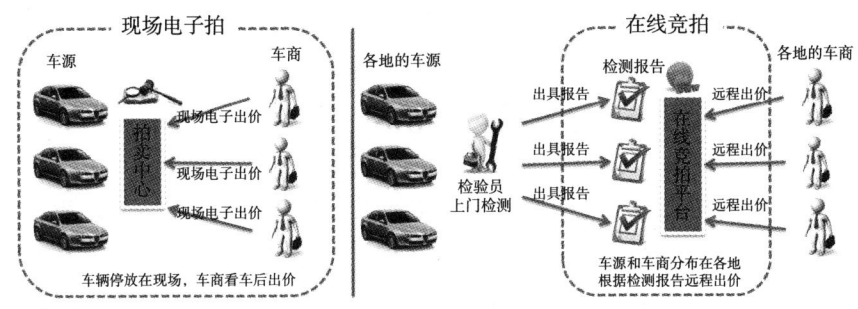

图10　车易拍、优信拍的主体交易模式

车易拍

核心竞争力：车源聚集能力。

发展制约：场地面积。

优信拍

核心竞争力：买家购买能力。

发展制约：检测员规模及质量管理。

（2）车商对在线拍卖平台的主要评价因素

车商作为 ToB 交易服务型二手车电商平台上的买方，它们对在线拍卖平台的认可度从一定程度上反映了平台的特点和优势。课题组认为，目前车商对在线拍卖平台的主要评价因素有以下几点。

车源丰富度：平台上参拍车辆的数量和型号的丰富程度。

交易效率：从竞拍到最终成交过程中的效率。

价格及补贴：参拍车辆的价格及平台对车商的补贴力度。

检测可信度：车况检测的权威性和专业性。

流程方便：使用平台的方便性。

线下支持：线下相关支持的力度。

其他服务：交易过程中其他服务的完善度。

四 ToC交易服务型二手车电商现状

（一）ToC交易服务型模式

ToC交易服务型二手车电商平台属于零售型渠道，以线上展示平台和线下门店（或上门服务）为主。线下门店设施齐全，除了相关服务之外，还为上门的顾客提供休息和休闲娱乐的场所，是一体化的二手车卖场。上门服务则是通过专业的二手车检测人员为车主提供车况检测和车辆估值服务。

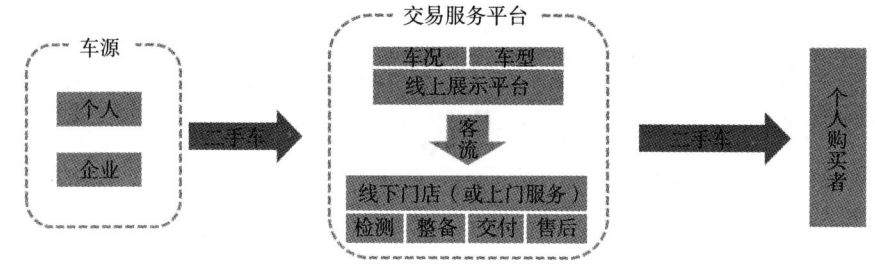

图11　ToC交易服务型二手车电商商业模式

这类平台的车源可以来自个人或企业，但只服务于个人购买者。平台除了提供网上的车辆展示平台之外，还为二手车买卖双方提供配套的线下服务，包括车辆检测、车辆整备、物流和交付、售后等一站式的交易服务。这种模式直接实现了二手车交易的去中介化，特别是C2C的模式极大地提高了二手车流通的效率，改变了原来需要经过车商转手加价的交易方式。

目前，这类模式只能实现区域性的C2C，还无法实现跨区域的二手车流通。主要原因是，要完成二手车的跨区域流通必须实现交易的

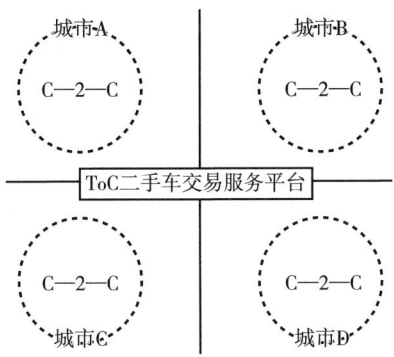

图 12　C2C 交易服务型模式

完全在线化，即消费者不需要实地看车就能完成交易，现阶段的 ToC 交易服务型平台还不具备这样的能力。

这类平台的收入主要来自交易佣金或交易差价，未来可能扩展至金融服务、售后服务等领域，从而实现更多样化的盈利模式。

（二）ToC 交易服务型二手车电商企业实力矩阵

我们研究后认为，ToC 交易服务型二手车电商典型企业为澳康达、273 二手车交易网、赶集好车、人人车、大搜车和优车诚品。这类模式发展时间较短，除了澳康达和 273 二手车交易网，其他企业都是这两年才成立的，因此，目前这类模式还没有真正具备领先优势的企业。从资源维度上看，澳康达和 273 二手车交易网由于发展时间较长，具备领先优势。从创新维度上看，大搜车和优车诚品较为领先，赶集好车推出时间很短，但由于背靠赶集网的众多用户资源，预计在 2015 年会有较快的发展。

1. 纵轴定量维度

厂商的执行与运营能力的综合表现，包括市场现状、平台用户基础和其运营能力等。针对 ToC 交易服务型二手车电商来说，以当年

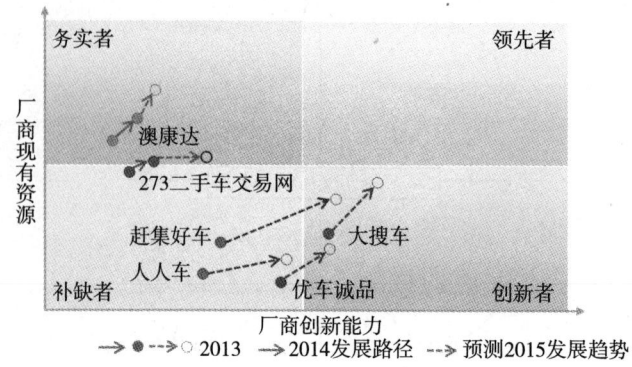

**图 13　2014 年中国 ToC 交易服务型
二手车电商企业实力矩阵**

的二手车交易量和交易金额作为主要指标。

2. 横轴定性维度

厂商业务创新能力的综合表现是厂商的业务独特性，具体可以体现在厂商的技术创新、商业模式创新、运营创新、产品开发、内容代理等。针对 ToC 交易服务型二手车电商来说，主要基于 O2O 模式的创新能力进行综合评估。

（三）ToC 交易服务型平台的主要服务模式研究

根据服务模式来划分，ToC 交易服务型平台可以分为以下两类。

寄售模式：平台在线下建设二手车寄售门店，类似大型的购物中心，车主将待售车辆放置在门店寄存等待出售，买家可以在门店看车选购；优点是为用户提供了实地的车辆存放场所和选购场所，缺点是初期门店建设的投入较大，扩张较慢。

上门服务模式：平台不进行线下门店建设，只配备专业工作人员上门为车主完成相关交易服务；优点是模式更轻、扩张迅速，缺点是人员投入较大，且需要较多的专业检测人员。

五 信息服务型二手车电商现状

（一）信息服务型模式

信息服务型二手车电商模式在中国出现的时间较早，二手车信息网站的发展有 10 年左右，这类模式的代表企业——第一车网和 51 汽车的成立时间分别在 2004 年和 2005 年。除了垂直类的二手车信息网站之外，诸如易车网、汽车之家、搜狐汽车等汽车网站也有自己的二手车业务，58 同城、赶集网等分类信息网站也建立了二手车频道。这类平台的收入主要依赖广告、会员费等。

这些二手车信息服务平台的共同特点是为二手车的交易双方提供一个信息发布的平台。如图 14 所示，这类平台服务用户主要包括以下三类。

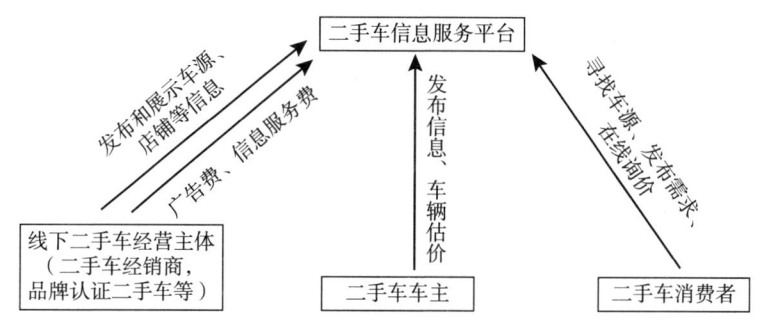

图 14 信息服务型二手车电商商业模式

二手车消费者：希望购买二手车，在平台上寻找车源，发布需求和在线询价。

二手车车主：希望出售二手车，在平台上发布车源信息，进行车辆估价。

线下二手车经营主体：开展二手车经纪或经销业务，包括二手车经销商、经纪商、整车厂商的品牌认证等，在平台上发布和展示车源，建立和运营网上店铺。

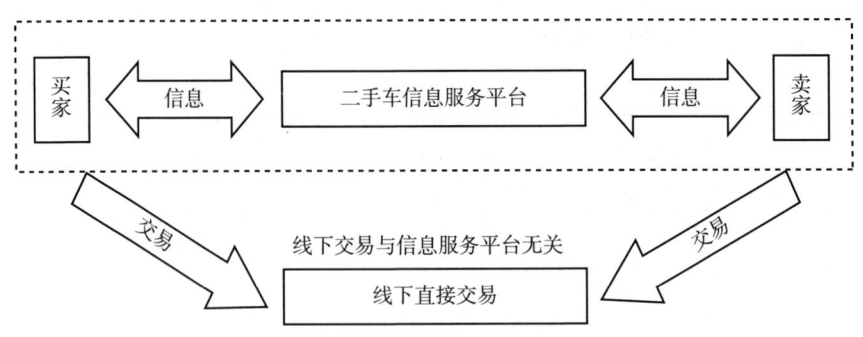

图15　二手车信息服务平台不涉及线下交易

与其他商品不同，二手车的交易过程中涉及的环节和问题比较多，从车辆的检测、认证、估值到过户无一不需要专业的服务，但二手车信息服务平台并不提供这些交易服务，导致买卖双方在完成信息匹配之后仍然需要在线下自行交易，其中产生的各种问题难以得到解决。

（二）信息服务型二手车电商企业实力矩阵

课题组认为，信息服务型二手车电商的典型企业为第一车网、51汽车、搜狐二手车、易车二手车和二手车之家。其中，第一车网和51汽车成立较早，发展时间较长，作为垂直类的二手车信息服务平台积累了众多的用户资源和车商资源，优势较为领先。其他三家作为汽车网站的二手车频道，并不是公司的主要业务，无论是厂商资源还是创新能力方面都与前两家有一定的差距。

1. 纵轴定量维度

厂商执行与运营能力的综合表现包括市场现状、平台用户基础和

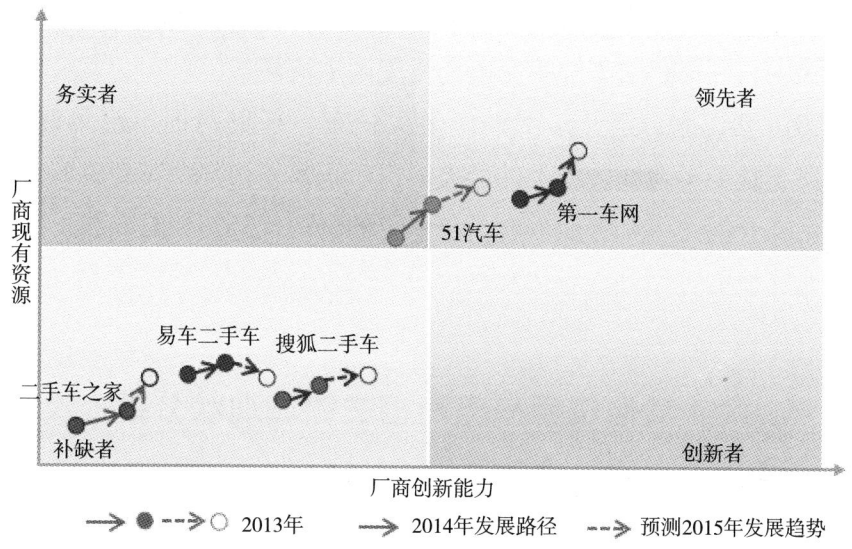

图 16　2014 年中国信息服务型二手车电商企业实力矩阵

其运营能力等。针对信息服务型二手车电商来说，主要选取网站的流量以及覆盖的车商数量等指标。

2. 横轴定性维度

厂商业务创新能力的综合表现是厂商的业务独特性，具体可以体现在厂商的技术创新、商业模式创新、运营创新、产品开发、内容代理等。针对信息服务型二手车电商来说，主要基于网站开拓新业务的能力来进行综合评估。

（三）信息服务型平台的转型

课题组认为，从国内二手车市场的发展来看，信息服务型二手车电商平台由于其局限性，难以真正解决二手车流通中存在的大部分问题，这类平台经历了多年的发展之后也遇到了诸多瓶颈，由信息服务型平台向交易服务型平台转型是大势所趋。信息服务平台是二手车市场的资讯来源和流通的重要通道，但并未解决二手车市场的关键痛点,没有真正解决交易过程中的问题,盈利模式也比较单一,主要以广告为主,并不是未来二手车电商发展的主流模式。

2014年以来,第一车网推出天天拍车,赶集网推出赶集好车,都说明了这类平台在转型上的努力。由于积累了用户和车商资源,这类平台在开展交易服务业务时具备一定的资源优势,但是在线下服务和运营方面能否做好,有待观察。

六 其他二手车电商相关领域现状分析

(一)二手车估值服务

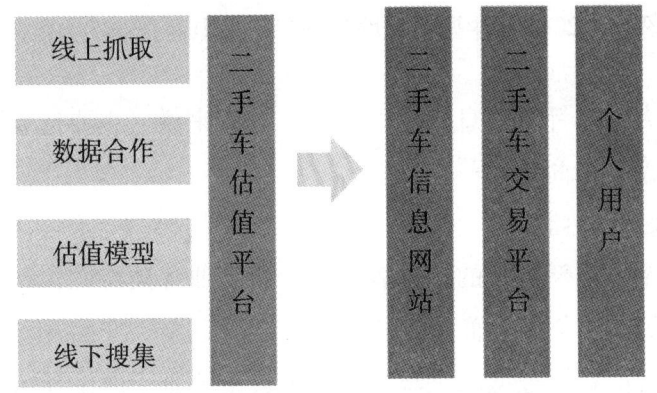

图17 二手车估值平台商业模型

二手车估值服务是指通过搜索引擎技术追踪、抓取所有线上二手车的出价记录和销售记录,并通过二手车商的成功交易量,来决定商家出价权重;然后通过对大量二手车商家出价大数据进行加权平均以及线性回归分析等,从而得到具体某款车型的大致价位,最后通过评估师根据具体某辆车的车况情况最终得出预期价格以及历史趋势。

二手车估值平台主要为二手车信息网站、二手车交易平台以及个人用户提供估值服务。

美国的 KBB 公司是目前最典型的二手车估值平台，全称"Kelly Bule Book"，其对二手车评估有一套专门的 KBB 估值模型，是美国甚至全球买卖二手车的重要参考指标。大数据线性加权模型有效地解决了当前国内二手车交易市场标价混乱、没有公信力的第三方评估标准的严峻问题。为我国二手车交易市场提供了一个切实可行的二手车估值方法。

国内的二手车估值平台有精真估、车 300、公平价、易车二手车、车虫网等，大致的估值算法模型都与 KBB 类似；2014 年《二手车鉴定评估技术规范》正式实施，包含 104 项二手车鉴定评估内容，国家标准的出台对二手车估值平台估值精准度、统一度都有一定的促进作用。

盈利模式方面，KBB 现期主要盈利来源于广告；根据厂商访谈情况可知，目前国内的二手车估值平台都还处在发展初期，基本没有盈利。短期主要靠给二手车交易平台导流线索；从长期来看，二手车估值平台可以通过出具检测报告、线下检测等方式实现营收。

根据行业调研情况分析认为，交易数据收集主要来自三个方面：一是通过搜索引擎线上抓取平台上发布的数据；二是和二手车交易服务平台战略合作，对接后台交易数据接口；三是和线下经销商战略合作，将线下交易的数据转移到线上。

课题组根据行业调研和厂商访谈的情况分析认为，目前国内二手车估值平台普遍存在估值不够精确的问题。国内二手车交易样本大部分来自线下交易，虽然二手车估值平台采取和线下经销商合作的模式获取线下交易数据，但交易数据的不透明、难以核实性以及可抓取的交易样本量过少等问题仍然会影响估值的准确性。

（二）二手车垂直搜索

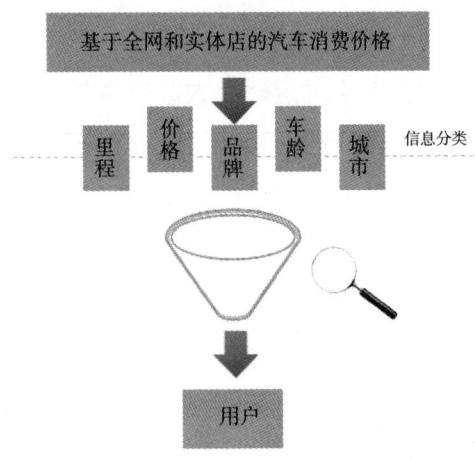

图 18　二手车垂直搜索商业模型

二手车垂直搜索是指针对二手车行业的专业搜索引擎，是对网页库中的二手车信息进行一次整合，定向分字段抽取需要的数据继续进行处理后再按照型号、年份等关键词划分以二手车价格的形式返回给用户。

二手车垂直搜索平台针对二手车领域、有二手车购买意向的人群提供信息和搜索的服务。相比较传统二手车信息平台海量信息的无序性，二手车垂直搜索更专业、具体、深入。

国内的二手车垂直搜索网站主要有车多少、哪有车、百度汽车、搜车宝等。课题组根据行业调研分析认为，目前，国内二手车垂直搜索网站的数据内容包括：①数据来源主要通过跨站搜索获取，包括二手车信息服务平台、二手车交易服务平台等；②数据结构倾向于结构化数据和元数据；③搜索行为主要是基于结构化数据和元数据的结构化搜索。

课题组认为，目前二手车垂直搜索行业的公司在大数据搜索引擎技术方面差异不大，门槛和难点主要是在二手车行业资源上，能否提供更完整、更准确的二手车行业价格信息，以及能否和二手车行业进行更好的资源整合是未来发展的关键。

盈利模式方面，二手车垂直搜索公司在积累一定的流量后，一方面可以通过竞价排名广告等获得盈利；另一方面可以通过和线下经销商抽取交易佣金获得。

对比美国的 TrueCar，预计未来国内的二手车垂直搜索平台龙头将会在线下经销商、车贷金融机构、车注册政府部门等部分具备良好资源的支持下，将不透明的线下的二手车价格精确地反映到搜索平台上。

（三）二手车检测服务

二手车检测服务是指第三方机构派出二手车鉴定评估师对二手车进行技术状况检测、鉴定；对车辆技术状况进行缺陷描述、等级评定以及根据二手车技术状况鉴定结果和鉴定评估目的，对目标车辆价值评估。

随着《二手车鉴定评估技术规范》于2014年6月1日起正式实施，我国的二手车检测服务开始由混乱无序走向规范。

二手车检测服务的机构场所经营面积不少于200平方米，需要具备汽车举升设备；车辆故障信息读取设备、车辆结构尺寸检测工具或设备；车辆外观缺陷测量工具、漆面厚度检测设备以及照明工具、照相机、螺丝刀、扳手等常用操作工具。

二手车检测服务机构需要具有3名以上二手车鉴定评估师，1名以上高级二手车鉴定评估师。二手车检测服务必须包括车身外观、发动机舱、驾驶舱、底盘等部位以及车辆启动、路试等104项检查内容，并综合车辆的型号、配置、相关证件有效时间以及车辆的维修记录等信息，根据车况把评估车辆分为10级，车况最好的为1级，出

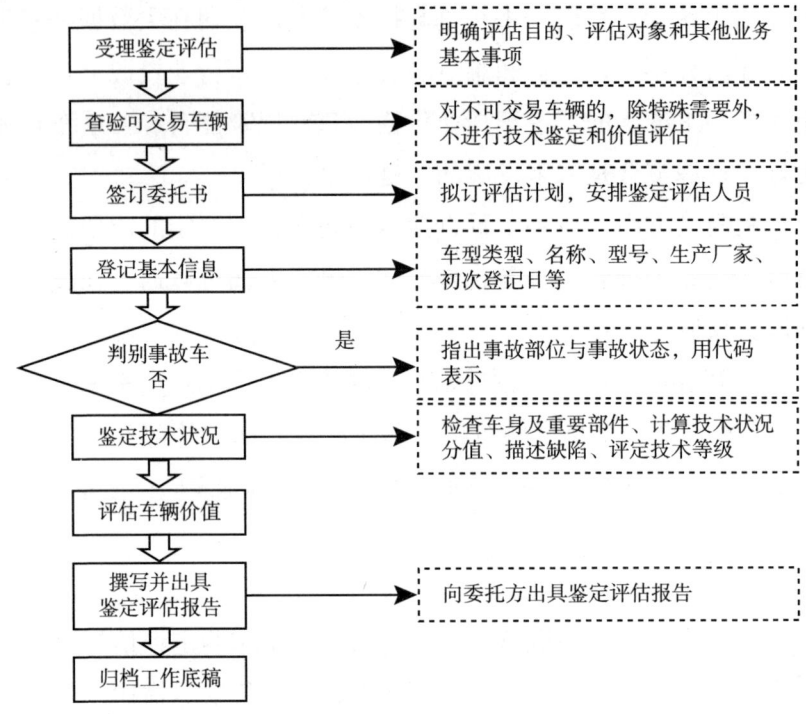

图19 二手车鉴定评估流程

具一份《二手车技术状况表》。

随着国家政策的出台和相关标准的实施,我国二手车检测服务行业将逐步走向规范化。目前二手车市场最缺乏的就是正规可靠的二手车检测服务机构以及经验丰富的二手车鉴定评估师。

七 典型案例

(一)车易拍

1. 企业简介

车易拍是中国最领先的二手车电子商务平台,也是新车置换解决方案、二手车网络交易解决方案及二手车标准化检测方案的供应商领导者及二手车"行"认证授权单位。

车易拍拥有车易拍在线交易平台（简称"车易拍"）、268V 二手车标准化检测技术（简称"268V"）、云易汽车厂商和经销商二手车电子商务解决方案（简称"云易"）、268V 行认证资质授权服务（简称"268V 行认证"）四大服务品牌，为二手车交易提供检测、评估、交易、培训、咨询、置换等系列服务。

车易拍总部设立于北京，目前以华北、华东两大运营中心为主，建立北京、上海、杭州、南京、苏州、天津、哈尔滨、成都、广州、临沂等10多个服务中心，覆盖全国300多个城市10000多家车商的销售网络。

2. 商业模式分析

（1）在线交易平台的模式和特点

车易拍作为 C2B 和 B2B 模式的二手车电商平台的代表，定位为个人车主及企业与二手车商之间的在线交易平台，通过领先的车况检测技术和在线竞拍平台实现二手车交易的在线化（即不需要看车，仅根据检测报告进行交易）。从业务类型来看，车易拍充当的是二手车经纪商的角色，只提供交易过程的相关服务，不进行二手车的买卖。

如图 20 所示，车易拍的 C/B2B 模式主要有以下特点。

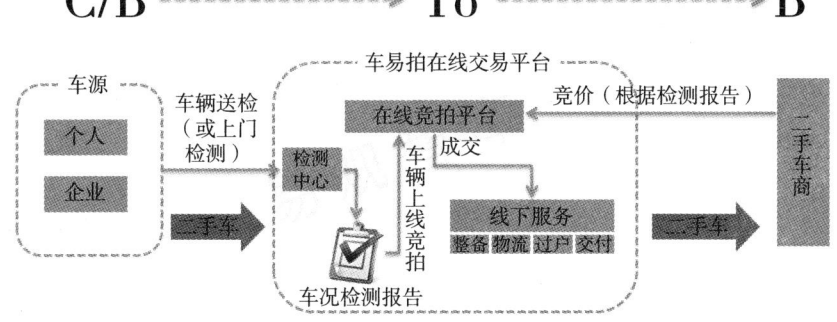

图 20　车易拍 C/B2B 模式

目前,平台的车源以企业(经销商和整车厂商)为主,同时也在各个城市的居民集中区域积极布局社区店,拓展个人车源。

针对车辆检测,平台提供驻点和上门检测两种方式,保证车主能够方便快捷地获得检测服务;待售车辆通过检测之后,平台出具权威的车况检测报告,同时该车源上线发拍。

全国各地的二手车商在缴纳一定的保证金后,可以开通账户并通过在线竞拍平台远程参与竞价,针对某一车源进行出价;车商无须实地看车,只需要参考检测报告作为交易的依据,如果车辆出现问题,车易拍承诺赔付。

车易拍分布在全国各地的门店为交易双方提供一站式的线下服务,包括车辆整备、物流、过户等,车商完成竞拍并支付车款之后,其他工作均由车易拍代为处理。

车商主要包括中小二手车经销商和二手车零售连锁企业。

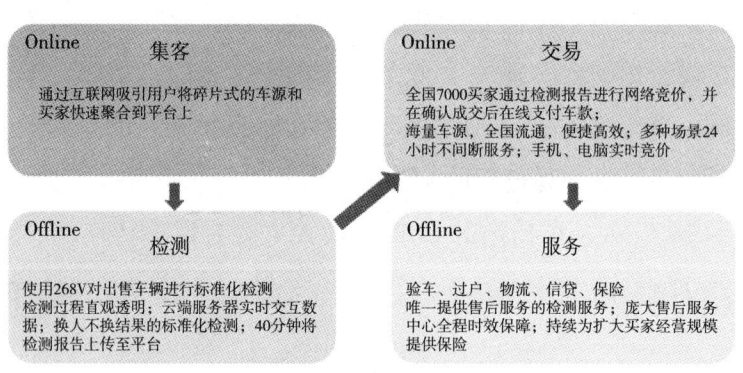

图21 车易拍二手车O2O模式

车易拍是典型的二手车O2O模式:在线上,通过互联网吸引用户将碎片式的车源和买家快速聚合到平台上,买家基于检测报告进行网络竞价,确认成交后在线支付车款;在线下,通过广泛覆盖的服务网络,为车主提供驻点或上门检测,为车商提供验车、过户、物流、信贷、保险等服务。

（2）268V行认证——标准化车况检测系统

图22　车易拍268V车况检测系统模式解析

268V车况检测系统于2009年投入使用，自有国家专利，与国际领先水平同步，具有事故等级判定、综合车况鉴定和价格评估三大核心功能及辅助业务管理功能。自升级、自优化的检测系统是以中央数据库为核心、以联网电脑为数据传输纽带、以感应性设备为车况数据采集工具的全智能无障碍的检测管理体系，彻底颠覆了传统"人眼+经验"的二手车鉴定评估模式。

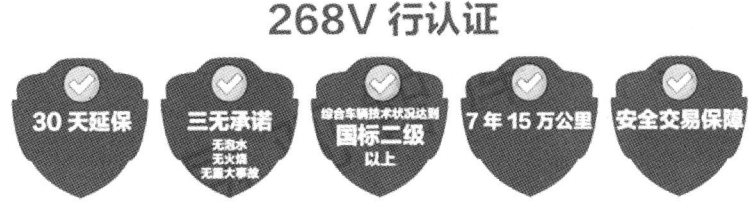

图23　车易拍268V行认证产品特点

268V对检测结果提供责任赔付承诺，为认证车辆提供30天免费质保以及交易安全保障。

(3) 二手车电子商务解决方案

除了运营二手车在线交易平台之外，车易拍也致力于为汽车行业内的相关企业提供电商化的解决方案。如图24所示，云易是车易拍为汽车经销商专门定制的二手车电商全套解决方案。云易可以为厂商、经销商集团、4S店等提供集二手车交易管理、库存管理、检测服务、咨询管理、培训于一体的电子商务综合服务解决方案。

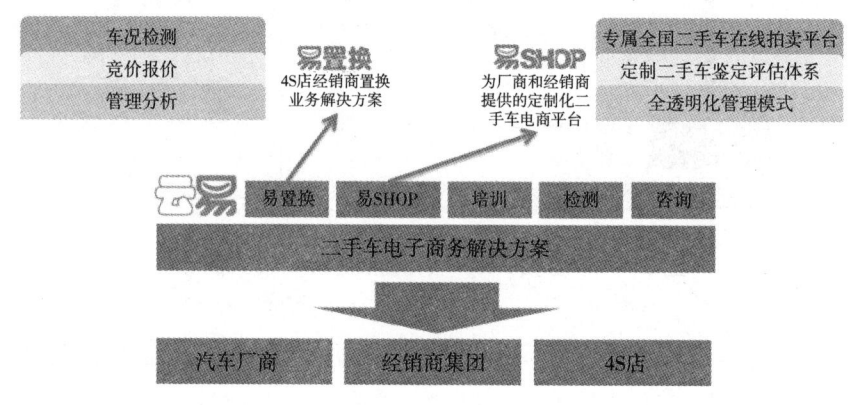

图24 车易拍二手车电子商务解决方案

(4) 收入来源

目前，车易拍的收入来源是对平台上的二手车商收取一定比例的交易佣金（每笔交易收取车款的3%作为服务费用）以及检测费和服务费，未来有可能基于为交易双方以及第三方提供更多的增值服务挖掘更多元化的收入来源，比如，金融、数据、售后等。

3. 企业运营分析

目前，车易拍的在线交易平台覆盖全国各地的二手车商达到10000家，共有800多名经验丰富的检测员为二手车主提供专业的上门检测服务。

到目前为止，在车易拍平台上成交的二手车数量累计超过50万辆，是国内交易量最大的二手车电商平台。2014年，车易拍平台上成交的二手车共计 30 万辆,交易金额 150 亿元,占国内二手车电商市场的比例分别为 48.9% 和 45.1%,处于领先地位。

2014 年"双十一",车易拍在北京、上海、南京、苏州、成都、杭州、天津、保定、枣庄、临沂等 12 个城市的交易市场同步展开了活动,当天二手车总成交量达到 3087 辆,总成交金额近 1 亿元。

4. SWOT 分析

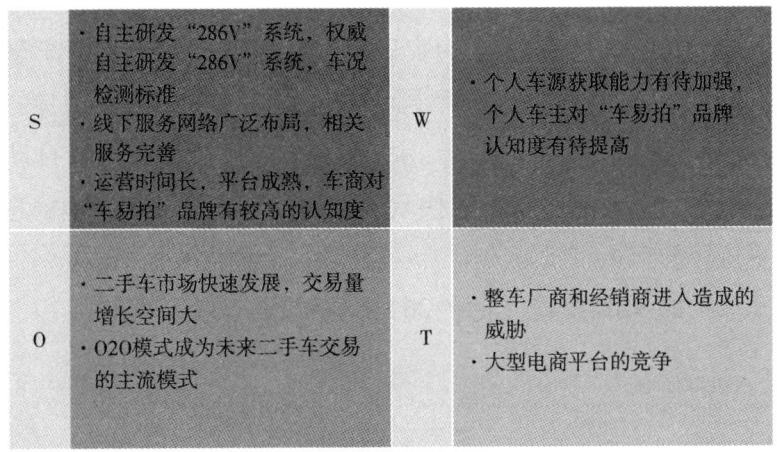

图 25　车易拍 SWOT 分析

(二)车享拍

1. 公司简介

车享拍是上汽集团旗下的 B2B 二手车交易平台,主要围绕二手车产业链,聚焦"检测评估、竞价拍卖"两大核心环节,为用户提供二手车竞价拍卖解决方案。车享拍依托上汽集团旗下各大品牌及数千家经销商,以上汽集团专业的二手车检测体系 AICS 为基础,为所有车主、4S 店及二手车经销商提供车况评估、竞价拍卖、验车付款、办证过户等二手车交易相关的一站式服务。

车享拍还将依托上汽集团完整成熟的汽车产业链优势,为用户提供安全支付、专业售后、跨区域物流、汽车金融等一系列增值服务。目前线下服务网络已经覆盖上海、北京、成都、南京、杭州、天津等6个城市。商户已经覆盖29个城市，数量超过6000家。

2. 商业模式分析

（1）B2B平台模式和特点

车享拍平台现阶段的主要模式为B2B二手车电商平台，主打"检测评估、竞价拍卖"两个核心环节，以上汽集团旗下4000多家4S店形成的二手车业务体系为突破口。从商业模式来看，车享拍与其他B2B二手车电商平台的不同点在于，车享拍隶属于上汽集团，平台直接对接主机厂业务系统，4S店的个人置换车源可以自动对接到车享拍平台，并与主机厂置换政策挂钩，车享拍已售旧车信息直接对接主机厂的置换审批。

车享拍的B2B模式（见图26）主要特点有以下几点。

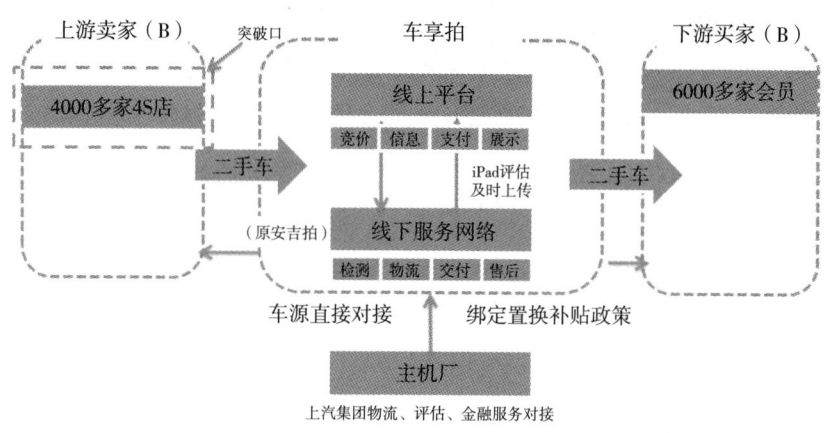

图26 车享拍商业模式

二手车车源：车享拍平台可直接对接主机厂业务系统。一方面，平台将获得更广泛的车源、更完善的车辆详细信息；另一方面，与主机厂的以旧换新置换优惠政策挂钩。而其他B2B二手车电商平台只能和单家4S店谈合作，不能直接和主机厂紧密协作。

评估服务：车享拍的检测评估系统内嵌于Pad上；线下评估师在进行车辆检测时直接使用iPad进行评估，现场录入车辆信息和车况，在线传回公司服务器，及时生成评估报告。全程电子录入和标准化的评估报告生成减少了在评估过程中出现的人为错误。此外，在评估师的培训方面，与其他二手车平台主要依靠传统的师徒制不同，车享拍有相对规范的培训知识库和培训体系，能在短时间内培训出合格的评估师学员。

在线支付：车享拍平台可以实现押金、车款的在线支付。依托于上汽集团旗下具有第三方支付牌照的公司，在车享拍平台交易的过程中，二手车经销商大额的车款支付可以实现一对一的线上支付。

线下服务网络：与其他B2B二手车平台"先布局线上再布局线下"的模式相反，车享拍平台为"先布局线下再布局线上"。上汽集团旗下的安吉拍卖业务已经相当成熟，有很强的线下门店积累，在多个城市均布局了线下的服务中心。目前，安吉拍卖整合到车享拍平台，作为车享拍平台线下服务网络。

售后服务：车享拍平台实现对二手车交易全流程进度跟踪，在交易发生纠纷时，还配有专业的违约仲裁团队进行仲裁，如果仲裁结果为检测评估有问题，则平台承担责任，全额退款，保障买家、卖家利益。

（2）车享拍二手车生态圈

车享拍二手车平台的核心竞争力为上汽集团成熟的汽车全产业链背景。车享拍二手车平台直接隶属于上汽集团，在未来打通二手车交易全产业链的过程中有着强大的优势。

车型信息方面，车享拍可以整合上汽集团所有主机厂的车型信息，以及4S店和2S店的汽车维修保养信息，未来在二手车交易环节中可以生成全面的二手车使用信息报告。而其他的二手车

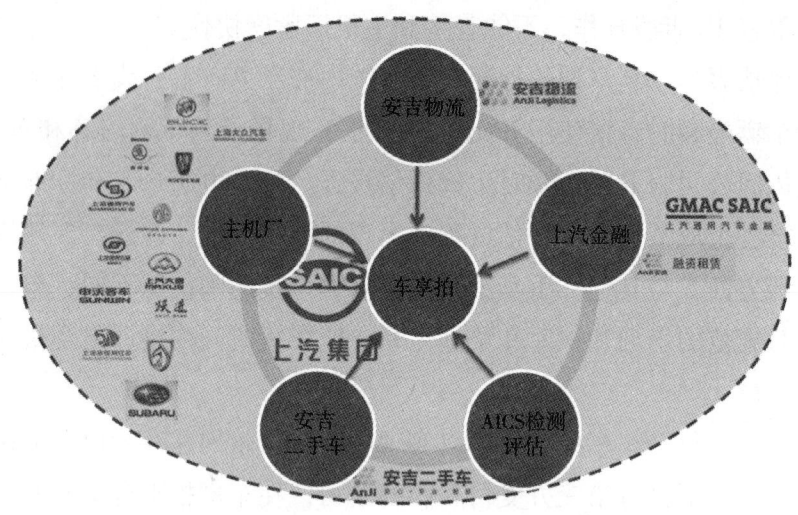

图 27　车享拍平台实现全产业链优势

平台因为没有直接对接主机厂和自有 4S/2S 店，无法获取全面的车型信息。

跨地区流通物流服务方面，车享拍未来将对接上汽集团旗下专业的汽车物流安吉物流，相比于其他的二手车平台使用第三方物流或者自建物流薄弱的情况，车享拍在物流服务方面相对更专业，规模效应也能为经销商提供更低的物流价格。

评估标准方面，车享拍对接的车辆的检测评估是 AICS 检测评估系统，全称为"安吉机动车 254 项检测评估系统"，是上汽集团安吉二手车自主研发的全系机动车检测评估系统，整合了上汽集团各主机厂的评估标准、结合了行业特点，具备一定的权威性。该评估系统有 254 项精细检测，包括 ECU 故障代码诊断分析、全国违章查询、VIN 代码识别、瑕疵标注描述和漆面厚度检测等。内嵌于 Pad，评估报告即时生成。

金融服务方面，车享拍还将依托上汽集团的汽车金融、融资租赁等服务以及其他第三方的金融机构为中小型经销商提供金融贷款服务。

如图28所示，车享拍二手车电商平台目前主推的模式是B2B模式，随着平台的不断完善和发展，未来几年将依托上汽的优势并根据二手车市场发展情况，逐步推出C2B、B2C、C2C等模式，并逐步完善迭代检测、物流、金融、售后等服务，实现二手车交易的全产业链。

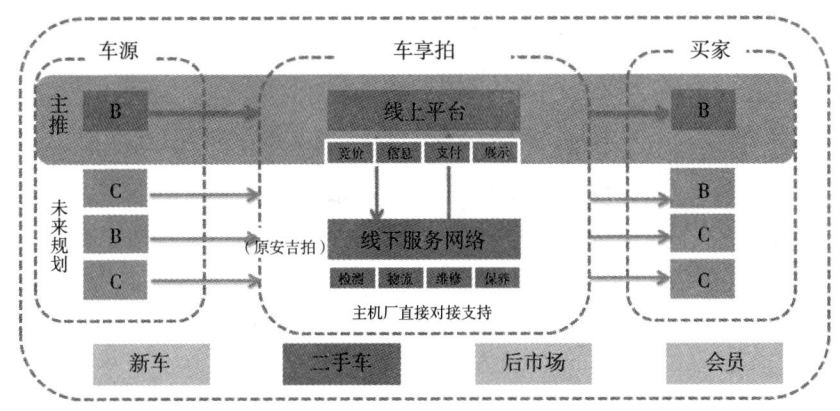

图28　车享拍二手车生态圈

（3）收入来源

车享拍的收入来源是对平台上的二手车商收取一定比例的交易佣金，未来有可能基于为交易双方以及第三方提供更多的增值服务，挖掘更多元化的收入来源，比如，金融、数据、售后等。

3. 企业运营分析

车享拍平台于2014年10月28日上线，目前覆盖全国4000多家4S店，4S店有专业评估员驻店提供二手车竞价服务；此外还覆盖全国上汽集团下的2S店，有评估师驻扎或覆盖。车享拍目前商户会员已经超过6000家，覆盖全国29个省市。

截至2014年底，车享拍已建立了上海、北京、成都、南京、杭州、天津等六个城市的车享拍线下服务中心。2015年将布局广州、重庆、苏州、郑州、济南、西安等城市的线下网络。

4. SWOT 分析

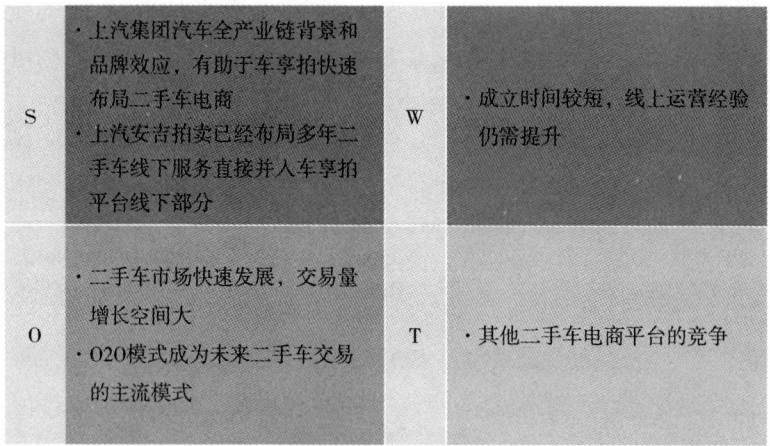

图 29　车享拍 SWOT 分析

（三）赶集好车

1. 公司简介

"赶集好车"为赶集网旗下自营的二手车 O2O 孵化项目，投入资金 1 亿美元。赶集好车于 2014 年 12 月开始成为赶集网 C2C 二手车交易平台，赶集好车主要作为个人 C 端用户线上交易平台，并为用户提供检测、质保等服务。

2. 商业模式分析

赶集好车构建的商业模式为二手车 C2C 在线交易模式，去掉二手车交易链中间环节，仅作为 C 端买卖方的交易平台，整体产品模式与国外公司 Beepi 类似。

赶集好车目前主要是 C2C 二手车交易平台，为同城 C 端用户提供不赚取差价的 C2C 交易，未来将会逐步拓展跨区域交易。

作为 C2C 二手车交易平台，赶集好车为 C 端卖家提供上门车辆检测服务。目前，赶集好车的检测评估标准有 259 项，高于国标的

图 30　赶集好车二手车 C2C 在线交易模式

114 项；检测环节将对车辆的外观内饰、底盘及所有静态物件并包括动态试驾进行检测，检测时间为 1~2 小时。车辆检测由赶集好车的专业评估师团队上门完成。

作为 C2C 二手车交易平台，赶集好车为 C 端买家提供 14 天无理由退车服务和一年 2 万公里质保，并有赶集好车交易员全程陪同置办过户、上牌、保险等手续，将线上交易协同到线下。

车源方面，赶集好车只针对 6 年和 10 万公里以内的个人二手车提供服务，在后台端严格监测车辆是否为个人车源。

目前，赶集好车主要盈利模式是作为 C2C 交易平台，收取 3% 的服务佣金。此外，赶集好车已经在北京地区试点上门洗车等汽车后市场服务，随着赶集好车交易平台用户的增加，未来线下上门检测、后市场维修保养服务，将成为赶集好车新的赢利点。

赶集网作为国内领先的同城信息平台，具备一定的流量优势，随着赶集好车流量的提升，汽车广告可能也将成为赶集好车的赢利点。

交付方面，赶集好车平台帮助 C 端用户实现 O2O 协同；线上部分，赶集好车出具检测报告，用户实现交易；线下部分，赶集好车提供上门检测，并且目前为同城交易，不采用寄存模式，而是 C 端用户线下直接成交。

3. 企业运营分析

赶集网将为赶集好车二手车O2O项目投资1亿美元。有关资料显示，赶集好车C2C二手车交易平台从2014年10月开始筹备执行，目前主要在北京地区试点。因为个人用户资源、同城属性和流量优势，在赶集好车项目推出前，赶集网二手车交易就非常活跃，为赶集好车项目的快速发展提供了先期基础。

截至2014年12月底，赶集好车在北京试点上线；2016年将拓展广州、重庆等二手车交易领先地区。

目前，国内的人人车、好车无忧等二手车C2C创业型公司均受到资本的追捧，2014年，人人车和好车无忧都获得了两轮融资。

4. SWOT 分析

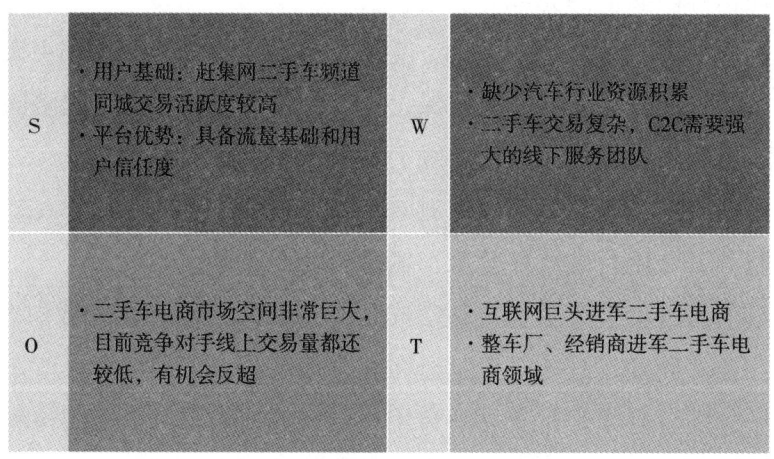

图31　赶集好车SWOT分析

（四）第一车网

1. 公司简介

第一车网（www.iautos.cn）成立于2004年，隶属于北京爱车科技有限公司；主要为用户提供二手车信息发布、在线搜索、选购指南、评估等服务。目前,第一车网已经发展成覆盖全国的二手车信息网站和稳定的汽车数据供应商。

2. 商业模式分析

第一车网主要是二手车的信息服务提供商,具备较强的整合能力,核心能力为平台内容和智能数据处理能力。

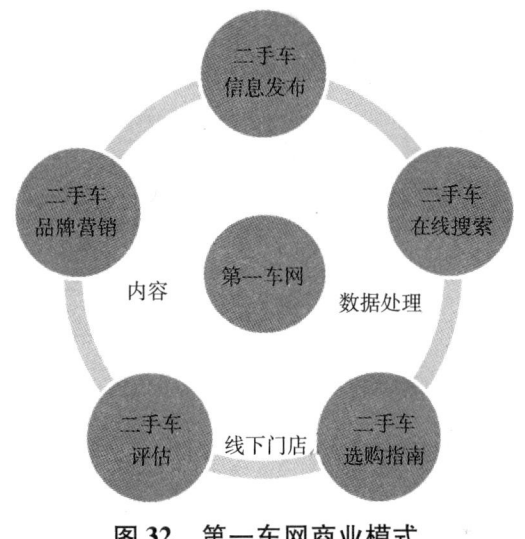

图32 第一车网商业模式

第一车网主要的产品有以下几种。

一是二手车价格评估,包括在线评估和预约评估两种方式,第一车网每季度出版一本最新的《二手车交易价值指南》。

二是车型秘档,为专业的车型数据库,覆盖131多个国产厂家的728个品牌,92个进口厂家的1259个品牌,国产轿车车型超过35000款,进口轿车车型超过72000款。

三是爱车问问,为二手车领域的咨询和交流互动平台。

四是厂商品牌二手车专区,包括一汽大众认证、奥迪品荐、广汽丰田心悦、捷豹认证、路虎认证、雷克萨斯认证和保时捷认可易手车等入驻。

五是爱搜车，第一车网关于二手车的垂直搜索引擎。

3. 企业运营分析

第一车网目前有 30 个大中城市派驻信息员，有 9000 家使用平台的二手车经销商，1 万辆评估的二手车和每天 200 万次的浏览人次。

4. SWOT 分析

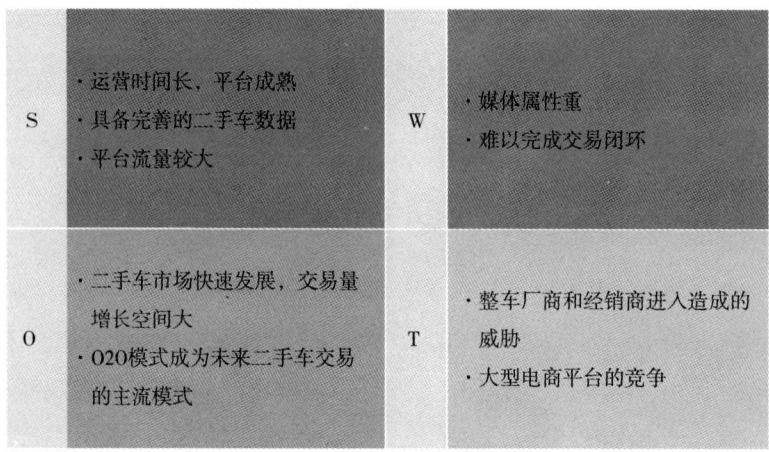

图 33　第一车网 SWOT 分析

八　2014年中国二手车电子商务领域热点事件

（一）投融资事件

1. 二手车电商投融资项目规模分布

2014 年中国掀起了汽车电商行业投融资的热潮，根据我们的统计，公开可查的关于二手车电商的投融资超过 10 起，并且有近五成的投融资超过 1000 万美元（见图 34）。

2. 二手车电商投融资项目模式分布

从二手车电商投融资的模式分布来看，2014 年，二手车电商领

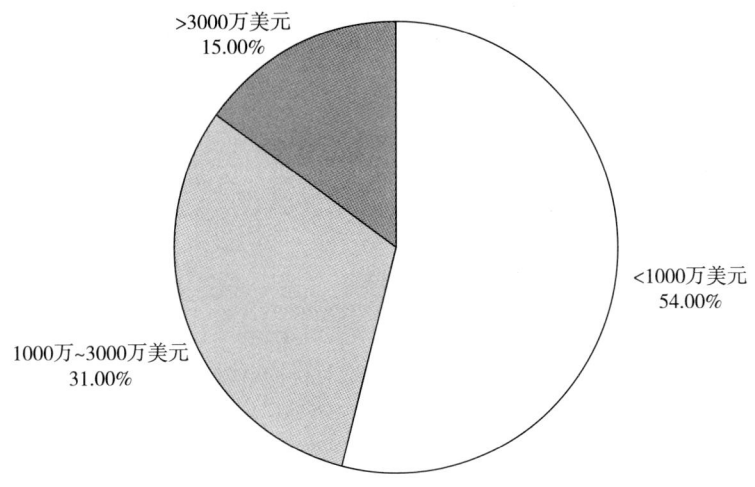

图34　2014年全国二手车电商投融资规模分布

域获得融资的公司有四成为ToB交易服务型；四成为ToC交易服务型；还有两成为其他周边二手车电商服务。ToB交易服务型中优信拍和车易拍2014年都获得了高额融资；ToC交易服务型中人人车和好车无忧均在2014年获得了两轮融资。

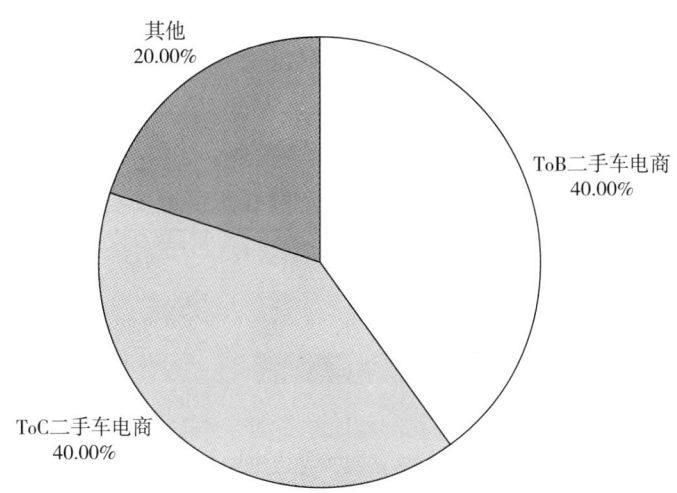

图35　2014年全国二手车电商投融资项目模式分布

3. 二手车电商投融资项目地区分布

从 2014 年获得投融资的二手车电商公司所在地区来看,几乎所有的公司都来自北京,仅有一家"车置宝"来自江苏。原因包括多方面:①北京在 2010 年底开始限购政策,二手车市场需求较大;②北京互联网创业气氛浓厚,更能吸引资本关注。

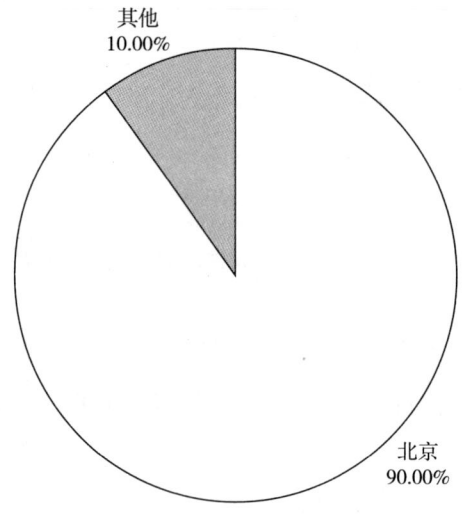

图 36　2014 年全国二手车电商投融资项目地区分布

4. 2014年二手车电商投融资情况一览

表 2　2014 年二手车电商投融资情况一览

时间	公司	轮次	融资金额	投资者
2014 年 1 月	优车诚品	A 轮	数千万美元	IDG 资本
2014 年 1 月	车 101/铂思互动	A 轮	数百万美元	光速安振/光速创投
2014 年 2 月	车易拍	C 轮	5000 万美元	红杉资本中国、经纬中国、晨兴创投 MorningSide、中信产业基金
2014 年 4 月	看车网	种子天使轮	数百万元	未知

续表

时间	公司	轮次	融资金额	投资者
2014年4月	第一车贷	收购	500万元（80%股权）	中国信贷
2014年5月	看车网	A轮	数百万美元	未知
2014年6月	好车无忧	种子天使轮	数百万元	梅花天使创投/吴世春
2014年7月	人人车	A轮	500万美元	红点投资 Redpoint Ventures
2014年9月	优信拍	B轮	2.6亿美元	华平投资/Warburg Pincus、老虎亚洲基金
2014年9月	车置宝	A轮	1500万美元	戈壁投资/戈壁合伙人
2014年9月	车立拍	A轮	未知	未知
2014年12月	人人车	B轮	2000万美元	策源创投、顺为资本
2014年12月	好车无忧	A轮	2000万美元	经纬中国、源码资本、成为基金、明势资本

（二）企业事件

1. 车易拍与公平价战略合作

2014年3月12日，二手车在线交易平台车易拍与独立第三方二手车估值平台公平价签署战略合作协议。该合作中，车易拍将向公平价开放自有的真实交易价格数据库，把最基础的底层数据提供出来，综合公平价在二手车领域的搜索技术优势，为消费者提供可信任的车况检测和车价数据服务。

事件点评：相比欧美成熟市场，车况信息和车价信息的不透明是国内二手车市场的两大主要痛点。车易拍和公平价的合作，主要是为了解决车况和车价不对称的问题。车易拍采用C2B的模式为车主和二手车商家搭建在线交易平台，通过线上竞拍的方式撮合交易，从中收取交易佣金。车况检测方面，公司268V标准化检测能够为每一辆二手车出具权威的检测报告，从而解决了车况信息不透明的问题。公

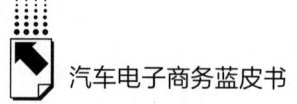

平价专注于二手车市场的第三方数据服务公司,模式类似美国 KBB,利用网上抓取和分析模型来构建二手车估价体系。权威的车价数据服务是二手车市场健康发展的重要一环,是解决车价信息不透明这一痛点的有效方法。

2. 易车公司、庞大集团、优信拍成立合资公司

2014 年 4 月 19 日,易车公司与庞大集团、优信拍在北京签署三方合作协议,共同注资 1 亿元成立"庞大智信认证二手车合资公司"。三家公司合作,目标是想成为中国最大的专业二手车交易服务提供商,面向全国乃至周边国家进行二手车业务连锁经营。该合资公司在北京的首家二手车自助交易服务旗舰店地址位于北京市朝阳区五方桥西庞大汽贸园内,于 2014 年 6 月起开始全面对外提供服务。

事件点评:易车公司以汽车网站起家,线上优势明显,但线下运营并无太多经验,而二手车行业的互联网化需要 O2O 模式才能实现真正的交易闭环,所以,易车选择与庞大集团和优信拍合作也是基于优势互补的考虑。庞大集团作为传统的汽车贸易企业,拥有遍布全国的实体网点,与之合作恰恰能弥补易车在线下的短板。而优信拍在线上竞拍平台和车况检测方面具备领先优势。易车公司、庞大集团和优信拍的合作属于优势互补、强强联合。

3. 上汽集团车享拍平台成立

2014 年 10 月 28 日,上海汽车集团股份有限公司旗下电商车享网上线了二手车交易平台"车享拍",其采取 B2B 的经营模式,服务对象是 4S 店和二手车商。车享拍上线即在上海、北京、天津、杭州、南京、成都等六大城市设立车享拍服务网点,原安吉拍卖会员迁至车享拍,上线即可直接承接各区域二手车竞拍业务运营,车享拍二手车品牌不局限于上汽集团旗下品牌,而是覆盖全品牌。

事件点评:车享拍从实体汽车领域进入二手车互联网领域具有以下三大优势:一是完善的线下布局,上线即在全国六大城市设立二手

车竞价服务网点;二是强大的集团背景,上汽集团旗下各大主机厂为车享拍在全国各个城市的落地起步提供了较大助力;三是后来者居上的优势,很多互联网企业进入该行业多年,给车享拍带来更多的经验,让他们能够在线上环节少走弯路,取长补短,做得更好,且能与线下形成快速融合。

4. 赶集网投资1亿美元孵化二手车C2C项目

2014年12月2日,赶集网启动"赶集好车"O2O项目,未来一年赶集网将在赶集网二手车和汽车后市场领域投入1亿美元。"赶集好车"项目模式为C2C模式,将二手车交易流程中介化。由用户提交出售需求,平台派出专业评估师上门检验车况,给出指导价格,最终由用户自行联系看车,平台全程陪同并协助办理手续和保险。为打消个人交易的信任门槛,"赶集好车"提供14天无理由退车和一年2万公里质保,充当信任平衡器的角色。"赶集好车"仅从中收取3%的服务费。

事件点评:赶集网以生活分类信息门户起家,具备一定的C2C基因。赶集网模仿国外二手车C2C典型企业Beepi,开始尝试做二手车C2C交易平台。赶集网切入二手车领域,选择了自己的C端优势,去中介化、扁平化,减少流通的中心环节,并采用非寄售模式,推行上门服务,减少了覆盖线下门店的成本。

5. 淘宝二手车交易平台成立

2014年12月8日,淘宝二手汽车交易平台正式上线,用户可通过淘宝平台实现二手车寄卖及选购。在"双十二"期间,全国除西藏外,二手车商可给消费者提供免费上门验车及估价服务。截至目前,淘宝汽车二手车服务已与包括车猫、车易拍、大搜车、车王、第一车网等在内信誉优质的知名车商达成合作。淘宝二手汽车平台已完成"线上收车-线下检测-在线售车"的全流程打通。除二手车交易免费验车评估外,淘宝"双十二"期间还限量推出包含36项专业检测内容的免费汽车体检服务，覆盖包括上海、杭州、北京、广州等在内的 20 个城市，超过 1000 个网点。用户预约体检后，可在线购买车品，并打包购买安装服务，爱车养护一站完成。

事件点评：淘宝为国内流量最大的网上零售平台，成立二手车交易平台对用户培育有较大的影响。淘宝擅长 C 端用户需求的挖掘，与二手车交易服务商合作，可以形成充分的互补。未来淘宝的大数据应用，可以帮助商家更好地做好客户服务，如通过用户在淘宝上的配件购买，推测用户的当前用车及当前车辆的使用情况，结合淘宝对用户的特性分析，指引车商提供给用户更精准的购车指导。

6. 平安好车推出"平安车商贷"

2014 年 7 月，平安好车宣布三年投入 50 亿元，推出"平安车商贷"的融资产品，目的在于帮助平安好车平台经销商解决融资问题、把二手车融资市场做大。"车商贷"融资最高额度为 300 万元，月息为 1.8%，贷款期限为 30 天；也对更大型的车商提供最高达月收 60% 的贷款规模。此外，还提供免抵押、免担保的信用额度形式。

事件点评："车商贷"具有高额度、低门槛、方便灵活、品牌强、渠道稳定等优势。这一形式解决了传统的向银行申请贷款的弊病——二手车合格证的缺乏以及信用体系的不完善，直接通过"车商贷"便可获得资金支持。加上平安集团的庞大的金融体系支撑，不仅仅融资方便，更能为广大车商提供一个渠道稳定、风险又有保障的融资解决方案。

7. 车易拍"双十一"二手车成交超3000辆

2014 年，二手车电商加入"双十一"，使"双十一"促销品类从新车扩展到二手车，卖家从个人消费者扩大到中小车商。2014 年"双十一"车易拍主要在北京、上海、南京、苏州、成都、杭州、天津、保定、枣庄、临沂等 12 个城市的交易市场同步展开了活动，"双十一"当天二手车总成交量达到 3087 辆，总成交金额近 1 亿元。

事件点评：与新车电商仅公布订单量和订购金额不同，车易拍公布的数据为实际的成交量和成交金额。相比之下，二手车电商促销具备更强的电商属性。

（三）行业事件

1."行"认证全国范围内推行

国家质检总局、国家标准委发布的《二手车鉴定评估技术规范》（简称《规范》）于2014年6月1日起正式实施，该《规范》为我国二手车车辆评估首个国家标准，中国汽车流通协会针对该《规范》启动二手车认证品牌"行"，"行"认证由第三方鉴定评估机构在全国范围内实施。首批参与"行"认证二手车品牌联盟的试点单位有：北京268V二手车鉴定评估有限责任公司（隶属于车易拍）、北京旧机动车交易市场有限公司、搜狐二手车网、273二手车交易网、广东中车检汽车服务咨询服务有限公司、北京华奥汽车服务有限公司服务、海南惠通嘉华集团、广汇汽车服务股份公司、联拓集团等9个单位。

事件点评："行"认证符合我国首个二手车车辆评估国家标准。具有"行"认证标识的二手车拒绝泡水、火烧以及重大碰撞修复事故。如果消费者发现鉴定评估报告与实际车辆技术状况不符，"行"认证二手车联盟将承担最高10倍的鉴定评估费用赔偿。这对二手车市场的规范化和系统化有着较大影响。

2. 非营运轿车6年内免检，推动二手车鉴定认证

2014年5月，根据公安部、国家质监总局《关于加强和改进机动车检验工作的意见》，自9月1日起，试行非营运轿车6年内免检，不得指定检验机构，推动机动车异地年检等18项有关汽车年检的新政策正式出台。新政策当中最重要的一点是，自2014年9月1日起购买的新车将可以享受6年"免检"政策。

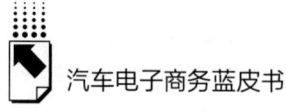

事件点评：有调查数据显示，有一半以上车主在5年内、10万公里内选择置换车，所以，很多进入交易市场的二手车可能还没有经过年检。这就推动了二手车交易过程中的第三方二手车鉴定认证服务的发展。此外，该政策还将从供需方面影响二手车市场。车检改革新政中"6年以内在用私家车（面包车、7座及7座以上车辆除外）将免去上线检验"的规定，可能会影响国内消费者换车频率，从3~5年转向6年换车，一方面将会影响二手车车源数量；另一方面将会影响二手车价格，没有经过年检的二手车价格将会被压低。

九 二手车电子商务发展趋势

目前，二手车电商处于高速发展的风口，资本、创业者、互联网企业和传统厂商都对这一领域显示出了十二分的热情，虽然这个行业的大好前景已经成为大家的共识，但只有对未来趋势的准确判断才能把握真正的发展脉搏，成为最后的赢家。我们认为，二手车电商的发展趋势可以从以下四个方面来理解。

（一）市场空间

2013年全国二手车的交易量为520万辆，交易金额为2916亿元，2014年交易量超过600万辆。我们预计，到2020年全国二手车交易量将会超过2000万辆，交易金额超过1万亿元，这个判断的依据主要包括以下五点。

第一，从国内新车的平均车龄来看（超过6年），国内已经开始进入换车的阶段。

第二，城镇化进程的加速将助推三四线城市居民对二手车的需求。

第三，具备品牌影响力，专业和权威的二手车交易平台的出现为

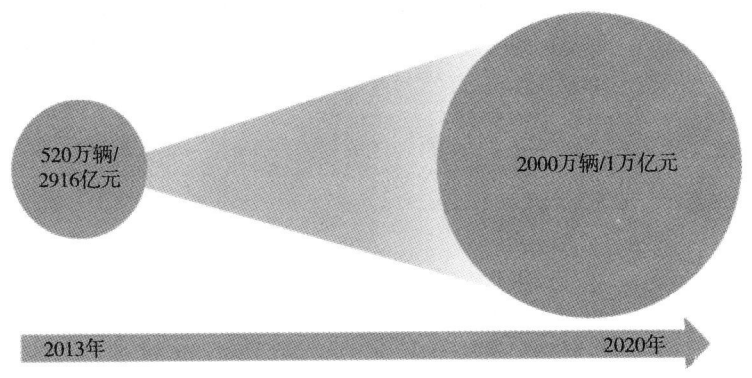

图37 中国二手车市场空间

二手车的流通提供了更加有效和便捷的渠道,从而推动二手车交易的繁荣。

第四,相关二手车规范和标准的完善,使中国的二手车行业逐步走向成熟。

第五,年轻一代特别是90后和00后对汽车的消费习惯将发生改变,他们将更注重拥有汽车之后的生活方式而非汽车本身,因此,这一代人购买二手车的消费习惯将成为主流。

课题组认为,根据上面对交易量的预测,到2020年,领先的二手车交易平台将受益很大,同时通过二手车交易环节撬动的后市场将有更大的商机。

(二)企业竞争力

课题组认为,不可否认二手车的市场空间固然很大,资本的争相进入也使得二手车领域的创业机会大大增加,但是,能够最终胜出的企业必须具备核心竞争优势,那些蜂拥而至但没有真正沉淀过的企业被陆续淘汰只是时间问题。从目前的产业大环境来看,具备如下竞争优势的二手车电商企业未来胜出的机会可能更大。

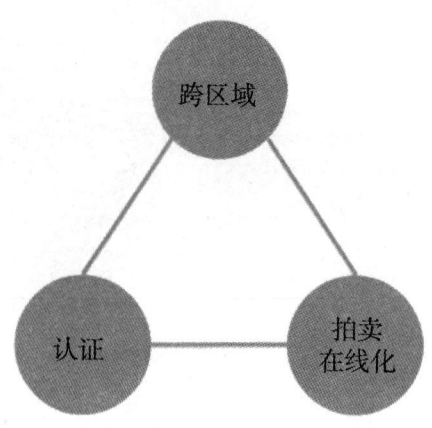

图38 二手车电商企业核心竞争力

1. 二手车认证标准和品牌

2014年6月1日，我国汽车流通业第一部国家标准《二手车鉴定评估技术规范》正式实施，这标志着过去二手车市场的信息不透明、经营不规范、标准缺失的问题将会发生根本的改变。这一标准的贯彻实施，对透明二手车信息、保护消费者权益以及诚信体系建设具有重大意义。

2. 二手车拍卖在线化

从发展趋势看，二手车的拍卖模式因为标准化程度的完善正在经历变化，从以国拍为代表的第一阶段，逐渐向以车易拍为代表的第三阶段发展。第三阶段代表着二手车拍卖流程100%的在线化，仅依靠标准化的检测报告就能保证二手车质量，从而真正实现跨地域快速交易。虽然目前各大城市都在出台二手车限迁政策，在一定程度上阻碍了二手车的跨区域流通，但是从未来发展来看，二手车在全国范围内的快速跨区域流转是必然趋势，因此，作为二手车流通环节中不可或缺的拍卖平台将承担这一重要任务，完成C和B的有效连接。

拍卖是二手车流通过程中必不可少的环节，是将分散车源集中化的有效手段，拍卖型二手车电商平台的发展相比其他类型平台也将较早进入成熟期。

3. 二手车的跨区域流通

从整体二手车电商的发展来看，信息服务型电商不能解决实际交易当中的问题；ToC 交易服务型电商短期内仍将以区域性业务为主；而 ToB 交易服务型电商如果能够完全实现二手车交易的在线化（车商不需要看车，只依靠标准化的检测报告和电商平台的信用就能实现交易），就能够快速地将业务覆盖至全国范围，从而打破原有的物理局限，使二手车供应和需求的匹配完全线上化，同时在线下通过完善的物流体系完成二手车的物理流转。

当前国内的二手车市场，不论是车源还是车商都极为分散，二手车的跨地域流通链条冗长且效率低下，成本居高不下。ToB 型交易平台能使二手车的交易打破空间地域的局限，就能成为车源和车商之间的交易中枢，并辅以完善的检测、交付和物流服务来完成二手车的物理流转。

能够真正实现二手车跨区域高效流通的二手车电商平台将具备核心竞争力，从目前来看 ToB 型平台更有优势。

（三）商业模式

这两年的二手车电商模式层出不穷：以车易拍、优信拍、车享拍、开新等为代表的 B2B 及 C2B 模式，以大搜车、优车诚品、赶集好车为代表的 C2C 模式，以车王和澳康达为代表的 B2C 模式，以及每种模式下的各种细分类型（寄售模式、上门服务模式、平台模式、自营模式等）。对中国的二手车产业来说，不同的模式都有其存在的价值，B2B 和 C2B 模式虽然从短期来看能够更快地扩张和整合市场，但 C2C 模式能够最大限度地缩短二手车流通链条从而实现价值最大化；寄售模式虽然能够为用户提供车辆存放的场所以及选车看车的良好体验，但是上门服务则具有更轻的模式和更快速的扩张性；自营模

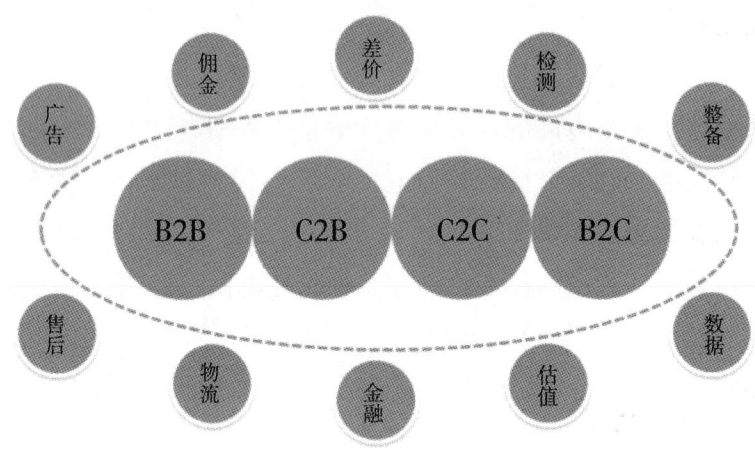

图39 二手车电商商业模式

式虽然能够有效保证车源质量,但平台模式具有更低的投入成本和更小的风险。

课题组认为,虽然从目前来看B2B型平台发展更快,但未来各类二手车电商模式都将共同发展,没有哪一种模式是最优的模式,关键在于利用这一模式服务好交易两端的客户,提高二手车流通的效率,为用户提供全面和专注的交易服务。

现阶段,二手车电商的盈利模式还比较单一,以广告、交易佣金和交易差价为主,课题组认为,未来二手车电商的盈利模式将会比较多样化,真正掌握核心资源和能力的二手车电商平台能够挖掘出更多的商机和赚钱的机会。我们归纳的二手车电商的盈利模式(包括目前存在的和未来会出现的)主要包括以下几类。

广告:二手车信息服务网站能够为品牌认证二手车以及二手车连锁卖场等提供广告服务,比如,易车二手车。

交易差价:通过买卖二手车来获得交易差价的盈利模式。这种方式与车王这类二手车连锁超市类似。

交易佣金:通过经纪业务撮合买卖双方完成交易从而获得一定比

例的交易佣金。

车况检测：提供二手车交易前的车况检测服务，向车主收费。同时也可以输出标准化的检测方案向相关企业收费。

车辆整备：二手车交付买家之前的车辆整备服务，通过为个人或商家提供这样的增值服务来获取收益。

售后维保：为购买二手车的车主提供后续的维修保养服务，以及出售相关的零配件和汽车用品等。

物流服务：为买家（主要为商家）提供跨区域的物流服务，通过自建物流以及与第三方物流合作的方式来提供服务。

金融服务：为二手车流通渠道中的中小商家或者消费者提供贷款、担保等金融服务。

估值服务：建立基于中国二手车市场的估值体系，并对外输出成为标准化的数据服务产品。

用车数据：整合车辆的维修、保养、事故等信息和数据，并形成标准化的产品对外输出。

（四）传统厂商介入

整车厂商和经销商集团虽然过去几年以来都开展了二手车业务，但始终没有实现较高的收入。统计数据显示，2013年中国经销商集团各业务收入中二手车销售占比还不到3%。造成这种现状的原因，首先是经销商集团的主要收入来源仍然以新车销售和售后服务为主，对二手车业务不够重视；其次是国内二手车市场还未达到真正爆发的时点，市场情况也比较混乱。整车厂商也有一些开展品牌认证二手车业务（比如，宝马尊选二手车），但一直处于叫好不叫座的尴尬境地。

2014年以来，整车厂商和经销商集团在二手车电商方面频频发力，4月，庞大集团牵手易车和优信拍成立二手车合资公司；8月，阿里宣称将与广汇汽车合作经营二手车交易平台；10月，上汽旗下

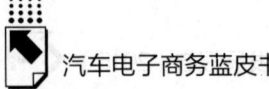

的汽车电商平台车享网推出二手车拍卖平台——车享拍。对于整车厂商和经销商集团来说，随着国内二手车市场进入快速发展阶段，二手车业务将成为它们未来非常重要的收入增长点，同时，二手车销售也将促进和带动新车业务，因此，这两类企业建立电子商务平台恰好能够借助当前的发展机遇推进二手车业务的发展。

课题组认为，2014年，庞大、广汇和上汽进军二手车电商仅仅只是一个开端，整车厂商和经销商集团将在未来几年陆续通过合作或自建的方式搭建二手车电商平台，利用其线下的资源优势进行快速拓展和布局，二手车O2O模式将不再是互联网企业的专属。

B.4
中国汽车后市场电子商务发展报告（2015）

——布局卡位眼花缭乱，资本追捧热情正浓

摘　　要：	本报告梳理了中国汽车后市场电子商务目前的发展阶段，分析了当前汽车后市场电子商务的发展现状，并对汽车后市场电子商务行业中的商业模式进行了分类以及典型厂商分析。此外，本报告还对2014年汽车后市场热点事件进行了整理归纳，并预测了中国汽车后市场电子商务未来的发展趋势。
关键词：	汽车后市场　汽车后市场电子商务　汽车配件用品电商　汽车维修保养服务电商

一　汽车后市场电子商务综述

（一）研究定义

汽车后市场电子商务：卖家和买家通过互联网/移动互联网技术和手段完成汽车后服务的交易流程，提高汽车后服务的流通效率，降低流通成本，实现汽车后服务的在线化、便捷化和扁平化。

汽车后市场电子商务平台：企业搭建的汽车后市场在线信息或交易平台，利用互联网技术并结合线下的服务资源为后市场买卖双方提供交易过程中的部分或所有服务，进而促成交易的完成，并获得相应的收入。

汽车配件用品 B2B 电商：指将汽车配件用品生产商和零售商通过互联网进行产品、服务及信息交换。

汽车配件用品 B2C 电商：指通过互联网技术和手段实现汽车配件用品厂商和消费者之间的交易活动、金融活动和综合服务活动等。

汽车维修保养服务电商：指将线下的维修保养服务与互联网结合，一般基于 LBS（Location Based Service）为消费者提供汽车维修保养服务。

汽车后市场电商企业实力矩阵：描述汽车后市场电子商务产业发展趋势和格局的研究模型。该模型综合了汽车后市场电商的市场实际表现以及厂商的创新能力，从而确定主要厂商的竞争地位，并分析未来各个厂商的演进路线。

本报告主要研究范围为汽车后市场电商，包括汽车配件用品 B2B、B2C 电商以及维修保养服务电商等，不包含汽车金融、汽车租赁以及汽车改装、汽车拆解租赁等。

（二）汽车后市场电子商务的发展阶段

针对汽车后市场电商市场的 AMC 模型，课题组认为其发展可以分为四个阶段，即探索期、市场启动期、高速发展期和应用成熟期。这一模型能够大致描述汽车后市场电子商务市场的发展现状并预测未来的发展趋势。

1. 探索期

处在探索期的汽车后市场电子商务市场，市场认可度还非常低，还未形成较为成熟的商业模式，用户量也相对较少。在这一阶段需要相关企业进一步探索和创新，也需要资本层面进一步扶持。目前，维修保养服务电商、用车类工具 APP、车险电商、汽车社交等均处于探

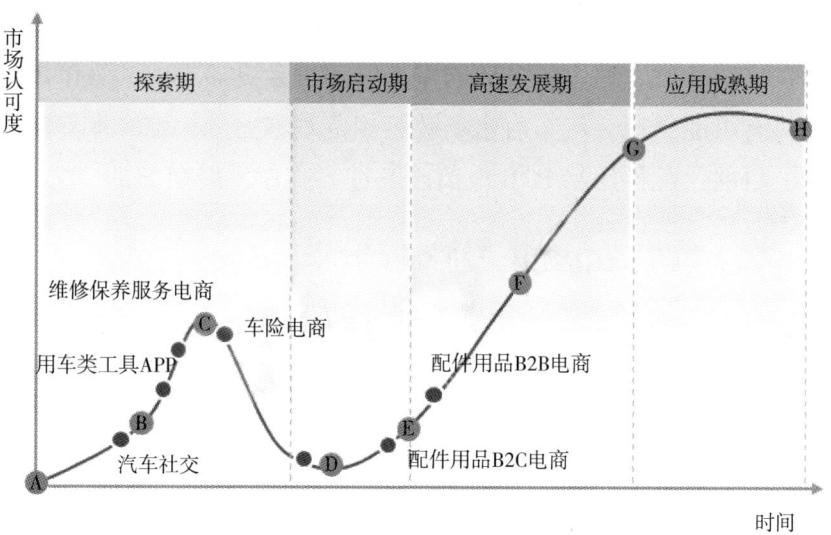

图1　中国汽车后市场电商市场 AMC 模型

索期,其中,维修保养服务电商和用车类工具 APP 在 2014 年正处在众多初创型企业涉足并争相探索新模式的热潮期,资本的追捧开始升温。

2. 市场启动期

资本的追捧会促使越来越多的创业者和相关企业(比如,零部件厂商、大型的经销商集团、其他互联网企业等)进入这一领域,但最终能够脱颖而出的企业必须具备差异化的竞争优势(成熟的货源和完善的线下服务体系以及持续不断的资金支持),其他大部分不具备优势但盲目进入的企业将被逐步淘汰。在这一阶段,将有可能出现 1~2 家最有实力的汽车后市场电商企业实现 IPO。

同时,后市场电商平台的商业模式也将出现多元化的发展,不同于探索期内仅仅通过交易环节的服务来获取收益,这一时期,后市场电商企业会在金融服务、数据服务、技术服务、物流服务等方面建立各自的优势并形成有效的盈利模式。目前,配件用品 B2C 电商正处在市场启动期。

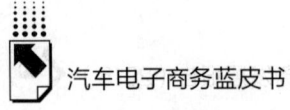

3. 高速发展期

在这一阶段，后市场电商的市场格局也会更加集中，后市场电商巨头将有可能出现。汽车后市场政策规范基本完善，维修保养实现标准化。目前，配件用品 B2B 电商已经进入高速发展期。

（三）汽车后市场电子商务行业大事记

虽然在 2012 年之前国内就出现了不少汽车零配件电商网站，其中的一些目前也成为非常重要的汽车后市场领域的互联网平台，比如，盖世汽车网等，但是这些网站当时成立的初衷只是充当在线信息平台而非交易平台。课题组认为，中国二手车电商的真正发端是在2012 年，这一年"途虎养车网""车易安""养车无忧网"等汽车后市场电商平台的推出标志着我国汽车后市场电子商务化的开始。

2012 年以前

• 1998 年，中国汽车用品网正式成立，2003 年推出汽车用品行业 B2B 功能。

• 2007 年 1 月，盖世汽车网（www.Gasgoo.com）成立，是全球领先的汽车零部件 B2B 平台，有着专业的汽车行业背景和丰富的全球采购经验，为全球汽车行业的采购商和供应商提供包括买卖信息、线下面对面洽谈、行业研究报告等多种服务。

• 2007 年，环球汽配网（www.anhua-auto.com）成立，定位服务于全国汽车配件行业市场，具备汽配采购贸易平台，是能提供最新最快的汽配产品展示、资讯、会展、汽配城等的电子商务服务平台。

• 2008 年 8 月，宽途汽车上线，是国内首个大型汽车后服务网站。

• 2010 年 12 月，酷配网进入运行阶段。酷配网为华南汽配城出资建设的以汽配城入驻商家"网络零售"和"网络分销"、"批发配送"为主的交易型 B2B2C 模式。

• 2011 年 9 月，17 汽配网正式上线。

2012 年

- 途虎养车网上线，是中国第一家以维修保养为特色的汽车后市场 B2C 电商平台。
- 4 月，弼马温养车网上线。
- 5 月，汽车用品行业垂直 B2C 网站平台"2 号车库"正式成立。
- 7 月，车易安正式上线。
- 9 月，2 号车库网升级为车蚂蚁并追加投资 500 万元人民币。
- 10 月，车小弟获得荷多基金等数百万元天使投资。
- 12 月，养车无忧网上线。
- 12 月，上汽公司旗下的 O2O 连锁快修快保门店 A 车站正式成立。
- 12 月，车易安与高德地图、一键集团、车音网、雷腾软件联合车联网 VECAR 项目。

2013 年

- 1 月，途虎养车网宣布完成 A 轮融资，融资金额为数百万美元，投资方为启明创投。
- 1 月，宽途汽车 APP 正式发布。
- 4 月，车蚂蚁平台全新改版上线。
- 5 月，有壹手上线，开创钣喷快修 O2O 模式。
- 7 月，中驰车福成立。
- 10 月，车蚂蚁宣布获得晨兴创投 200 万美元 A 轮融资。
- 11 月，百车宝正式上线。
- 12 月，橙牛违章查询 APP 上线。
- 12 月，车易安被推荐为国家工信部电子商务集成创新试点工程平台企业，并列入国家 863 计划。

2014 年

- 1 月，具有阿里背景的淘气档口正式成立。打造"零库存"

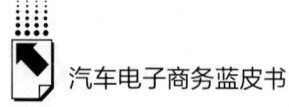

"零资金""零等待"的全新汽配采购体系。

- 4月,中国保险行业协会、中国汽车维修协会在京联合发布国内常见车型零整比系数研究成果,首次披露了18种常见车型的"整车配件零整比"和"50项易损配件零整比"两个重要系数,此后对各大厂商进行零配件反垄断调查。
- 6月,长城汽车旗下的汽车金融公司正式获批。
- 7月,物产中大元通集团打造的O2O电子商务平台"车家佳"上线,包括新车、后服务、二手车、用品、金融、车圈和积分商城7大板块。
- 8月,西国贸汽配基地与京东集团达成战略合作,开启汽车后市场与互联网公司合作的先例。
- 8月,上海市政府提出推动自贸试验区内"平行进口汽车"政策试点。
- 9月,轮库汽车与IBM达成战略合作协议。
- 9月,十部委联合发布汽车维修业指导意见,明确规定了汽车生产企业必须公开技术资料信息和配件销售渠道。
- 10月,上门汽车服务"e保养"完成A轮500万美元融资。
- 10月9日,国内A股上市公司隆基机械公告表示将向车易安增资1831万元。
- 10月,上汽集团下快修快保连锁门店"A车站"正式上线,是第一家由整车企业推出的售后服务连锁企业。同年,上汽集团宣布追加投资。
- 11月,淘宝联手北京、上海等200余城市线下超过3万汽修服务网点,进入"汽车后服务"市场。淘宝汽车频道正式上线。
- 12月,由"腾讯、人保、嘉实多"合力打造的"i保养"平台于深圳正式发布。好途邦成为首批签约的服务网点。
- 12月,广汇汽车借壳上市,意图将业务范围延伸至汽车后市场。

- 12月,养车点点完成B轮融资3000万美元,成为以洗车切入汽车后市场并最先拿到B轮融资的产品。

2015年

- 2月,汽修服务平台"淘汽云修"项目正式启动。
- 3月,橙牛违章管家完成由如山创投领投,德同资本、盈动资本以及投资人李治国跟投的3000万元人民币A轮融资。
- 3月,e洗车完成平安创投2000万美元A轮融资。

二 汽车配件用品电商发展现状

(一)B2B电商

1. 汽车配件用品B2B电商模式

汽车配件用品B2B电商属于批发渠道,目前这类平台是汽车后市场电商中发展最早、相对发展比较成熟的部分。平台上供应商主要来自汽车零部件厂商、经销商。

汽车配件用品B2B电商代表企业有:淘汽档口、中驰车福汽配商城、酷配网、诸葛修车网以及综合类B2B电商阿里巴巴、慧聪网等汽车配件频道。

我国汽车原装配件长期被4S店所垄断,一般的维修保养店主要从AM(After Market,汽车售后)市场渠道获取汽车配件用品。传统的AM渠道流程环节很长,从汽车配件厂商到终端的维修保养店中间有多层经销商层层挤压,到达维修保养店时汽车配件用品的价格较高;这也导致了汽配城、维修保养店汽车配件假冒伪劣事件频出。

汽车配件用品B2B电商从流通环节上缩短了经销商流程,让汽车配件销售更透明，对小B（维修保养店）而言，能用较低的价格买到品牌或同等质量的汽车配件用品。

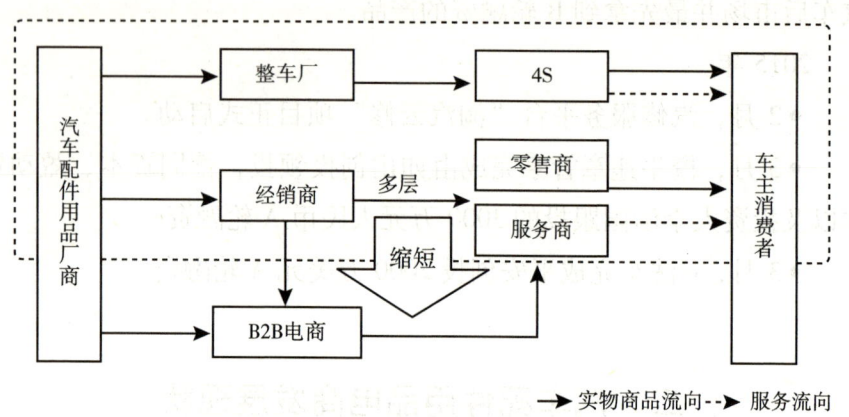

图2 汽车配件用品B2B电商模式

此前，配件用品B2B平台主要以垂直信息发布为主，汽配供应商和采购商在平台上搜索合适的对象洽谈，最后在线下完成交易流程。现在，传统的配件用品B2B平台包括新进入市场的B2B平台均以电商交易平台为主，交易流程在线上完成。

经过行业调研和对厂商访谈的分析，课题组认为，目前汽车配件用品B2B市场正处在转型期，从垂直信息发布到电商交易平台的服务转型，汽车配件用品B2B平台的主要盈利方式将从单一的广告、经销收入向更多增值机会收入延伸。

虽然中国汽车保有量突破1.54亿辆，汽车后市场存在巨大潜在空间。但目前中国车主相比国外发达国家车主而言，大部分对汽车知识掌握匮乏、对汽车文化了解较浅，并且缺少DIY能力。所以，在较长的一段时间内，线下维修保养服务仍然是主流。目前，国内正式注册的汽车美容装饰维修厂家超过30万家，经营汽车美容的厂家近10000家，汽车用品经销商超过10万家。市场极度分散，维修保养

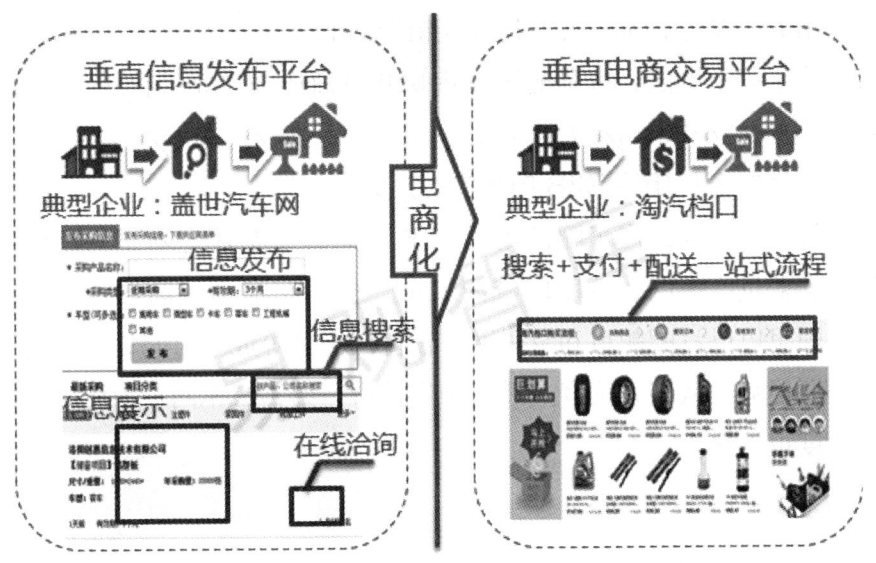

图 3　汽车配件用品 B2B 从信息平台往电商平台转型

店的结构化转型将是汽车配件用品 B2B 电商的机会所在。

此外，汽车配件用品 B2B 电商的转型需要渐进式发展。汽车配件用品 AM 市场原有的渠道经销环节势力庞大，直接缩掉中间全部经销环节，将汽车零配件厂商和维修保养店直接联系起来还存在一些风险和问题，例如，养车无忧的前身"17 汽配网"就是探索汽车配件用品 B2B 电商，但因为困难障碍较多转型为做 B2C 维修保养服务电商。汽车配件用品 B2B 电商会冲撞汽车零配件厂商原有的线下渠道和稳定的价格体系。但从长远来看，未来的汽车配件用品 B2B 的销售渠道会往更扁平化的趋势发展。

汽车配件用品 B2B 电商在发展中需要注意以下五个要点。

第一，要全，要求能解决多种车型配件的需求。

第二，要快，以最快的速度获得配件。

第三，要准，配件与车型的匹配不能出错。

第四，要好，汽车配件不能有假冒伪劣产品。

第五，要省，价格要比传统经销渠道低。

除了以上五点，汽车配件用品B2B电商还需要完善在线上支付、零配件退换货及索赔等方面的服务。

2. 汽车配件用品B2B电商实力矩阵

课题组认为，汽车配件用品B2B电商典型企业为阿里巴巴汽配频道、盖世汽车网、慧聪网汽配频道、中驰车福汽配商城、酷配网等。阿里巴巴汽配频道和慧聪网、盖世汽车网等成立时间比较长，具备资源优势。从创新维度上看，淘汽档口、诸葛修车网较为优先，发展速度也较快。

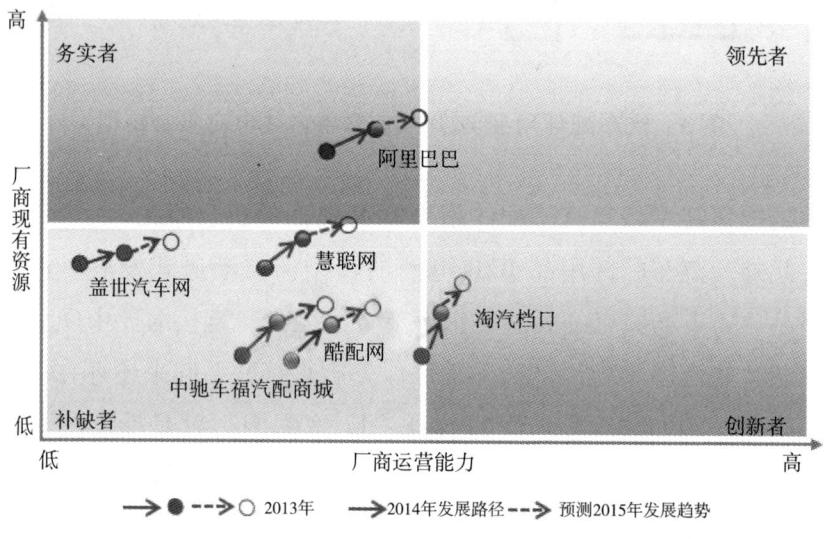

图4 2014年中国汽车配件用品B2B电商实力矩阵

（1）纵轴定量维度

厂商执行与运营能力的综合表现，包括市场现状、平台用户基础和其运营能力等。针对汽配用品B2B电商来说，主要以当年的配件用品交易、交易金额、服务的配件用品厂商和经销商数量作为主要指标。

(2)横轴定性维度

厂商业务创新能力的综合表现是厂商的业务独特性,具体可以体现在厂商的技术创新、商业模式创新、运营创新、产品开发、内容代理等。针对汽配用品B2B电商来说,主要基于跨区域的扩张能力和O2O模式的创新能力以及商业模式的创新来进行综合评估。

3. 汽车配件用品B2B电商市场AMC模型

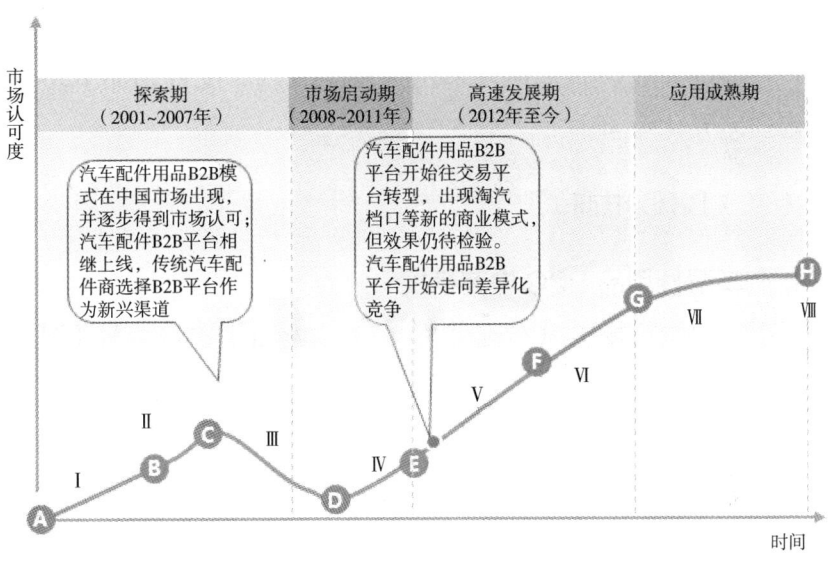

图5 中国汽车配件用品B2B电商市场AMC模型

针对汽车配件用品B2B电商市场的AMC模型,课题组认为其发展可以分为四个阶段,即探索期、市场启动期、高速发展期和应用成熟期。这一模型能够大致描述汽车配件用品B2B电商的发展现状。

(1)探索期(2001~2007年)

在这一阶段,汽车配件用品行业开始进入B2B电商化时代,众多B2B综合类平台大力建设汽车配件频道,也有众多汽车配件B2B

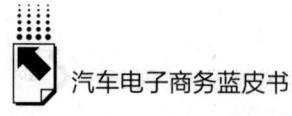

垂直平台在这个阶段出现。汽车配件用品 B2B 模式在中国市场出现，并逐步得到市场认可；汽车配件 B2B 平台相继上线，传统汽车配件商选择 B2B 平台作为新兴渠道。

（2）市场启动期（2008～2011年）

进入市场启动期，汽车配件用品 B2B 产业链逐步成熟。汽车配件用品 B2B 的交易金额占整体 B2B 交易总额的份额逐步提升。

（3）高速发展期（2012年至今）

这个阶段汽车配件用品 B2B 平台开始往交易平台转型，出现淘汽档口等新的商业模式，但效果仍待检验。汽车配件用品 B2B 平台开始走向差异化竞争。

（二）B2C 电商

1. 汽车配件用品 B2C 电商模式

目前，中国市场中汽车配件用品 B2C 电商主要有两种形式：一是综合电商平台；二是汽车配件用品垂直电商平台。

传统的汽车配件用品流通渠道主要分为 OEM（Original Equipment Manufacturer，原厂委托制造）市场和 AM（After Market，汽车售后）市场。其中，OEM 市场主要针对整车厂配套，汽车配件由 OES（Original Equipment Supplier，原装配件供应商）生产制造，OEM 市场的汽车配件销售渠道受到整车厂控制，产品大部分销往 4S 店导致汽车配件及维修服务价格虚高。

而 AM 市场主要针对售后服务市场，汽车配件通过经销商流通给零售商和服务商。但问题在于 AM 市场中间经销商层级过多，流通环节成本较高，导致价格虚高；并且终端零件假冒伪劣多，面临信任危机。在 AM 市场汽车配件假冒伪劣问题较为严重的情况下，车主消费者更愿意选择 4S 店。

汽车配件用品 B2C 电商变革了汽车后市场原本的价值链。从流通过程来看，汽车配件用品 B2C 电商作为 AM 市场新生力量，一方面打破了 OEM 垄断；另一方面缩短经销商流程，让汽车配件流通销售环节更透明，让零配件最终到达消费者时的价格更低。

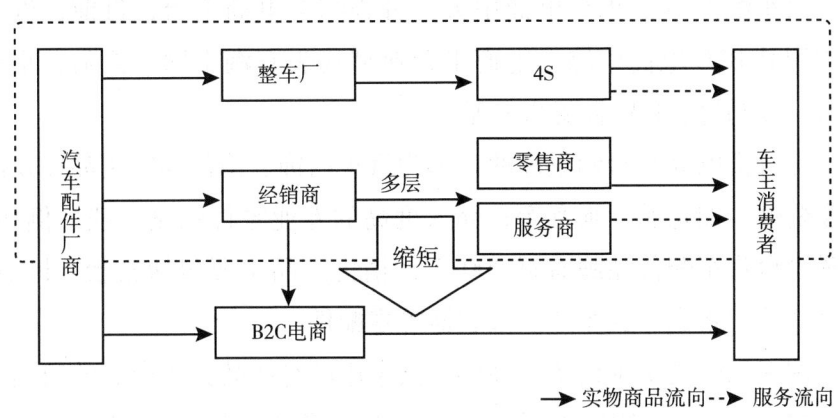

图 6　汽车配件用品 B2C 电商模式

目前，汽车配件用品 B2C 市场还是相对小众的利基市场，主要针对的目标消费者有三种：一是价格敏感型车主消费者；二是汽车发烧友、爱好者；三是空余时间较多的车主消费者。这三种消费群体在整个汽车市场车主数量占比中可能只有 10%，而且第一种、第三种消费群体因为对汽车知识的缺乏，对汽车配件用品 B2C 电商的消费尝试深入程度也深浅不一。

汽车用品电商因介入度浅、标准化程度高，近几年电商化程度较高。越来越多的车主消费者会选择淘宝网、天猫商城、京东商城等 B2C 网站购买用品。因汽车配件电商产品类型繁多、复杂，大部分普通消费者都不愿去了解，B2C 平台中配件销售主要为机油、轮胎等标准化程度高的产品，占比超过一半；而更专业的刹车片、火花塞、减震器等配件销量很少。

汽车配件用品 B2C 电商中汽车用品 B2C 电商发展相对成熟，汽车配件 B2C 电商还处在相对初期的阶段，需要进一步培育市场和消费者。

2. 综合电商平台现状

汽车配件用品 B2C 电商中大部分为综合电商平台，目前，汽车配件用品 B2C 电商中综合电商平台典型代表有淘宝网、天猫、京东商城、亚马逊、1 号店及苏宁等。

综合类电商平台销量高的大都为汽车内饰、清洁美容用品以及部分零配件，如轮胎、雨刮等；介入度高的专业零件销量一般。例如，天猫平台汽车配件品牌有近 200 个，销售产品主要包括轮胎、机油、空气滤芯、雨刷、刹车片、减震器等零配件。

国家发改委中国设备管理协会汽车用品与改装技术中心的数据显示，2013 年，汽车用品电子商务渠道销售份额中，改装配件占 9%、汽车美容占 10%、系统养护占 38%、安全自驾占 4%、坐垫脚垫占 6%、汽车装饰占 8%、电子产品占 25%（见图 7）。

数据表明，综合 B2C 平台目前主要销售的为改装、美容、养护类汽车用品，不需要用户培训、学习，对用户 DIY 能力要求较低。

综合类电商平台涉足汽车配件用品 B2C 电商主要有以下三大优势。

第一，流量，大型电商平台具备流量入口优势，在开拓汽车后市场频道或者汽车后市场自主品牌时能快速地导入流量资源。

第二，品牌，在发掘汽车后市场新品类方面的综合类电商平台具备强大的品牌效应，品牌知名度、美誉度能带动其汽车后市场电商产品快速发展；此外，综合类大型电商平台还有强大的资金实力。

第三，技术，综合类电商平台在支付、数据、供应链金融等方面都具备技术优势和服务能力。

课题组认为，综合类电商平台涉足汽车后市场虽具备流量等优

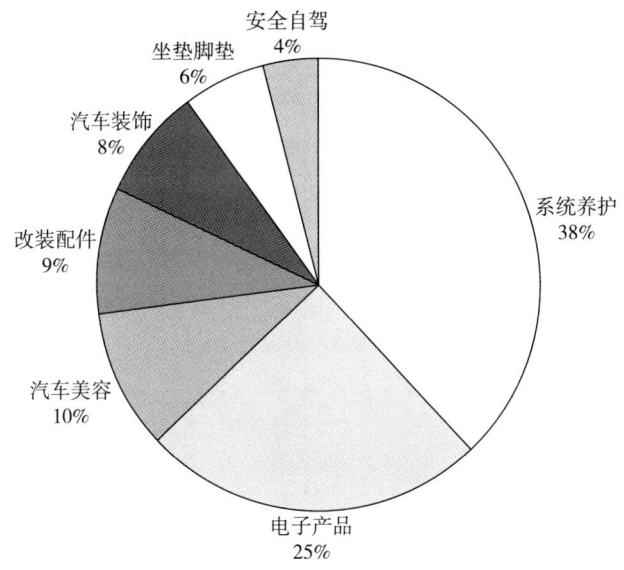

图 7　2013 年汽车用品电子商务渠道销售占比

资料来源：国家发改委中国设备管理协会汽车用品与改装技术中心编《2013 年中国汽车用品行业趋势发布报告》，2013。

势，但在行业专业度及涉入深度方面相对欠缺。同时，综合类电商平台销量大都为汽车内饰、清洁美容用品以及部分零配件，如轮胎、雨刮等相对标准化产品，该类产品利润空间较小；而介入度高的专业零件销量一般。

目前，综合类电商大都在汽车配件的供应上采取自营和非自营两种方式。此外，综合类电商平台越来越重视汽车后市场电商市场，开始从单一的汽车配件用品线上售卖往汽车维修保养服务方面延伸。如淘宝网、京东商城、亚马逊等都针对汽车后市场电商专门推出了品牌，分别为"淘宝汽车""京东车管家""Z 爱车"，除了线上汽车配件用品电商外，还与线下维修保养店展开合作，为车主消费者提供"线上汽车配件用品购买－线上选择维修保养服务门店－线下完成维修保养"的汽车后服务闭环。

表1 综合类B2C电商在汽车配件及后服务方面布局

综合类B2C电商	经营模式		配件提供		服务提供		门槛		合作店家	品牌
	自营	非自营	平台	外部商家	合作	非合作	认证	保证金	数量	有无
淘宝网		√	√	√		√	√		>3万家	淘宝汽车
天猫		√	√	√		√	√	√		
京东商城	√	√	√	√	√		√		几百家	京东车管家
亚马逊	√	√	√	√	√		√		不详	Z爱车
1号店	√	√	√	√			√		不详	
苏宁	√	√	√	√			√		不详	

3. 垂直电商平台现状

近几年，随着汽车后市场的快速发展，汽车配件用品B2C电商中也出现了垂直电商平台模式。目前，汽车配件用品B2C垂直电商代表企业有酷配网、御途网、爱去车来网等。

上述网站主要定位为汽车配件用品垂直电子商务零售平台。电商模式主要通过网站与汽车零配件供应商、养护产品生产商直接对接货源，消费者直接从线上挑选购买，价格相比4S店低廉，质量也能得到保障。目前主要的盈利模式为汽车配件用品电商差价利润。

汽车配件用品B2C垂直电商平台需要车主具备较高的汽车知识，具备一定的DIY能力。从目前国内普通消费者整体水平来看，汽车配件用品B2C垂直电商平台针对的目标群体还相对较小，需要行业内创新型企业继续教育用户。

同时，垂直电商平台模式需要完善的车型数据库，让消费者在网上搜索时能自动智能匹配。

两家代表企业有不同的优劣势，酷配网具备线下汽配销售服务的背景，是华南国际汽配城出资建设的，酷配网在做汽配及用品垂直电商市场时，背后有汽配城及汽配行业商家强大的供货能力，酷配网打通了从线下到线上的汽配销售供应链。但酷配网缺点是缺乏互联网产品精神，对C端业务的品牌宣传力度不够强，网站体验等方面还有待优化。御途网创始人出身阿里系，在网站建设、用户体验等方面更有优势，但在资金实力、专业能力以及供货方面都需要优化。

课题组认为，汽车配件用品B2C垂直电商受到综合电商的竞争和挤压，并且面临汽车用品利润小、汽车配件销量少的两难，在市场扩张和用户流量方面都有较大阻碍，向汽车维修保养服务延伸是提升营运能力的路径之一。

4. 汽车配件用品B2C电商实力矩阵

汽车配件用品B2C电商典型企业为淘宝网、京东商城、亚马逊、御途网等。其中，淘宝网、京东商城等综合类电商平台具备资源优

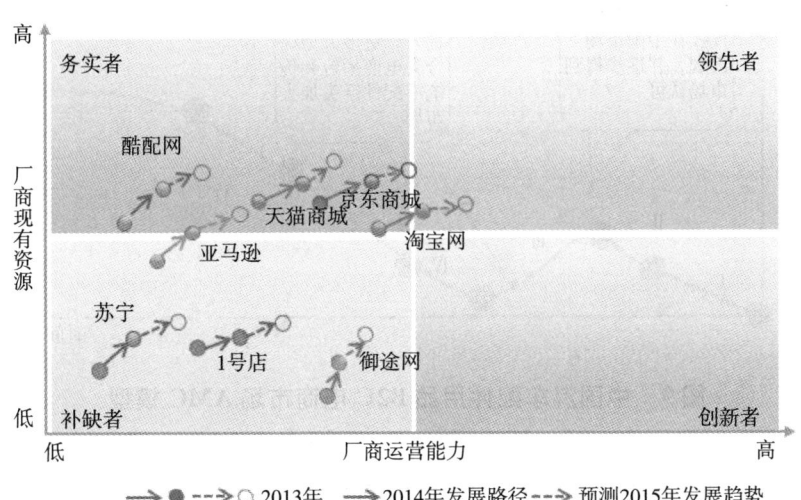

图8　2014年中国汽车配件用品B2C电商实力矩阵

势,在汽车配件用品,特别是汽车用品的电商化方面起到了较大的作用。从创新维度上看,御途网作为汽车用品垂直类电商,在专业度和创新能力方面较强。此外,苏宁、亚马逊、1号店等综合类电商平台也开始加大对汽车配件用品品类的布局。

(1) 纵轴定量维度

对汽配用品 B2C 电商来说,主要以当年的配件用品交易、交易金额、服务的配件用品厂商和经销商数量、注册用户数等作为主要指标。

(2) 横轴定性维度

对汽配用品 B2C 电商来说,主要基于跨区域的扩张能力和 O2O 模式的创新能力以及商业模式的创新来进行综合评估。

5. 汽车配件用品 B2C 电商市场 AMC 模型

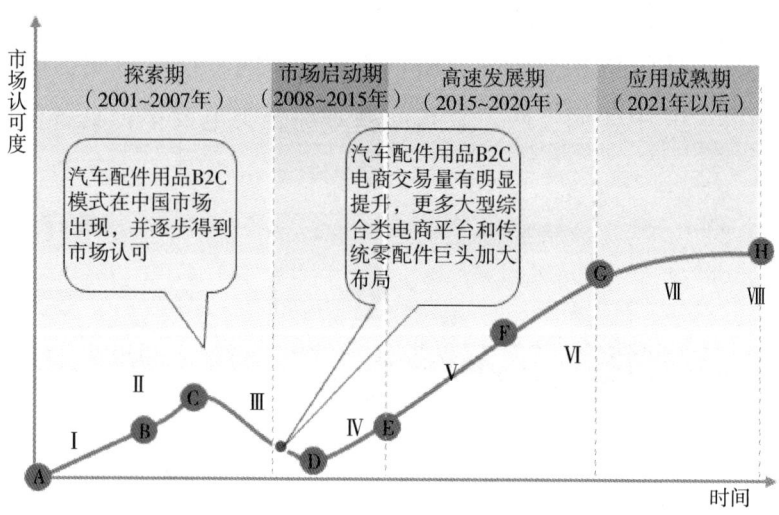

图9 中国汽车配件用品 B2C 电商市场 AMC 模型

针对汽车配件用品 B2C 电商市场的 AMC 模型,课题组认为其发展可以分为四个阶段,即探索期、市场启动期、高速发展期和应用成熟期。这一模型能够大致描述汽车配件用品 B2C 电商的发展现状。

(1) 探索期（2001~2007年）

在这一阶段，汽车配件用品行业开始进入B2C电商化时代，众多B2C综合类平台大力建设汽车配件用品频道。汽车配件用品B2C模式在中国市场出现，并逐步得到市场认可。综合类电商平台开始将汽车用品作为重要品类。到2009年汽车配件及用品网上零售占据我国B2C电商份额逐步提高。消费者开始习惯在网上购买汽车用品。

(2) 市场启动期（2008~2015年）

汽车配件用品B2C电商经过多年探索期，进入了市场启动期，这个阶段综合型B2C平台均在加强汽车配件用品的投入力度。汽车零配件厂商、经销商等开始试水B2C。垂直化的汽车配件用品B2C平台出现。

(3) 高速发展期（2015~2020年）

高速发展期将会有1~2个汽车配件用品B2C电商巨头出现。

(三) 典型案例

1. 淘汽档口

(1) 企业情况

"淘汽档口"是汽车配件B2B采购平台，提供优质、低廉的汽车配件。公司成立于2013年，总部在杭州。公司高管为前阿里、淘宝、网易等公司员工和前传统汽车服务行业员工，公司目前员工数为1000多名。

(2) 商业模式

汽车配件用品AM市场原先的链条为"工厂–代理商–经销商–零售商–维修保养店"。淘汽档口的商业模式即去掉汽车配件AM市场流通的中间环节，作为沟通汽车配件厂家和线下维修保养店的交易

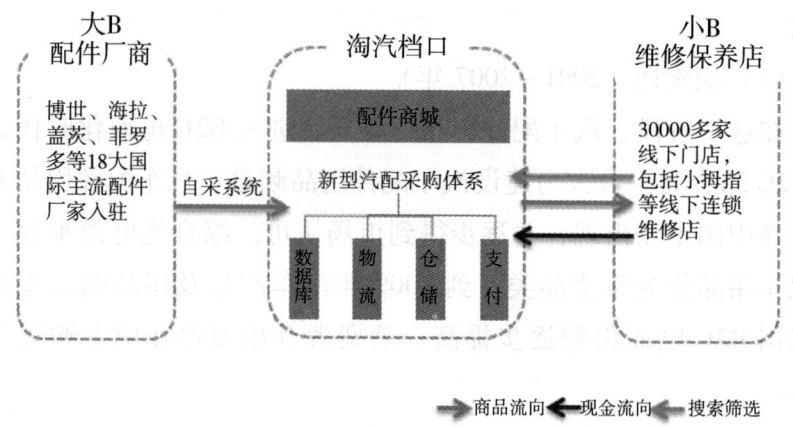

图10　淘气档口模式

平台，链条变成"工厂－淘汽档口－维修保养店"。

淘汽档口区别于传统汽车配件用品B2B信息平台，它打通了汽车配件用品整个销售环节。

上端接入汽车配件厂家，如博世、海拉等，保证货源稳定供给以及货源的品质。

中端在各大城市建设仓库，并采用新型汽配采购体系，降低自身库存压力；在物流方面和四大物流公司合作，并有稳定的后台系统保证物流及时响应。

末端建设了自己的商品评测体系，让小B端消费者可以通过评测数据参考并做出购买选择。

淘汽档口有一套自采体系，到目前为止，自采体系能够保证商品数量和品质符合用户需求。自采模式优势在于：①整体的采购成本下降，减少了冗余的流通环节，最大限度地降低了成本；②自采货源可以减少假冒伪劣产品，并在口碑及销售体系上给予电商品牌完整支持。劣势在于：从成本运营上来说，自采成本高于客供体系及经销商集约型电商。

(3) 企业运营分析

淘汽档口2013年11月成立,公开信息显示,投资金额为20亿元,目前已在9大省份20多个城市拥有30000多家线下门店。客户方面首批签约400家线下店铺,与小拇指等众多汽车连锁维修店合作。汽车配件厂家方面,已有包括博世、海拉、盖茨、菲罗多等18大国际主流品牌入驻。

截至2014年10月,淘汽档口月交易额已突破1亿元。截至2015年1月,淘汽档口已经在北京、上海、天津、重庆、安徽、广东、河北、湖北、江苏、山东、陕西、四川、浙江等13个省市近60个城市开通。

(4) SWOT分析

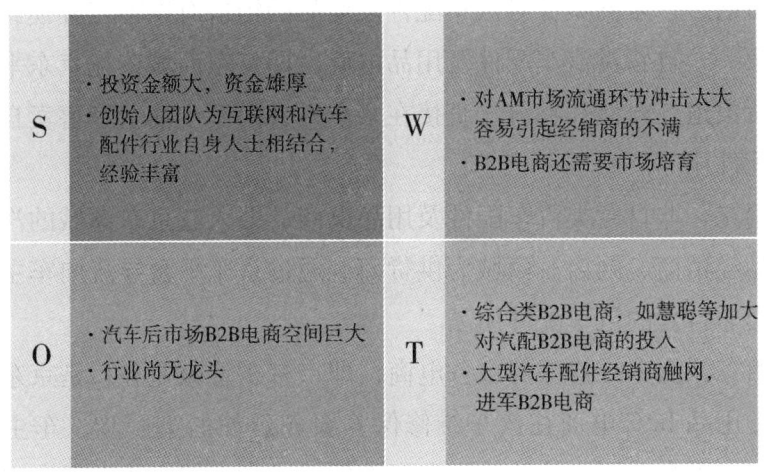

图11 淘气档口SWOT分析

2.京东商城

(1) 企业情况

京东商城于2004年正式进军电子商务领域,2007年正式更名为"京东商城"。2014年在美国纳斯达克成功上市,为中国最大的自营式电商企业。

（2）商业模式

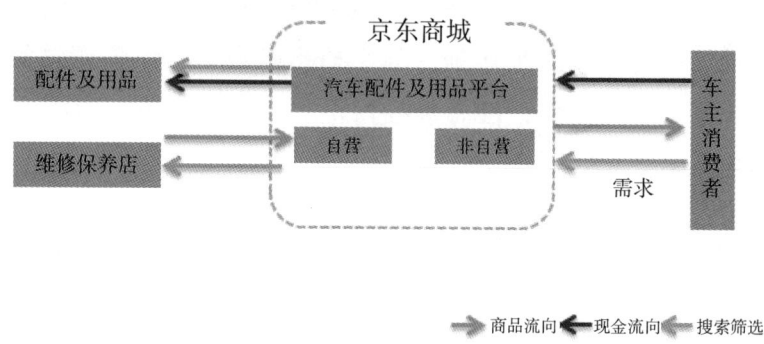

图12 京东商城汽车配件及用品销售模式

目前，京东商城针对汽车配件及商品的销售有以下三种模式。

第一，自营类汽车配件及用品电商，即京东商城依托京东平台自身供货渠道、仓储和物流，直接在京东平台向车主消费者售卖自营的汽车配件用品。

第二，非自营类汽车配件及用品电商，即入驻京东商城的汽车配件用品经销商、网店、商城为供货商，通过京东平台导流向车主消费者售卖非自营的汽车配件用品。

第三，汽车维修保养服务电商，即京东车管家业务，是京东商城从汽配用品B2C电商往汽车维修保养服务延伸的第一步，车主消费者在京东平台购买了轮胎等汽车配件后，或者直接在线上平台选择地理位置、服务质量合适的线下维修保养门店，并在线下实现安装。

京东发力汽车配件用品B2C电商有几个方面优势。

首先，京东商城流量较大，活用户数近1亿人。

其次，京东物流体系完善成熟，7大物流基地保证了汽车配件用品的仓储和物流。

最后，京东具备汽车后市场供应链金融能力。

（3）企业运营分析

京东于 2014 年 8 月,与西国贸汽配基地达成战略合作,全面整合汽车后市场线上线下资源。西国贸汽配基地将为京东自营、POP 平台的相关商户开通绿色通道;服务类商户承接京东相关汽车产品的售后、安装等。

京东于 2014 年 11 月推出了维修保养服务电商 APP"京东车管家",京东车管家与全国范围内 10000 多家优质维修厂商合作,让车主消费者实现线上直接购买、预约汽车保养维修服务。

京东和腾讯于 2015 年 1 月和易车达成战略合作,京东、腾讯总共以 13 亿美元认购易车新股（"京东 4 亿美元 +7.5 亿美元独家资源"、腾讯的 1.5 亿美元）;腾讯、京东以 2.5 亿美元投资易车旗下的汽车金融公司易鑫。

（4）SWOT 分析

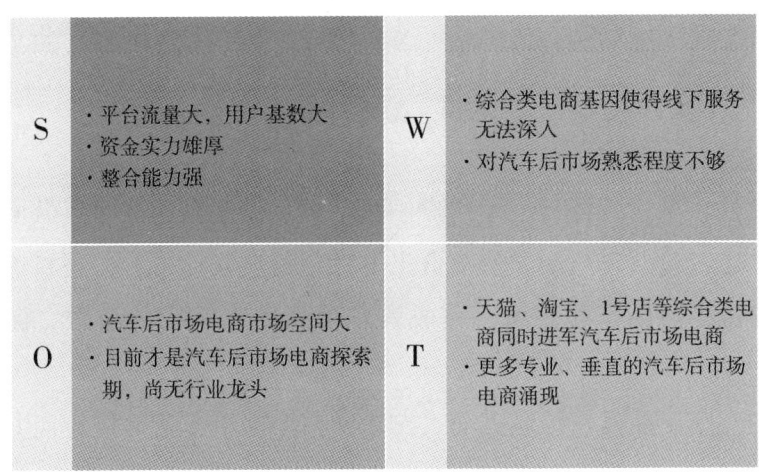

图 13　京东商城汽车配件用品销售 SWOT 分析

3. 御途网

（1）企业情况

御途网于 2014 年 10 月上线公测并试运营,于 10 月底正式完成天使融资，金额在数百万美元。御途网定位为汽车用品类垂直电子商务零售平台。

（2）商业模式

御途网为汽车用品垂直 B2C 电商平台，主要盈利方式为线上平台汽车用品销售利润。御途网强调 C2B（消费者驱动供应），通过与汽车消费者购物和使用过程的互动及网购大数据分析来决定商品供应内容，并为汽车消费者提供导购服务。

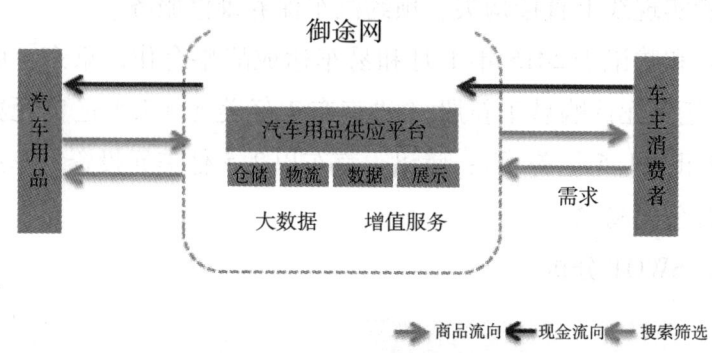

图 14　御途网模式

此外，御途网将与汽车用户、汽车用品供应商建立多点共面的网络化社区，包括车生活、汽车资讯等汽车信息互动平台，还将逐步建立供应链生态圈衍生系统，完成汽车用品生态链中的金融、保险等环节。

在汽车用品质量控制方面，御途网与全球汽车用品供应商共同发起建立了车品品质保障体系，对入驻御途网车品品牌均进行御途网 YTMC 体系资质审核，并通过与金融保险机构合作，保证平台销售的汽车用品为正品。

（3）企业运营分析

目前，御途网已经正式投入运营，数百家供应商委托御途网在线销售汽车用品，其中包括汽车维修保养、汽车内饰、汽车美容清洁、汽车安全驾驶、车载电器等数十类过万件优质商品，100%覆盖市场上已有汽车车型。

（4）SWOT分析

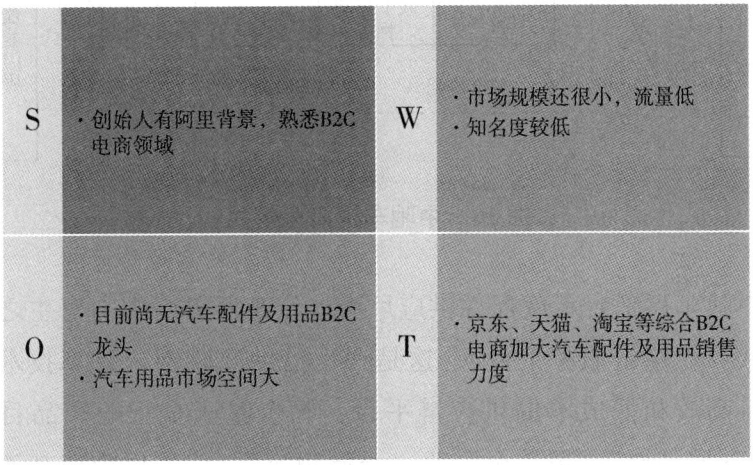

S	·创始人有阿里背景，熟悉B2C电商领域	W	·市场规模还很小，流量低 ·知名度较低
O	·目前尚无汽车配件及用品B2C龙头 ·汽车用品市场空间大	T	·京东、天猫、淘宝等综合B2C电商加大汽车配件及用品销售力度

图15 御途网SWOT分析

4. 中驰车福

（1）企业情况

中驰车福成立于2013年，总部位于江苏昆山，运营总部位于北京，是集互联网技术开发、应用、网上商城平台、汽车数据平台、供应链云平台于一体的综合化垂直类服务平台。该平台是依托互联网云技术，建立从修理厂零部件生产企业到汽修企业、汽修企业到车主及增值服务集合的"B2B2C+O2O"垂直类行业平台，利用创新的商业模式及互联网思维，在为汽修企业提供一站式质量保真的维修配件采购、汽修厂技术管理等能力升级的同时为车主提供包含维修保养、汽车救援、新车销售、车险销售理赔、汽车租赁、二手车等业务在内的全方位、一站式的车主服务。

(2）商业模式

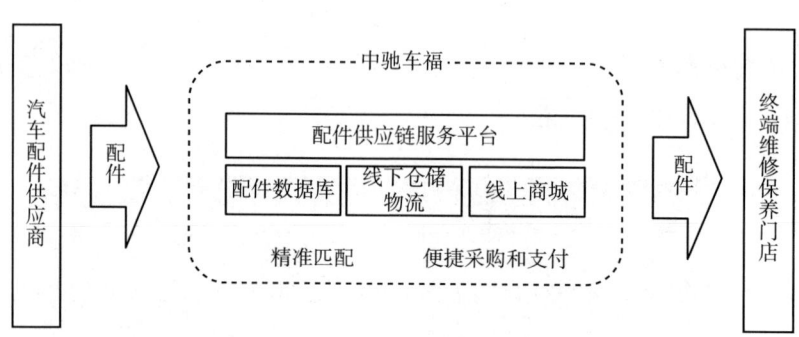

图16　中驰车福商业模式

中驰车福平台承载配件供应厂商、汽车服务终端与车主之间行业公共"供应链服务平台"。这是一个借助互联网云计算技术打造的短链高效和低成本的供应链平台，一个基于全行业产品目录的"网上商城平台"、覆盖全国的"仓储物流平台"、供应商基于销售可视化的"网络营销平台"以及供应商基于库存可视化的"VMI平台"。

中驰车福为汽车后市场提供产业内第三方B2B交易平台（即产业供应链"云服务"平台）以及面向最终用户的B2C网上商城营销平台，从而实现以互联网技术推动商业模式创新、产业整合与产业结构优化升级的目标。

（3）企业运营分析

2015年中驰车福已经完成了全国15个省的覆盖，预计在2015年底完成对30个省份的全面覆盖。目前共有15个区域中心仓，面积从1000平方米到10万平方米不等。公司现在的员工总数接近1500人，其中销售人员700人。在配件品牌合作方面，中驰车福与飞利浦、博世、天合等500强企业直接建立了供应合作关系，在汽车后市场领域内构建了全面的合作。

(4) SWOT 分析

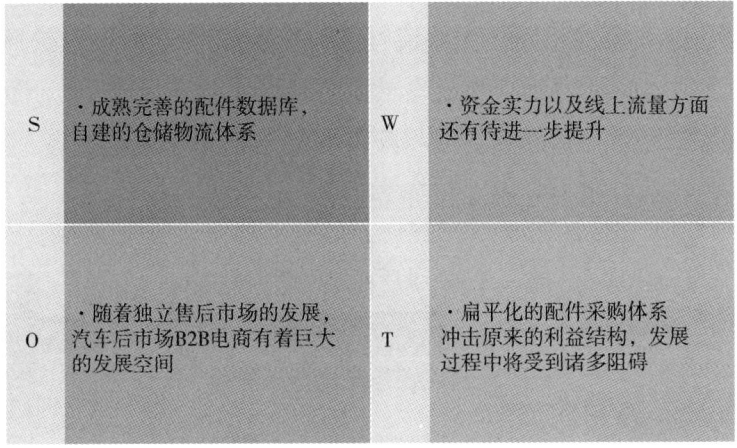

图 17 中驰车福 SWOT 分析

三 汽车维修保养服务电商发展现状

(一) 电商自营型模式

汽车维修保养服务电商中电商自营型：以线上售卖汽车配件用品电商平台和线下为车主提供维修保养服务为主；主要的收入来源为线上电商平台售卖汽车配件用品利润差价。

线上电商方面，这类平台的汽车配件用品来自汽车配件及用品厂家或经销商，一般都有自己的仓储，并有固定的物流合作伙伴。该类平台会自建或购买汽车配件用品数据库，覆盖市面上主流车型、主流品牌及一般品牌的汽车零配件用品，便于车主消费者在配件电商平台按照需求、价格等因素进行检索。由于配件电商平台避开了 AM 市场层层经销商，一般车主消费者可以用远低于 4S 店的同类型商品价格购买到配件用品；并且一定程度上保证了汽车配件及用品的质量。

如图18显示，维修保养服务平台中电商自营的线上部分与汽配用品B2C电商模式相同。主要流程为：车主消费者到平台按照车型、服务需求搜索，筛选适合自己车的配件用品，线上下单后，平台在后台帮助匹配货物，并通过物流将配件用品配送至车主消费者；车主消费者检验商品后线上完成支付环节。

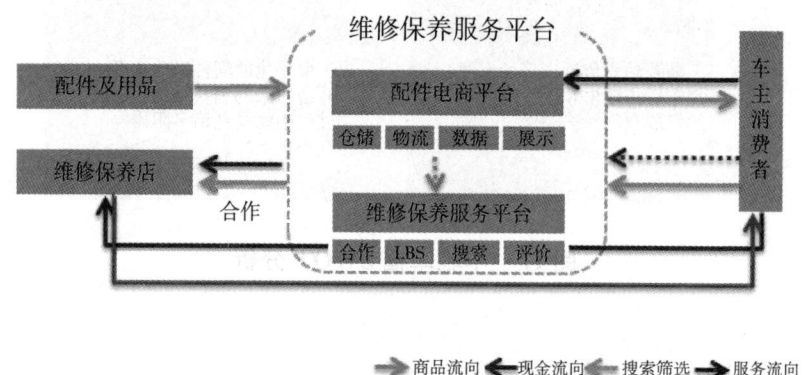

图18 汽车维修保养服务电商自营型模式（一）

线下维修保养服务方面，主要有两种形式：一是维修保养服务平台与线下维修服务门店采用合作、加盟、特约等形式；二是维修保养服务平台自己建立线下服务门店或者在合作维修服务门店线下覆盖区内派员工驻店。

目前大部分电商自营型为第一种形式，代表企业有养车无忧、途虎养车网等。

这种形式是通过线上的维修保养服务平台将线上的车主消费者和线下的维修保养门店基于LBS产生联系，车主消费者在维修保养服务平台上搜索所需维修保养服务类型以及维修保养服务门店，在线上选择或购买服务，通过O2O的方式到线下维修保养店完成保养，然后回到线上对服务进行评价或支付。这种形式一定程度上改善了在汽车维修与保养交易过程中消费者信息不对称的问题,一方面,配件用品销售更透明,消费者能自主选择;另一方面,"互联网+维修保养店",让消费者在网上就能方便地了解周围线下门店的基本情况、服务内容,更好地选择线下服务的维修保养门店。

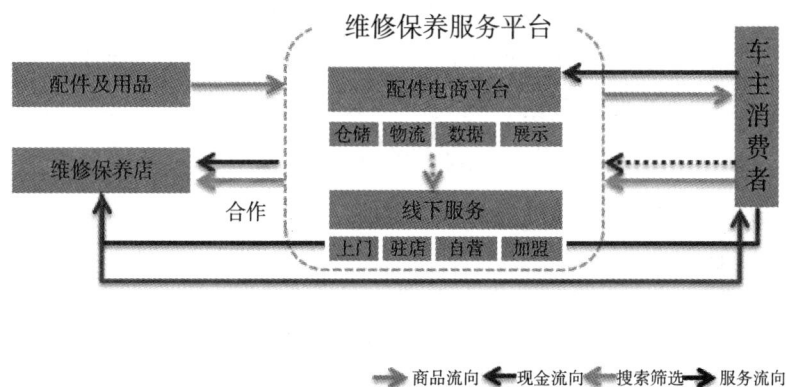

图19　汽车维修保养服务电商自营型模式(二)

第二种形式即除了线上配件电商平台自营外,线下的维修保养服务也通过自建、加盟门店或者在合作的线下门店派遣驻店员工、上门服务等形式切入线下维修保养服务。代表企业有麦轮胎、车便利、A车站(上汽集团旗下)、车家佳(物产中大旗下)、米其林驰加。

这种形式虽然比第一种形式更能控制线下服务的质量,并且拓宽了盈利渠道;但是,这种形式在发展扩张过程中对线下维修保养服务专业人才和资金实力都有较大需求,比较适合连锁维修保养门店、整车厂、经销商等大型传统汽车后市场企业切入。

从以上电商自营型模式可以看出,电商自营型模式与汽配用品B2C电商模式在线上部分基本一致,主要区别就是有无介入线下维修保养服务。维修保养是汽车后市场的一大痛点,也是汽车后市场中最有市场空间的部门,目前汽配用品B2C电商中如京东商城就开始探索从汽配用品B2C电商往维修保养服务模式延伸。京东商城推出的

"车管家"APP即维修保养服务电商自营型，车管家与全国范围内超过10000家优质维修厂商合作并对其服务质量进行监督，让车主消费者实现维修保养服务的O2O。

（二）导流平台型模式分析

汽车维修保养服务电商中的导流平台型：以为线上车主消费者提供汽车维修保养服务搜索、为线下维修保养店导入线上客流为主。一般维修保养O2O服务平台不自营汽车配件用品，主要以向线下维修保养门店导流为主，导流平台型主要收入来源以平台广告、经销或收取佣金为主。

导流平台优势在于：模式轻、复制快；缺点在于：除了洗车外，维修保养的频次相对较低，导流有一定困难。

目前，导流平台型中大部分即作为纯粹的互联网/移动互联网入口，连接线上车主消费者和线下维修店。代表企业有养车点点、车蚂蚁、车点点、百车宝、洗爱车、携车网、弼马温等。

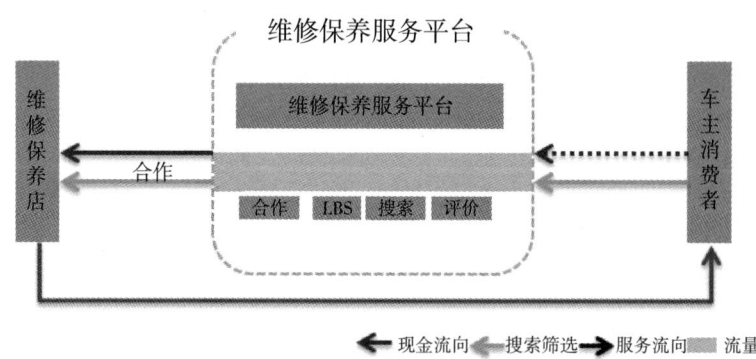

图20 汽车维修保养服务电商导流平台型模式

该种模式主要流程为：车主消费者产生维修保养需求，通过导流平台搜索相关的维修保养服务，通过服务价格、地理位置、门店评价等因素筛选与平台有合作的维修保养店，预订服务时间，并在线下完成维修保养服务，完成支付闭环。

该种形式的优点是：轻量化，互联网模式复制起来迅速，通过资本投资烧钱的模式能迅速扩大用户量。

该种形式的缺点是：①与线下维修店合作关系较弱，除了平台外，没有其他核心竞争力。一旦BAT巨头发力该市场，服务平台的市场格局将受到挤压。②汽车维修保养的频次较低，仅作为维修保养O2O服务平台很难留住用户。

从打车服务平台滴滴、快的合并事件可以看出，作为互联网入口，一味烧钱吸引用户并不是完善的商业模式。此类平台在获取一定的流量优势后，应该从其他渠道找机会变现。

目前，养车点点除了"一键洗车""便宜点"等功能外，作为第三方入口开始加入查违章等汽车生活类工具，提高车主使用黏性。而弼马温、携车网等也开始往上门服务转型。

（三）上门服务型模式

上门服务型模式：即提供专人专车到车主指定地点对车辆进行保养或洗车等。上门保养O2O，即通过互联网/移动互联网技术和手段完成汽车后服务的交易流程。

代表企业有卡拉丁、博湃养车、e保养、车极客、美孚1号移动车养护、赶集易洗车等，其中大部分的上门保养公司已经完成了初期的融资。

上门服务型模式从根本上改变了传统的以"店"为中心的服务关系，"人"也就是车主成为服务的主导，体现的是商家思维向用户思维的转型，是2014年汽车后市场最热门的创业和投资项目之一。

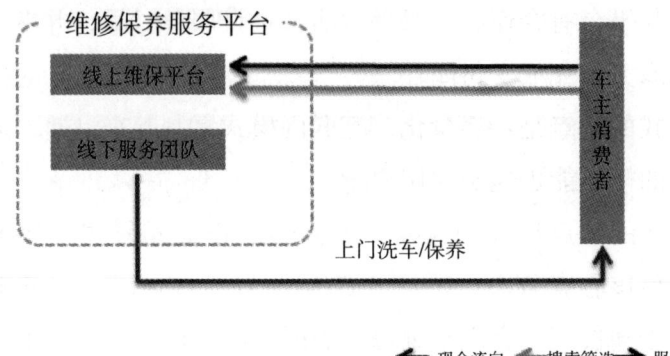

图21 汽车维修保养服务电商上门服务型模式

表2 上门服务型模式企业简介

品牌	卡拉丁	博湃养车	e保养	车极客	美孚1号移动车养护	赶集易洗车	Home Car
注册地	北京	北京	北京	北京	上海	北京	北京
成立时间	2012年2月	2013年12月	2014年1月	2014年4月	—	2014年12月	—
覆盖城市（个）	7	3	5	2	1	1	—
技师数量（个）	150	200	200	—	6	—	—
服务车数量（辆）	100	100	100	—	2	—	—
日订单量（辆）	500	300	500	—	—	—	—
服务费（元/次）	150	200/60	150	150	98/198/298	—	—
投融资（万美元）	100	200	500	100	—	—	—

目前，上门保养模式主要是通过 PC、APP 端、微信端和 400 电话进行下单。订单涉及技师排班及位置监测、订单管理、服务车辆监控、配件仓储及运输以及服务质量的把控等内容。此外，上门保养公司一般提供多项车况监测，一方面，为客户提供增值服务并发送车辆健康状况报告；另一方面，收集到更多的车辆信息，为后续业务模式提供可能。

与传统保养方式相比，上门保养更为灵活机动，节省了车主的时间；车主可以通过互联网平台进行线上预约、选购，并且进行车辆保养配件价格、服务价格、服务时间以及服务质量的比较。

在对行业进行深入调研后课题组认为，目前上门保养主要分为上门保养和上门洗车两种主要类型。其中，目前大多数提供上门保养的公司，都支持配件费与服务费分离；上门保养服务费按次收取，大多数定为 150 元/次。和 4S 店相比，价格优势明显。保养时间一般为 45~60 分钟，一次服务一般配备一辆车和 1~2 名技师。在上门保养兴起之前，做车辆保养的主要有三类服务机构：4S 店、路边店、连锁店。

上门服务需要良好的服务态度、出色的施工质量以及准时的服务时间等；而上门保养自身的问题包括车辆问题、技师问题、配件仓储及运输、质量监控、体系搭建、车型库的建立等。

课题组认为，上门服务从服务的深度和目标客户群来讲，市场相对小众，服务的深度有限，基本上只能完成标准化的机油、机滤、三滤等服务；涉及一些复杂的工具，如定位转向等都较难实现，大保养及维修市场则较难切入。而机油、机滤等小保养服务利润空间很小。

上门服务针对的目标群体主要有两类人群：一是愿意尝试新鲜事物的车主消费者；二是高端车主。主要目标市场为北、上、广等汽车保有量排名靠前的一线大城市。

上门服务模式较重，存在较多风险，如表 3 所示。

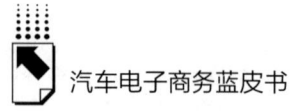

表3 上门服务模式存在的风险

风险	简介
时间不稳定	目前,北、上、广、深等大城市严重的交通拥堵,成为上门保养服务时间的一大障碍。为了缩短路上的时间并提高按时到达率,上门保养创业公司均采用广泛布点的模式,技师宿舍为固定布点,既解决了技师住宿问题,也可以有效把控上门时间
频次较低	车辆保养有里程和时间间隔,也就造成了单车保养频次偏低,一般而言,城市家庭用户的代步车辆,单车每年保养次数为两次。偏低的频次使上门保养创业需要解决更多的问题——如何拓展服务,如何提高用户黏性等
服务车供需	上门保养创业公司开通服务的城市多为限购限外城市,在牌照难以获取、外地牌车辆难以进入的情况下,采用自购、租赁以及技师自带车辆三种模式解决车辆问题。不过,以北京为例,一旦正式实现单双号限行,也意味着需要投入更多的车辆保证运营
服务质量	车辆故障的不可逆特性对技师的服务质量提出了高要求。上门保养创业公司通过搭建标准的服务流程、加强技师技能培训、严格的质量监控体系(录像以及保险)来保障服务质量
技师	技师既是核心资源,也是风险与问题的高发点。因为技师的形象、技能水平以及服务态度均代表着公司形象。目前,上门保养的技师团队问题在于人员流动性大、稳定性较差,主要是因为上门保养需要的技术水平不高,对有志于在汽修行业发展的技师来说不利于职业发展,这个难点可以通过结合线下店的模式来破解
场地设备	操作场地有限,一般的上门保养仅携带小型基础设备以及常规配件,很多复杂的保养检查项目无法进行,如发现车辆存在故障隐患,无法现场解决,只能转投修车店,而且服务商与用户极易因为故障产生原因发生纠纷,这也使上门保养服务存在很大的局限性

(四)供应链服务平台模式

供应链服务平台模式,为汽车维修保养整个产业链提供系统建设、信息云化、店铺建设等,包括为上游的汽车配件用品厂商/经销商提供云仓储系统、进存销系统等;为下游的汽车维修保养门店提供配件采购平台、搭建云店铺等。

目前，这种形式的代表企业有车易安、汽配云等。

该模式的整个供应链条从配件提供商到服务提供商都通过管理系统实现线上线下协同，包括仓储的线上管理、消费者的线上管理，以维修保养店为主要服务对象并以提供供应链服务为盈利目标。

该种形式的优点：渗入汽车维修保养电商整个供应链条，模式轻量化但相比第一种形式门槛较高。

该种形式的缺点：扩张复制相比第一种形式来说较慢。C端流量的大幅攀升将出现在发展后期。

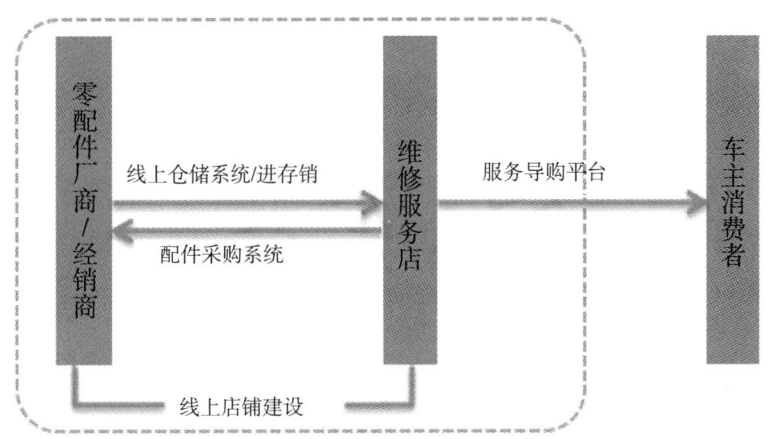

图22　汽车维修保养服务电商供应链服务平台模式

（五）其他

1. 车险电商模式

车险保险电子商务是指保险公司或新型的网上保险中介机构通过互联网为车主提供有关保险产品和服务的信息，并实现网上投保、承保等保险业务，直接完成保险产品的销售和服务，并由银行将保费划入保险公司。

课题组认为，车险电商可以充分利用互联网的资源整合能力，整合旗下或全行业内的车险信息，优化购险渠道，从而最大程度上减轻保人对传统保险渠道的依赖。通过多家保险公司产品，创新变革保险销售模式，节省中间环节和营销成本，用互联网以及移动互联网的平台，真正解决城市车主的现实需求，为保险公司精准客户，为广大车主创造价值。

目前，车险电商的主要形式可以分为传统车险官方网站自营和第三方车险电商平台两种模式。

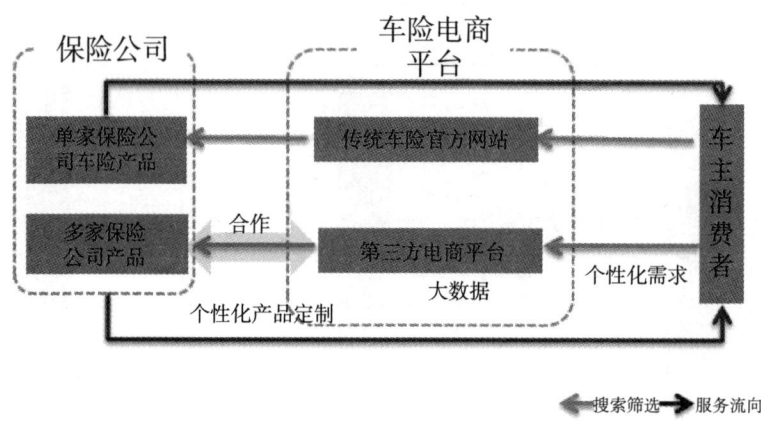

图23　车险电商模式

（1）传统车险官方网站模式

传统车险的官方网站模式是指在保险公司的交易平台中，大中型保险企业、保险中介企业等为了更好地展现自身品牌、服务客户和销售产品所建立的自主经营的互联网站。

（2）第三方车险电商平台模式

第三方车险电商平台，是指独立于商品或服务交易双方，使用互联网服务平台，依照一定的规范，为交易双方提供服务的电子商务企业或网站。通常来说，第三方车险电商平台具有相对独立、借助网络和流程专业等特点。

据观察，自2011年起，车险电商从萌芽阶段逐渐走向成熟阶段，不仅为广大车主带来了便利，也为更多保险公司提供了新的视角和机遇。车险电商通过保险的承保理赔盈利。通过客户细分，在降低低风险客户保费价格的同时，也会提高高风险客户的保费价格。这样，低风险客户由于出险率低，保险公司可以获得较大利润，而且客户基于驾驶行为和驾驶习惯的考虑，可以有针对性地选择适合自己的险种。提高高风险客户的保费价格，也可以实现利润的增加。同时车险电商可以通过其他增值服务实现盈利能力的提高，并通过电商的扩张作用实现产业链盈利。

2. 用车类工具模式

用车类工具是指电商针对车主在用车过程中产生的需求，如查违章、找停车位、道路救援、代驾、考驾照、找加油站、导航等，利用互联网/移动互联网技术开发的O2O产品。

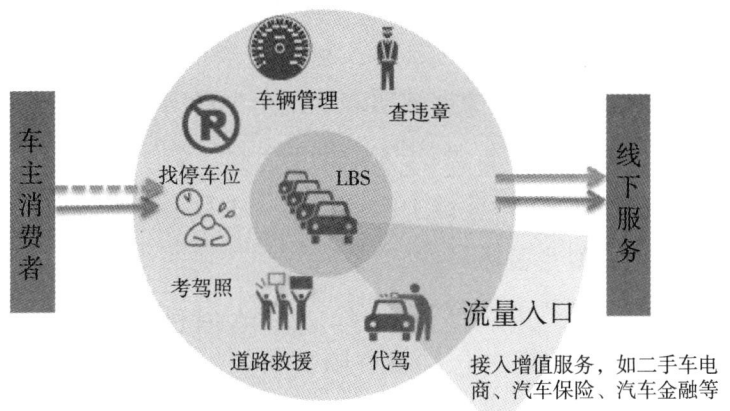

图24 用车类工具模式

课题组认为，"用车"与"养车"相比，频次更高，用车类工具作为导流平台更容易产生流量入口效应。从目前用车类工具市场情况可以看出，每个用车的细分场景都有几个流量较大的 APP 产品。这些产品在获得初期的流量后，一般会选择往其他用车场景延伸，加入其他汽车电商、汽车维修保养的第三方服务，以增强入口的黏性、留住用户群。

2014 年，汽车后市场电商投融资中约四成为用车类工具，数据表明，资本对切入口小、复制速度快、用户增长快的用车类工具相对青睐。用车类工具的优势在于：①需求具备一定的刚性；②传统线下筛选用车服务时间成本高，O2O 能大幅减少车主选择时间；③操作入门简单，采用"烧钱"模式能迅速扩展市场，培育消费者。缺点在于：①用车类工具模式轻量化、进入门槛低，市场竞争激烈，BAT 巨头切入后很容易颠覆市场格局，如在线打车市场；②用车类工具盈利模式不清晰；③用车类工具功能零散，整合能力不强。

用车类工具发展路径主要有以下两个方向。

第一，往汽车轻社交/媒体/平台转型。从用车工具出发，获取一定的流量，深化产品内容、社交属性，增加用户黏性，形成集聚式用车平台。

第二，往汽车行业大数据转型。从用车工具出发，获取一定的流量，挖掘用户的消费数据，利用大数据的分析了解不同层次、不同区域车主的需求现状，为产业链上游提供第一手数据资料。

（1）考驾照 APP 市场

国内考驾照 APP 市场竞争激烈，市面上有近百款同类型软件，其中，驾考宝典（北京木仓科技有限公司）、车轮考驾照（车轮互联）、驾照考试一点通（上海天盟软件）下载量排名靠前。

考驾照使用情境为潜在车主第一次接触汽车相关信息的渠道，具备一定的广告和营销价值。考驾照属于"汽车＋在线教育"的产品，在 PC 端时期竞争就相对激烈，进入门槛低。从安卓应用市场可以看出，该领域有大量个人开发者进入。该市场属于利基市场，未来随着流量的聚集度增强，处于长尾端、流量低的同类型产品将逐步退出市场。

目前，考驾照APP主要的盈利来源为广告收入；部分考驾照APP已经开始尝试O2O，与线下驾校、教练合作引流，未来可能会有新的赢利点出现。

（2）查违章APP市场

目前国内查违章APP市场竞争白热化，市面上有30余款同类软件，其中，车轮互联（车轮查违章）、北京木仓科技有限公司（违章查询——地图导航、卡卡司机助手、小米违章查询）、深圳汇车网络（全国违章查询、违章查询）、搜狐新媒体（违章查询）的产品下载量排名靠前。

课题组认为，查违章是车主日常用车的痛点之一，传统渠道信息获取不及时、机会成本较高等问题使互联网得以切入，"互联网+查违章"，满足了车主一定的刚性需求。基于上述原因，汽车之家、58同城等知名互联网公司也发布了同类型软件；支付宝钱包等第三方支付入口也接入了查违章功能。查违章市场目前竞争激烈，而且还存在一定法律、法规方面的风险，受政策变动影响很大。

盈利模式方面，查违章APP目前主要以广告为主；部分查违章APP已经接入了违章代缴功能。课题组认为，传统线下违章罚款规则繁复，操作复杂；接入违章代缴功能则实现了违章罚款的交易闭环，极大地改善了缴违章罚款的用车痛点，能提高产品用户黏性。同样，该市场属于利基市场，未来随着流量的聚集度增强，处于长尾端、流量低的同类型产品将逐步退出市场。

3. 汽车社交工具

汽车社交工具是指针对车主这一垂直群体开发的SNS平台，分为PC端和移动端。

PC端的汽车社交出现时间较长，发展成熟，主要表现形式为汽

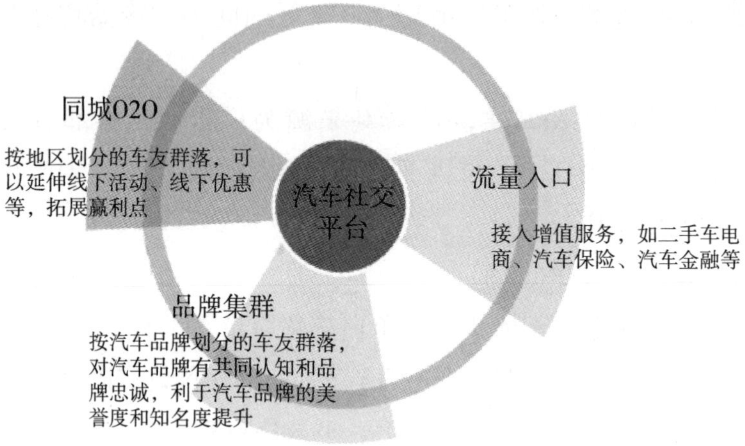

同城O2O
按地区划分的车友群落，可以延伸线下活动、线下优惠等，拓展赢利点

汽车社交平台

流量入口
接入增值服务，如二手车电商、汽车保险、汽车金融等

品牌集群
按汽车品牌划分的车友群落，对汽车品牌有共同认知和品牌忠诚，利于汽车品牌的美誉度和知名度提升

图 25　汽车社交工具模式

车论坛，如汽车之家、爱卡汽车等都是 PC 时代排名靠前的汽车社交产品。从 2014 年下半年开始，汽车主流媒体相继切入汽车社交移动端，包括太平洋的车友会、易车的车友会、腾讯汽车社区的最强车友会、汽车之家的车友会等，均开始布局抢占全国各地的车主用户，利用福利、社交等占据市场。

课题组认为，车主为特殊的垂直群体，有着较强的经济实力、较强的参与度和活跃度等特点，有集群意识和品牌归属感，适宜做垂直的 SNS。

PC 时代的汽车论坛为汽车社交 1.0 时代，汽车论坛主要为媒体属性，做单一的信息交流平台。车主之间只能有简单的发帖、跟帖等交流，线下的车友会活动也只能基于发帖号召、电话通知、QQ 群等形式举办。

移动互联网时代的汽车社交工具更贴近车主群体的活动轨迹。车主通过筛选所在地、汽车品牌、车型等，能迅速归入同类型车友圈，实现实时的 SNS 交流，车主在路况差、堵车时都能和车友分享信息；此外，线下车友会活动召集也能直接通过搜索引擎筛选快速告知。

课题组认为,基于移动端的车友社交工具目前还处在市场探索期,市面上已经有七八十家同类型工具,但绝大部分为个人开发者开发,用户体验较差;整个市场还没有明晰的商业模式,用户规模也比较小,市场占有率短时间内还无法预估。但传统的汽车主流媒体切入汽车社交移动端,在品牌知名度和用户量上都更具备优势。高德等导航地图入口作为高频用车工具,在切入汽车移动社交方面也具备入口和流量优势。

车友会模式最大的优势是可以先迅速笼络用户,随着汽车后市场电商的发展,原先基于PC端的零散的车友资源将重新打包整合,车友会平台伴随用户黏性的增强可能成为汽车后服务的入口。

(六)典型案例

1. 养车无忧网——电商自营型

(1) 企业情况

养车无忧网:公司成立于2012年12月,为国内车主提供O2O的自助保养服务平台。线上有专业汽车保养维修配件及养护用品B2C在线商城以及移动APP,线下目前对接江、浙、沪。

(2) 商业模式

研发方面,养车无忧网具备国内最全面的车型保养和车型配件数据库,通过保养查询系统,用户可以智能地获知何时需要保养、保养哪些内容;通过智能推荐系统,用户确保购买的配件100%适用于车型。

产品方面,养车无忧网从汽车配件生产厂家直接拿货供给消费者,并为消费者基于地理位置推荐经过养车无忧评级的特约安装店。但目前缺点主要在于,线下安装店仅覆盖了江、浙、沪等部分地区,且养车无忧网与线下安装店之间黏性较低。

目前,养车无忧网的主要收入来源为电商收入,养车无忧网公司

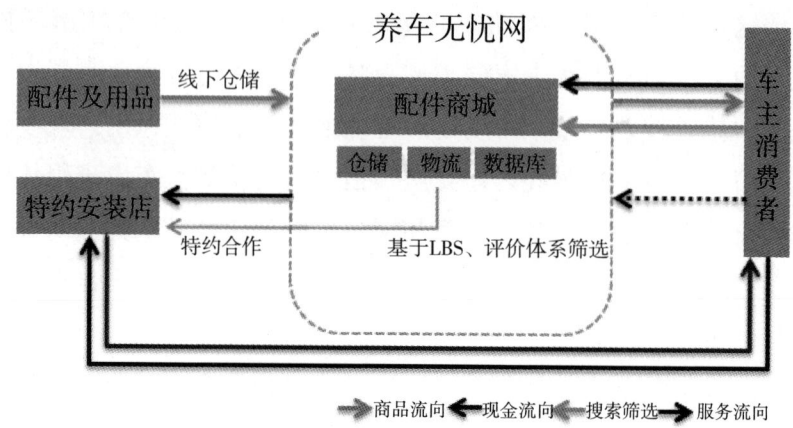

图 26　养车无忧网商业模式

总部在上海嘉定国家汽车及零部件出口基地，有多年的汽车行业背景，拥有能够覆盖市面上大部分品牌和车型的原厂级汽车配件。此外还有线上线下活动收入，养车无忧网可以和线下银行、保险、汽车维修商等合作，通过活动和品牌推广获得收入。

养车无忧网目前主要包括配件商城、积分通、特约安装店和分享保养心得的车友圈；产品形式有 PC 端和 APP。平台上配件价格基本为 4S 店一半左右。

积分通是养车无忧网为用户提供的一个 O2O 增值服务，可用在养车无忧网获得的积分抵扣保养人工费及各类养车服务如洗车等费用。积分通过配件上次购物、评价商品、评价安装店、车友圈发帖加精以及各类活动赚取，100 个积分等于 1 元。

特约安装店是养车无忧网为在配件商城购物的用户根据地理位置推荐特约安装店，截至 2014 年 10 月底，特约安装店覆盖江、浙、沪部分地区，共计 650 多家。养车无忧网设有特约安装店等级评价体系，从硬件设施、技术人员配置、车型/项目能力、管理流程规范和实际服务投诉率等指标对安装店评价打分，每个月定期评估。

车友圈是养车无忧网的车友会产品，包括PC端的"保养心得"板块以及移动端的"车友圈"板块。车友圈根据汽车品牌和车型分类，功能类似于"微博+BBS"，具备一定的交互性。用户在车友圈发帖获得的积分可以抵用养车服务。

(3) 企业运营分析

截至2015年1月20日，养车无忧网用户注册和参与数为40万~50万，信息查询活跃用户接近100万。养车无忧网团队人数约120人，其中，互联网（产品、开发、运营、投放）部分占1/3，采销以及数据库大概占两成。目前，养车无忧网在上海有4000平方米的仓储。

2015年，养车无忧网重点在于深挖江、浙、沪市场，预计2015年江、浙、沪地区有1500~2000个合作店，上半年将覆盖江、浙、沪12个城市；2015年交易额为1亿~1.5亿元。下半年养车无忧网将计划筹备北京和广州市场，并计划在当地建设仓库。

(4) SWOT分析

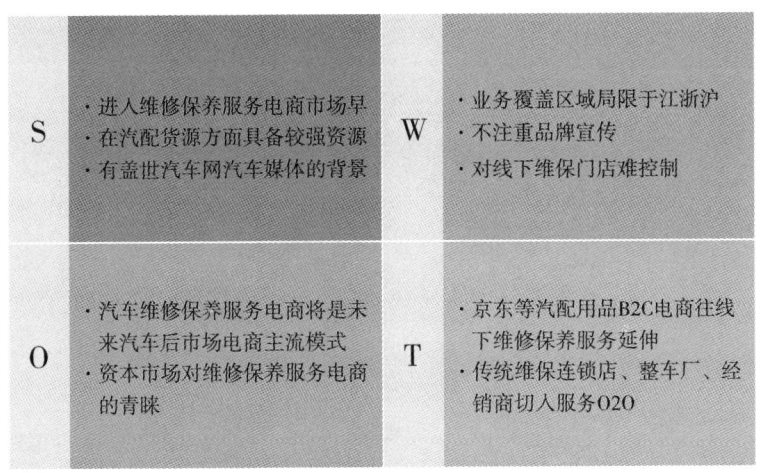

图27 养车无忧SWOT分析

2. 养车点点——导流平台型

（1）企业情况

养车点点是一个汽车后市场的移动O2O服务平台，包括了商户版和车主版，应用提供了如洗车、保养、在线咨询等各类汽车对接服务。养车点点由杭州小卡科技开发，通过养车点点，车主通过内嵌的微信或者支付宝支付完成之后，由线下服务店进行服务对接。

（2）商业模式分析

养车点点主要业务包含三个方面：一键洗车、紧急救援和维修保养。目前，主打功能一键洗车，主推一元洗车业务，以价格切入用户，采用补贴模式培养用户的消费习惯，每周再补贴用户一次洗车。

养车点点同时借鉴了打车软件需求推送的"接单模式"，用户在软件上发布需求，商家看到推送信息后就可以竞标价格，互相选择后，车主就可以下单，服务完进行线上支付，实现服务的双向选择。

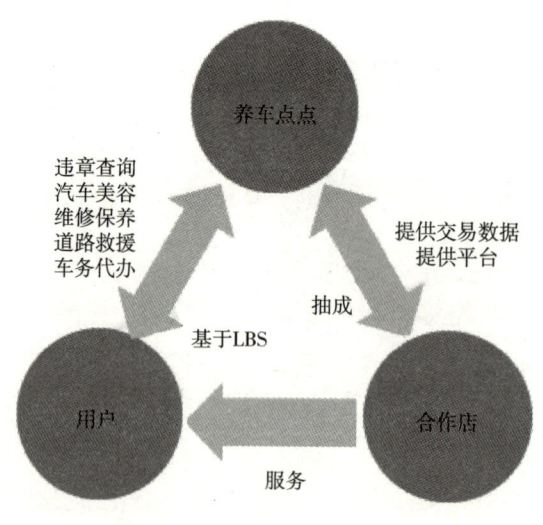

图28　养车点点平台模式

作为O2O的汽车后市场服务产品，养车点点还支持小型的在线问答社区，用户可以在线提问，并由专业的工程师实时解答。

养车点点当前的商业模式既面向B端（维修店），也面向C端（车主）。前者提供服务，后者消费服务，养车点点作为平台提供对接。首先通过一元洗车聚集车主，并通过移动端给维修店推荐用户，随后从中挖掘商业模式。集聚流量，并实现流量的再分配。

养车点点的主要商业模式可以总结为："LBS + C2B"，车主发出需求，养车服务点响应需求，盈利方式主要是向商户收取佣金。

（3）企业运营分析

早期通过一元洗车快速获取用户，截至2014年12月初，注册用户约80万；洗车日均订单约2万单；维修保养日均订单约500单。截至11月中旬，与全国3000多家商家合作，其中，杭州约400家，北京约400家，北京精洗商家约160家。目前，养车点点覆盖了2000多家商户，主要集中在北、上、广、深、杭地区，用户活跃度为2~3次/月。

（4）SWOT分析

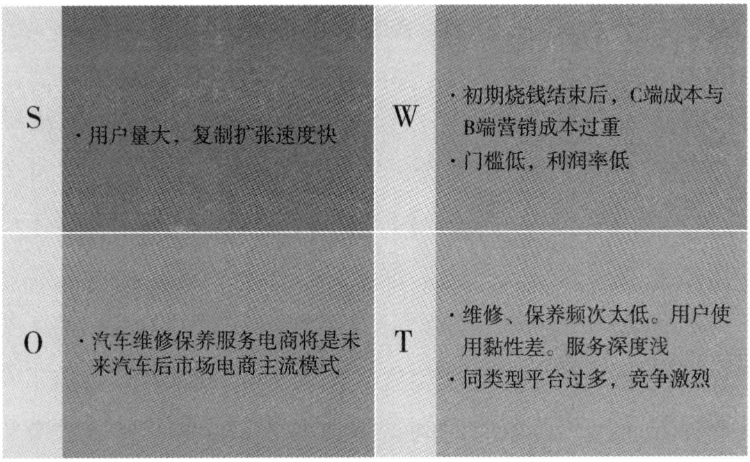

S	·用户量大，复制扩张速度快	W	·初期烧钱结束后，C端成本与B端营销成本过重 ·门槛低，利润率低
O	·汽车维修保养服务电商将是未来汽车后市场电商主流模式	T	·维修、保养频次太低。用户使用黏性差。服务深度浅 ·同类型平台过多，竞争激烈

图29　养车点点SWOT分析

3. 养车之家——导流平台型

（1）企业情况

养车之家是汽车之家于 2015 年 1 月推出的汽车后服务市场 O2O 平台。目前养车之家主要针对北京市场，车主通过养车之家 APP 或网站可获得汽车美容保养服务，包括洗车、小保养、大保养、钣金喷漆等 10 余项精细分类服务，然后在线上预付费购买打包服务，再前往提供该服务的线下商户获取服务。

（2）商业模式

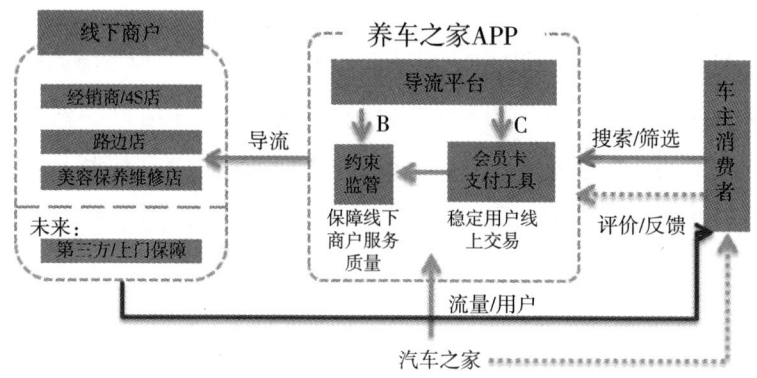

图 30　养车之家模式

养车之家为汽车之家布局汽车电商全产业链上的一款战略级产品，主要针对汽车后服务市场，完成了对用户用车周期的全覆盖服务。

养车之家的模式为汽车维修保养导流平台模式，目前主要的流程为：车主消费者产生维修保养需求，通过养车之家搜索相关的维修保养服务，通过服务价格、地理位置、门店评价等因素筛选与平台有合作的维修保养店，预订服务时间，并在线下完成维修保养服务，完成支付闭环。

目前，养车之家背后的线下合作有三大类：第一类是线下4S店；第二类是路边独立的维修厂；第三类是以美容保养为主的维修店。面对合作客户时，养车之家设有准入标准监管合作门店。首先，线下终端店必须提供原材料的官方授权。其次，开业时间、店面的展幅、工人的数量、工人的资质都是考量范围之内的。

服务方面，养车之家设有用户反馈、评价机制。一旦有商品和服务质量问题，养车之家会先把钱款退还用户，然后再进行排查。

针对维修保养导流平台用户容易流失、用户和线下店绕过平台直接交易的可能性较高的问题，养车之家主要通过信任度解决用户流失问题，一是通过平台设置会员卡，帮助用户排查线下店的服务质量并捆绑住用户；二是通过类支付宝支付工具，钱款在消费者完成服务前由第三方存管。

养车之家在做维修保养服务导流平台方面的优势是背靠汽车之家的品牌效应，并能够在低成本情况下快速获取流量与用户，在前端的经销商与服务商资源方面也有较大的优势。

（3）企业运营情况

2015年1月，养车之家APP正式上线。截至2015年5月，北京已有超过350万车主使用该平台。目前，北京地区有437家认证合作商家，主要包括经销商、路边店、上门养车服务商三大类别。当前养车之家为车主提供最全面的汽车美容保养服务，包括洗车、小保养、大保养、钣金喷漆等10余项精细分类服务。未来，随着养车之家服务不断完善，信息不断丰富后，将与第三方开展合作提供上门洗车、上门保养等人性化服务。

目前，养车之家只在北京地区开展服务，很快就在上海、广州等城市开展，争取2015年底覆盖全国。

(4) SWOT 分析

S	·用户量大，复制扩张速度快 ·融资能力强，具备一定资金实力	W	·烧钱结束后，营销成本过重 ·门槛低，利润率低 ·用户黏性难以控制
O	·汽车维修保养服务电商将是未来汽车后市场电商主流模式	T	·维修、保养频次太低。用户使用黏性差。服务深度浅 ·同类型平台过多，竞争激烈

图 31 养车之家 SWOT 分析

4. 卡拉丁——上门服务型

（1）企业情况

卡拉丁的前身是信捷修，成立于 2012 年，2013 年 8 月正式更名为卡拉丁，是一家面向广大汽车用户提供便捷上门养护服务的汽车后市场服务提供商。目前，用户可以通过其官网、微信服务号以及客服电话预约服务。在支付方式上，用户在享受养护服务后可以选择现金支付或刷卡支付。

卡拉丁从服务集团客户起步，包括汽车租赁企业、企业车队等。典型服务客户有中进汽车租赁、天津良好汽车服务有限公司、国机汽车股份有限公司等。目前，卡拉丁正在大力开拓私家车市场。

（2）商业模式

卡拉丁上门提供更换机油、机滤、空滤及空调滤的养护服务。提供全车安全检查：刹车液、刹车片、冷却液、轮胎、胎压、灯光、电

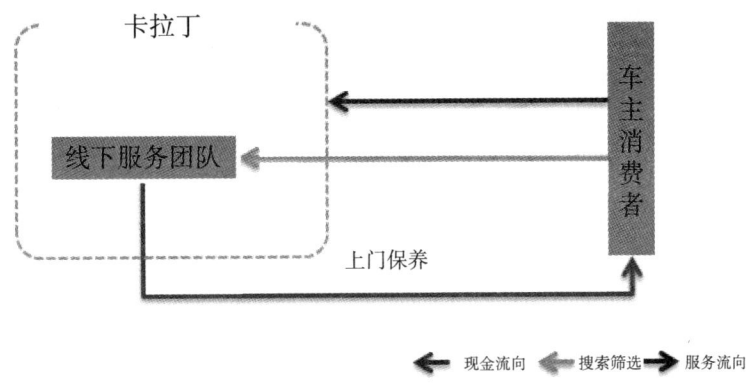

图32 卡拉丁模式

瓶、玻璃水、随车工具等,其中有特色的是卡拉丁 PM 2.5 空调滤清器上门安装服务。

服务地区包括北京五环内及天通苑、回龙观、亦庄、上地和通州主城区等;天津主城区;上海外环线内。北京(5家)、天津(1家)提供到店服务,车主可自行到店或委托技师去送车辆。提供正品配件以及其自营非标准产品,并提供24小时预约上门服务。

在收费标准上,根据品牌车型和用户选择的配件来确定费用,另外收取150元服务费,车主可以自备材料,也可以采用卡拉丁提供的品牌产品,价格以京东商城出售价格为准。

其主要模式为充分把握用户保养车中的生活场景,以便利和快速为特点进行切入。其商业模式相对较轻,更便于实现对标准化服务的全面覆盖。其底层的商业逻辑为,快速便捷的上门保养服务,因此,对移动端宣传提出较高要求。卡拉丁模式背后遵循其独特的商业延展模式,即从汽车保养切入,逐步按照保养以及维修的具体品类进行延展。

卡拉丁线上下单、线下上门服务的 O2O 模式在养车市场通过网格化管理进行效率的提升，以一辆车为一个服务单元。卡拉丁在服务标准打造上，确保技师能在45分钟内完成保养，全程不超过1小时。工具箱标准化，所有的工具可以放到不同车型的车后。随着用户量的增加，卡拉丁的扩张成本也随之下降。

（3）企业运营分析

可提供约1700款车的保养服务，用户重复购买率超过70%，在京东开店。

（4）SWOT分析

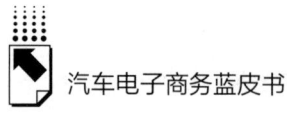

S	·模式清晰，需求明确，用户转化率高 ·场景切入，直达用户痛点	W	·技师之间较难实现服务标准化，技师资源成为发展瓶颈 ·人员成本与利润率之间较难实现平衡
O	·汽车维修保养服务电商将是未来汽车后市场电商主流模式 ·传统维修保养服务价格虚高，质量参差不齐	T	·维修、保养频次太低。服务深度浅 ·上门保养门槛低，容易形成激烈竞争

图33　卡拉丁SWOT分析

5. 车易安——供应链服务平台

（1）企业简介

车易安（上海车易信息科技有限公司）于2012年7月正式上线，是汽车服务及配件交易第三方垂直平台。目前主要用户集中在上海、杭州地区，现有500余家汽车服务商、100余家汽车零部件企业使用车易安产品，注册车主用户7万多。国内A股上市公司隆基机械于2014年下半年投资车易安2593万元，获得27%的股权。

(2) 商业模式

车易安 C2B2B 的商业模式，以车主需求为驱动，以汽车服务商为核心切入，通过提供系统化管理和营销解决方案及汽配供应链解决方案，来提升汽车服务商的服务质量及配件质量，最终为车主带来优质养车服务体验。打造良性产业生态链，主要将从为商家提供系统化综合解决方案和汽配供应链服务中获取收益。

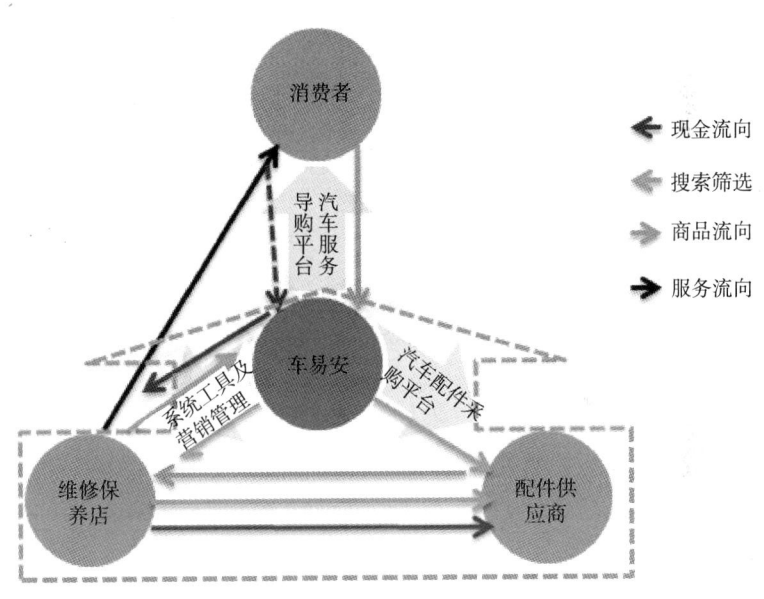

图 34　车易安平台模式

产品方面，车易安以汽车服务商店铺管理及营销系统工具为切入，包括提供 SA 接单导购、CRM、进销存、员工管理及供应商管理等在内的系统管理服务，以提高汽车服务商经营管理水平。前后端连接两个平台。

后端连接配件采购平台：车易安后端产品是"内嵌式"配件采

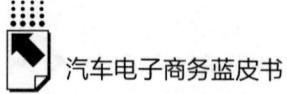

购平台。车易安整合并遴选众多优质汽配供应商，满足汽车服务商配件采购品类齐全及品质保障需求，并通过精准的下单系统及供应链的高效配送体系，提高采购及配送效率。

前端连接车主导购平台：车易安前端产品主要是车主导购平台，主要包括PC端的车易安养车网以及移动端的养车宝APP，该部分主要针对终端车主用户。为车主提供顾问式、诊断式服务。车主可以通过车易安选择最适配的养车服务及优质的汽车服务商，从而获得高效、放心、性价比高的养车服务体验。

研发核心，即专业的数据库模块，内含车型、配件、服务的庞大数据以及这些数据的精准匹配关联，并在各个产品中实现贯通联动。将C端、b端、B端的业务链条通过系统实现完全打通，具备一定的技术研发门槛。

业务拓展方面：目前已经有小拇指、不二、强生等多家连锁汽车服务商使用车易安产品，平台上汽车服务商为500余家。

（3）企业运营分析

截至2015年2月6日，车易安导流车主数量在10万左右，使用车易安系统工具的维修保养店数量为500多家。2015年，车易安的主要目标是系统工具将进行全国性推广以及完成整个供应链体系的搭建运营，以进一步整合b端（维修保养店）和B端（汽配供应商）。

A股上市公司隆基机械目前占车易安27%的股权，隆基机械为汽车零配件公司，近两年积极布局汽车后市场领域，目前制动产品客户主要是自主品牌乘用车及商用车OEM配套、欧美AM市场。对车易安打通产业链、维持资金供给都有较大利好。

目前，车易安员工有60~70人，约一半为技术开发人员，其余为业务人员和数据人员。全国推广一方面是自己团队的扩充和培养，另一方面将采取代理合作方式。

（4）SWOT 分析

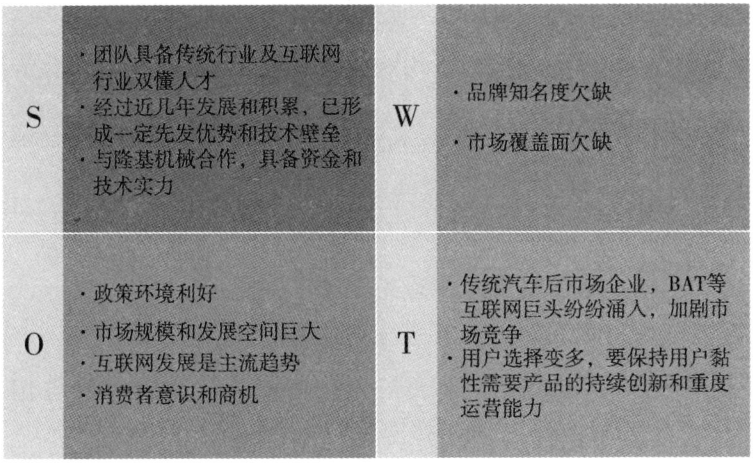

S	·团队具备传统行业及互联网行业双懂人才 ·经过近几年发展和积累，已形成一定先发优势和技术壁垒 ·与隆基机械合作，具备资金和技术实力	W	·品牌知名度欠缺 ·市场覆盖面欠缺
O	·政策环境利好 ·市场规模和发展空间巨大 ·互联网发展是主流趋势 ·消费者意识和商机	T	·传统汽车后市场企业，BAT等互联网巨头纷纷涌入，加剧市场竞争 ·用户选择变多，要保持用户黏性需要产品的持续创新和重度运营能力

图 35　车易安 SWOT 分析

6. 车险无忧网——车险电商

（1）企业情况

车险无忧网为南京人人保网络技术有限公司旗下网站，车险无忧网创立于 2012 年 1 月，包括车险无忧网站、车险无忧移动客户端、车险无忧微信公众服务平台、车宝 UBI（Usage Based Insurance）。业务主要包括为车主提供便捷、科学、智能的汽车保险购买体验和服务。

（2）商业模式分析

车险无忧网业务包括在线比价、车险需求、智能折扣、理赔查询、保险服务等。车险无忧网利用互联网平台、大数据搜索，减少保险公司和车主消费者之间的中间环节，实现车险渠道的需求、服务、体验的透明化。

此外，车险无忧网发布的汽车安全驾驶智能盒子车宝 UBI，通过分析车主驾驶行为和数据，实现汽车保险个性化定价。通过车险无忧

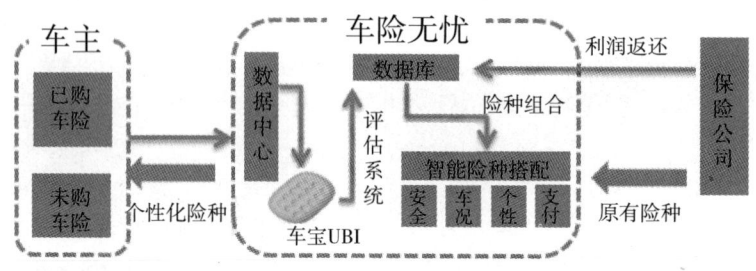

图36 车险无忧网商业模式

网,投保人便可绕开保险代理人,先在车险无忧网上自己算出车险,然后再与各保险公司的报价相比,选择更好的服务。

车险无忧网的产品为用户导向制,通过大数据分析,了解车主用户实际需求后进行产品的创新和个性定制。

车险无忧网未来将致力于数据分析和个性定制,站在车主的层面进行产品创新。

(3)企业运营分析

截至2014年4月,车险无忧网汽车保费交易额已超过数亿元人民币,是中国汽车保险保费规模交易最大的第三方汽车保险网站,也是中国最大的汽车保险网站。2014年,车险无忧网发布中国第一个汽车安全驾驶智能盒子——车宝UBI,在南京打造基于中国车主驾驶行为分析的大数据中心。

车险无忧网为车主提供包括中国人民保险车险、中国太平洋车险、阳光车险、天平车险、永诚保险、信达保险、华安保险、人寿财险等多家国内主流保险公司产品,投保方式包括"提交保险需求""选择保险公司""立拍保""我的保险需求""保险公司服务"等,将传统复杂的保险流程转化为更为简洁的操作流程。

（4）SWOT 分析

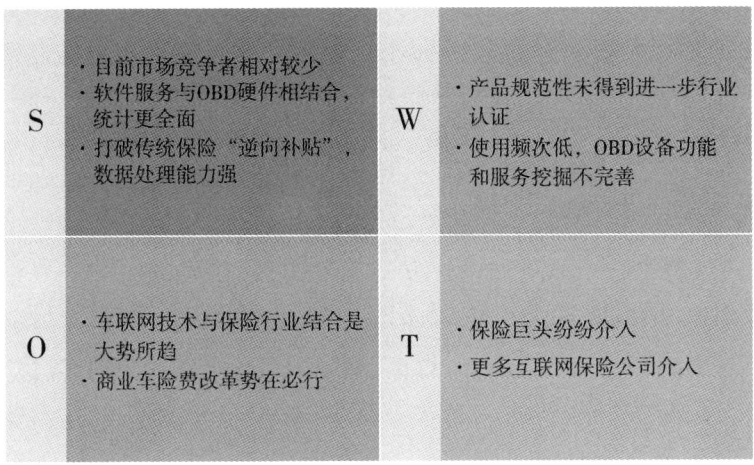

图 37　车险无忧 SWOT 分析

7. 车轮互联——用车类工具

（1）企业情况

车轮互联（原上海易点时空网络有限公司）成立于 2012 年底，是一家垂直汽车类的移动互联网公司，开发了车轮查违章、车轮考驾照、车轮社区等 10 余款汽车类相关 APP。目前，公司致力于将车轮社区做成移动端车友会，并接入第三方服务，为车主提供移动端的智能化一站式车生活服务。

（2）商业模式

车轮互联的发展路径为"用车工具 - 汽车社区 - 后市场平台"，从车轮查违章、车轮考驾照切入汽车后市场电商，覆盖活跃用户超 2000 万；利用活跃用户的核心竞争力，切入汽车社交，提高 APP 的用户黏性；然后利用流量入口接入第三方汽车服务，如二手车电商、维修保养电商、汽车保险等。

目前，车轮互联共研发产品 10 多款，主要产品有车轮查违章、车轮考驾照和车轮车友会。查违章安装总数超过 7000 万次；车轮考驾照安装总数为 3000 万次。公司有 2000 多万活跃用户。

车轮互联的收入来源以广告业务为主，车轮旗下流量较高的 APP 产品"车轮查违章""车轮考驾照"等 Banner 位置已经置入汽车类、保险类广告。公司还通过更新"查违章炫酷版"加入多汽车品牌的主题包，为厂家提供品牌展示。

此外，车轮互联还在尝试利用入口实现分成收入。车轮互联的几款 APP 作为汽车垂直类流量较高的产品，有较强的入口效应，接入第三方服务可以有分成收入。目前已经接入易车的"汽车报价大全"功能，入口每天为"汽车报价大全"带来将近 6000 个销售线索；还接入二手车买卖等第三方服务。

车轮互联主要服务对象为汽车厂商、第三方服务商和终端用户，从现在产品研发的模式来看，是希望打造一个连接汽车生活服务的线上线下的 O2O 平台，实现服务交付的协同。此外，车轮互联后端有丰富的用户数据，可以为汽车厂商、广告主等提供精确的用户数据。

车轮互联旗下产品有车轮考驾照、去哪儿买车、车轮猜车、车轮找车位、行车记录仪、汽车通缉令、汽车账本、车轮查违章、车轮社区等。主要产品为车轮考驾照、车轮查违章、车轮社区。

车轮考驾照是车轮互联旗下的交规驾照考试在线教育产品，主要提供理论考试、安全文明题库、小路考及大路考视频教程，融入了 SNS 社区互动及成绩排行等功能。

车轮查违章是车轮互联旗下的一款汽车违章查询工具，主要提供新违章自动推送、附近违章高发地、违章吐槽等服务，违章数据直接和交管局同步，覆盖全国 310 多个城市违章点。产品现在正在尝试与第三方支付合作，加入在线交罚单等功能。

车轮社区是车轮互联旗下的一款以车主为用户群体的移动社交工

具,主要提供车主圈的SNS社交服务,产品可以根据汽车品牌或所在地加入移动端车友会"车轮会",并提供找加油站、找停车场、违章查询、车轮周刊等增值功能。产品还作为第三方平台入口接入汽车报价大全等第三方服务。

目前公司处在初创期,公司共有40多名员工,其中30多名都是技术研发人员。公司两位创始人都是互联网行业产品经理或总经理出身,在研发方面具备一定实力。

(3)企业运营情况

2013年8月,车轮互联拿到腾讯联合创始人曾李青的千万级天使轮融资;2014年初,车轮互联完成来自易车网数千万元的A轮融资;目前车轮正在洽谈B轮融资,数目在亿级美元。

2014年9月,车轮互联的APP产品装机量达到1亿元,实现营收几千万元人民币,2015年目标营收过亿元。

(4)SWOT分析

S	·目前市场竞争者相对较少 ·软件服务与OBD硬件相结合,统计更全面 ·打破传统保险"逆向补贴",数据处理能力强	W	·产品规范性未得到进一步行业认证 ·使用频次低,OBD设备功能和服务挖掘不完善
O	·车联网技术与保险行业 ·车主群体变现能力强	T	·同类型创业竞争对手 ·传统汽车主流媒体汽车之家等进入移动端 ·BAT等互联网巨头切入用车工具市场

图38 车轮互联SWOT分析

四 2014年中国汽车后市场电子商务领域热点事件

（一）投融资事件

1. 汽车后市场电商投融资项目规模分布

2014年掀起了汽车后市场电商投融资的热潮，据统计，公开可查的关于汽车后市场电商的投融资超过20起，但从单笔投资金额来看，与二手车电商相比规模较小；仅有四成多投融资项目金额超过2000万元；千万级以下规模的占四成左右。

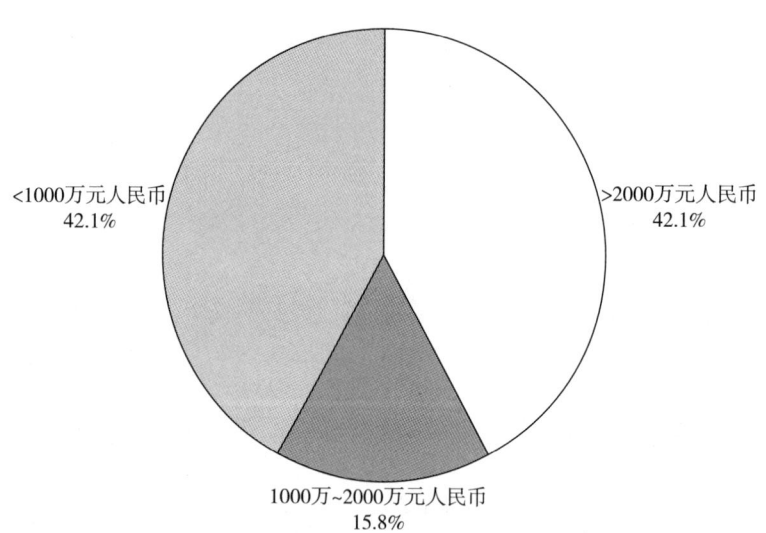

图39 2014年全国汽车后市场电商投融资项目规模分布

2. 汽车后市场电商投融资项目模式分布

从汽车后市场电商投融资的模式分布来看，2014年汽车后市场电商领域获得融资的公司，有近六成为维修保养服务电商；近四成为用车类电商；汽车配件及用品B2C电商平台投融资仅1例。

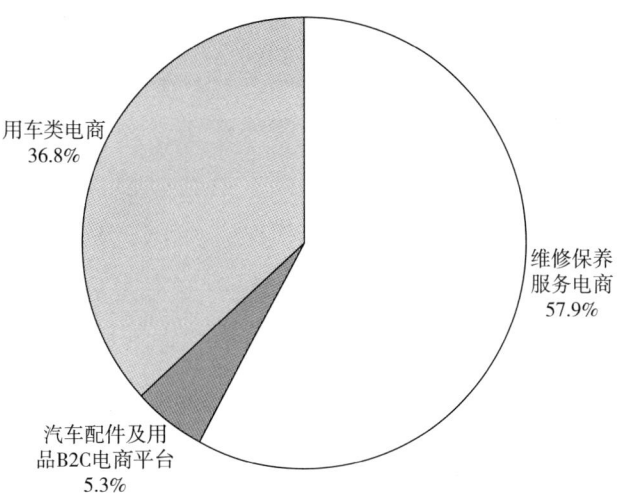

图 40　2014 年全国汽车后市场投融资项目模式分布

其中，2014 年最受资本市场追捧的维修保养服务电商模式中有不到五成为上门服务模式；有约四成为导流服务平台模式；汽配电商自营的模式投融资仅 1 例。

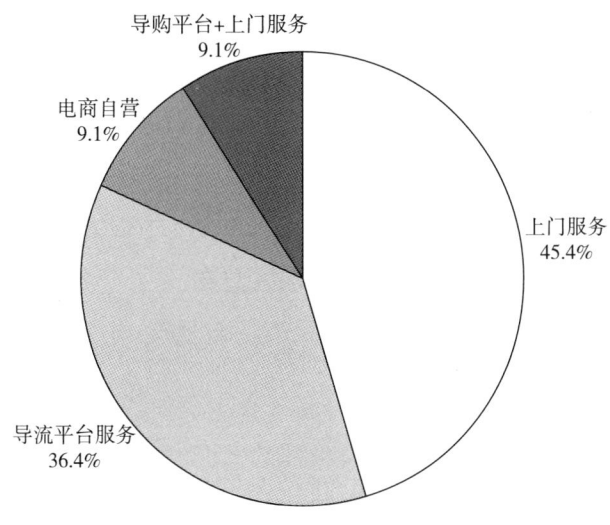

图 41　2014 年全国汽车后市场维修保养模式分布

2014年是中国汽车后市场电商发展的关键转折年，这一年汽车后市场电商热度大增，资本市场开始关注。我国维修保养服务市场相比欧美国家还相对落后，市场面临不规范、集中度低等问题，4S店长期垄断汽车原装配件，价格虚高；其他维修保养店质量参差不齐，这些问题给予电商很大的市场机会。所以，从投融资项目模式分布数据可以看出，2014年资本市场更看好汽车后市场电商中维修保养服务电商模式。上门服务作为目前维修保养服务电商模式之一，相比导流平台模式、电商自营模式更加简洁，更多地被资本方所接受。

我们预测，随着汽车后市场电商进一步发展，2015年可能会出现新的商业模式，而原先风头正劲的一些模式除了继续烧钱扩大覆盖面外，也将会逐步出现分水岭。上门服务模式需要对线下服务人员有较强的控制能力，模式相对较重，全国范围扩张速度较慢；资金实例雄厚的以及扎根个别一线城市较早的公司将会继续扩大发展，其他的可能会在发展中遇到资金和人员的双重障碍。

此外，用车类电商也是2014年资本市场热捧类型。用车类电商主要商业模式均为移动互联网导流入口平台型，该模式创业公司大部分为互联网从业者创办，在用户需求、产品体验、品牌宣传等方面都相对较强，切入点小，容易打开利基市场，更容易受到资本市场的青睐。

3. 汽车后市场电商投融资项目地区分布

从2014年获得投融资的汽车后市场电商公司所在地区来看，有近六成拿到投融资的公司来自北京；其余近四成分布在上海、广州、浙江等省市。

课题组认为，汽车后市场电商投融资项目所覆盖的北、上、广、浙均为我国经济发达地区，汽车市场更为成熟，汽车销量、二手车市场发展都相对靠前，更适合发展汽车后市场电商。

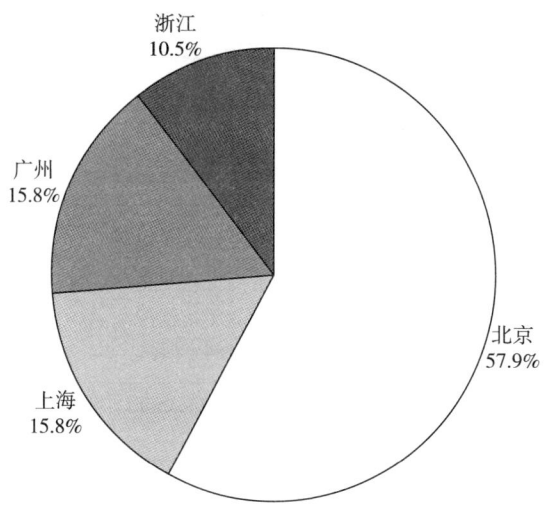

图 42 2014 年全国汽车后市场电商投融资项目地区分布

4. 2014年汽车后市场电商投融资情况一览

表 4 2014 年汽车后市场电商投融资情况一览

时间	公司	轮次	金额	投资者	主营业务	公司地址
2014 年 12 月	摩卡移动汽车	种子天使	1000 万元	复星昆仲资本/复星	维修保养服务电商－上门服务	北京
2014 年 12 月	百车宝	种子天使	数百万元	真格基金	维修保养服务电商－导流平台	北京
2014 年 12 月	车便利	种子天使	数百万元	—	维修保养服务电商－电商自营型	广州
2014 年 11 月	博湃养车/易捷卡	A 轮	数千万元	创新工场	维修保养服务电商－上门服务	北京
2014 年 10 月	车易安养车网	A 轮	2593 万元	—	维修保养服务电商－导流平台	上海

续表

时间	公司	轮次	金额	投资者	主营业务	公司地址
2014年10月	御途网络	种子天使	数百万美元	—	汽车配件用品B2C电商平台	广东
2014年10月	e代驾	C轮	2500万美元	经纬中国光速安振/光速创投58同城	用车类电商	北京
2014年10月	e保养/福瑞车美科技	A轮	500万美元	源码资本	维修保养服务电商-上门服务	北京
2014年9月	养车点点/小卡科技	A轮	400万美元	—	维修保养服务电商-导流平台	杭州
2014年8月	车极客Motor Geek	种子天使	数百万元	—	维修保养服务电商-上门服务	北京
2014年8月	1018汽车俱乐部	A轮	1000万元	—	用车类电商	北京
2014年8月	洗爱车/信言博智	种子天使	数百万元	中路集团/中路资本	维修保养服务电商-导流平台	北京
2014年6月	喂车车	种子天使	数百万元	德迅投资/曾李青	用车类电商	广州
2014年6月	e保养/福瑞车美科技	种子天使	未透露	—	维修保养服务电商-上门服务	北京
2014年4月	车轮/我要考驾照/车轮社区	A轮	数千万美元	—	用车类电商	上海
2014年3月	橙牛违章管家/达则科技	种子天使	数百万元	—	用车类电商	浙江

续表

时间	公司	轮次	金额	投资者	主营业务	公司地址
2014年3月	纵横携车网	A轮	1000万元	—	维修保养服务电商-导流平台+上门服务	上海
2014年1月	油客网	A轮	数百万元	中国平安/平安创新投资基金	用车类电商	北京
2014年1月	e代驾	B轮	数千万美元	经纬中国光速安振/光速创投	用车类电商	北京

（二）企业事件

1. 淘宝发布汽车后市场O2O服务正式进入汽车后市场

2014年11月3日，淘宝联手北京、上海等200余城市线下超过3万汽修服务网点，进入汽车后服务市场，为国内6000万私家车主提供线上线下一体化的汽车维修到日常保养。届时，车主可直接在线购买各种汽车配件，并直接预约线下就近汽修服务点的相关服务。据了解，目前淘宝汽车已支持数十个预约线下安装的类别，其中，发动机油、玻璃防爆膜、DVD导航、刹车片、车灯、汽车电瓶、滤芯等均在内。

事件点评：目前，国内私家乘用汽车平均每年用于保养维护和修理的费用高达4000元，而在淘宝汽车完成配件购买和维修养护的预约，有望将消费者的汽车养护成本降低30%以上。

2. 京东与西国贸汽配基地达成战略合作

2014年8月8日，京东集团与西国贸汽配基地达成战略合作，全面整合线上线下资源为广大车主服务。本次合作主要集中在三个方面。①一站式汽车服务平台：根据商户需要，京东自营、POP平台可为西国贸相关商户开通绿色通道；服务类商户承接京东相关汽车产品的售后、安装等。②线上线下营销推广：京东云服务将为西国贸搭建智能WiFi，占领线下入口；合作推广宣传；为商户提供线上线下的推广以及给予一定的支持。③车联网基础建设部：京东车载智能硬件分销；车联网体验室合作；汽车增值服务方面的合作。

事件点评：京东与西国贸汽配基地通过合作可以形成一个线上线下的闭环，即车主直接在线上选择商品，到线下的店面施工，通过线下广告、WiFi等入口结合京东提供的大数据精准营销方案影响消费者，再打通ERP，让整个线下市场互联网化。

3. IBM与轮库汽车服务连锁进行战略合作

2014年9月17日，轮库汽车服务连锁与IBM达成战略合作。轮库是国内首家拥有自主知识产权的汽车专业后服务连锁机构，开拓出轮胎钢圈销售、快修保养服务、24小时救援服务为主体的"一站式"崭新消费模式，成功实现了汽车后服务行业的"奥特莱斯"概念。

事件点评：轮库汽车服务连锁和IBM战略合作，将整合各自优势资源，IBM将通过互联网技术帮助传统线下的汽车连锁维修店通过O2O模式来增强车主用户体验，帮助更多的传统汽车维修保养企业进行互联网化。

4. 上汽集团旗下A车站正式上线

2014年10月18日，上汽集团"A车站"正式上线。A车站的计划早在2012年前就开始启动，上汽制订"十二五"规划时，成立了一个B2C连锁业态的项目组，布局针对专业汽车养护维修服务的网络销售和快修快保连锁门店。上汽销售主要承担上汽集团B2C销售业务，A车站主要承担B2C业务售后部分。A车站定位在一线城市，计划在市中心的各个社区快速扩张。

事件点评：A车站是上汽集团专门针对售后服务市场推出的售后服务连锁企业，也是第一家由整车企业推出的售后服务连锁企业。对上汽集团布局完整的汽车电商生态链有较大影响。上汽集团作为目前国内市场占有率第一的整车厂，在维修保养服务市场竞争过程中，拥有信息、零配件、经销商、4S店、2S店等多个优势，A车站的上线则有利于整合优势，拓展上期B2C售后业务。

5. 腾讯、人保、嘉实多合作发布"i保养"平台

2014年12月23日，由腾讯、人保、嘉实多合力打造的"i保养"平台正式发布。"i保养"首推免费保养项目，只要在保险有效期内，人保车主都可以享受全年免费的机油小保养服务（根据整车厂售后保养建议）。目前该项目，已在部分城市试点。

事件点评：保养一方面有来自腾讯移动互联网的助力，提供车主更为便捷的线上沟通、多触点接入，以及可延展的车联网服务；另一方面，植根人保与嘉实多在业界深耕多年建立的服务与产品口碑，提供车险优惠产品及正品机油保障，再加上"好途邦"等全国性汽修连锁品牌网点，业务拓展将会比较快。

6. 阿里背景"淘气档口"正式成立

2014年1月16日，汽配B2B电商"淘汽档口"上线，公开信息显示，淘汽档口目前有20亿元投资，在全国20多个城市拥有3万多家线下门店合作。

事件点评：汽车配件用品AM市场原先的链条为"工厂－代理商－经销商－零售商－维修保养店"。淘汽档口的商业模式即去掉汽车配件AM市场流通的中间环节，作为沟通汽车配件厂家和线下维修保养店的交易平台，链条变成"工厂－淘汽档口－维修保养店"，打通了汽车配件用品整个销售环节，整体的采购成本下降，减少了冗余的流通环节，最大程度降低了成本。

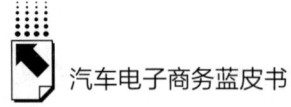

7. 神州租车顺利 IPO 直指汽车后市场服务

2014年9月19日，神州租车在港交所正式 IPO。神州租车招股说明书中表明，未来神州租车的目标是打造中国最大的汽车后市场服务平台。

事件点评：神州租车目前已经成为国内最大的二手车销售商之一，二手车业务成为其打造汽车后市场服务平台的重要一环。除此之外，神州租车还在汽车共享、融资租赁、汽车金融、汽车维修保养等领域进行规划布局，未来有机会成为国内汽车后市场服务的平台型公司。

8. 长城汽车金融公司正式获批

2014年6月10日晚间，长城汽车发布公告，表示公司旗下的天津长城滨银汽车金融有限公司已经经天津市滨海新区工商局核准，取得了营业执照。汽车金融、汽车租赁等汽车后市场业务是公司未来着力开拓的领域。

事件点评：长城汽车开拓汽车金融、汽车租赁等汽车后市场业务有助于延伸公司汽车产业链条，为公司创造新的盈利增长点，并与公司现有业务产生协同效应。

9. "广汇汽车"借壳上市，目标指向汽车后市场

2014年12月5日晚间，美罗药业发布公告称，公司拟以除可供出售金融资产外全部资产和负债，与广汇集团等七家股东所持有的广汇汽车服务股份公司100%股权进行置换。交易完成后公司将变成汽车服务商，广汇汽车将实现借壳上市。广汇汽车是国内领先的乘用车经销与汽车服务集团和领先的乘用车融资租赁服务商，业务范围涵盖汽车销售和售后服务整个生命周期，并能够提供包括整车销售、租赁、维修养护、保险及融资代理、汽车延保及二手车交易代理服务等在内的全套乘用车服务业务，是中国排名第一的乘用车销售集团、中国最大的乘用车融资租赁服务商及汽车经销商中最大的二手车交易代

理商。

事件点评：至2013年广汇汽车年度销售额已连续第三年获得汽车流通行业经销商集团第一名。广汇汽车借壳在A股上市后，将成为A股稀缺的汽车后市场概念标的，获得更多资本的关注，对自身延伸、完善汽车后市场产业链有较大帮助。

（三）行业事件

1. 十部委联合发布汽车维修业指导意见

2014年9月18日，交通运输部、国家发展改革委、教育部、公安部、环境保护部、住房城乡建设部、商务部、国家工商总局、国家质检总局、中国保监会等十部委联合发布《关于促进汽车维修业转型升级、提升服务质量的指导意见》（简称《指导意见》），明确规定了汽车生产企业必须公开技术资料信息和配件销售渠道。《指导意见》要求，建立实施汽车维修技术信息公开制度，保障所有维修企业平等享有获取汽车生产企业汽车维修技术信息的权利。

事件点评：《指导意见》的推出有助于促进汽车维修市场公平竞争，提升汽车维修质量；有助于促进汽车维修配件供应渠道开放和多渠道流通，保障消费者的自主消费选择权。

2. 上海市政府推动自贸试验区内"平行进口汽车"政策

2014年8月底，上海市政府提出推动自贸试验区内"平行进口汽车"政策试点。其主要内容之一就是，上海自贸区将为平行进口车提供售后保障，未来平行进口车也可享有"三包"等售后服务。平行进口汽车是指未经品牌厂商授权，贸易商从海外市场购买，并引入中国市场进行销售的汽车，也就是业内俗称的"大贸"车。据统计，目前，中国每年的汽车进口量为100多万辆，其中有10%为平行进口。这些车辆相比所谓"中规车"在售价方面低15%~20%。

事件点评：平行进口政策的落地意味着未来非官方授权渠道进口的汽车，将获得"合法身份"。而平行进口车辆由于没有授权经销商代理的环节，所以，其价格相比国内正规进口的所谓"中规车"更有优势。

3.《汽车品牌销售管理办法(征求意见稿)》即将出炉

2014年下半年以来，商务部已组织多场《汽车品牌销售管理办法》修订工作座谈会，与旧办法相比，新办法有很多亮点：鼓励汽车渠道的多样化，规定了首次授权经营期限不得少于5年，对厂家的压库、搭售行为进行了约束。

事件点评：旧版的《汽车品牌销售管理办法》明确规定了经销商单一授权模式，消费者只能在车企授权的经销商购买车辆，这一规定奠定了车企的垄断地位。新版《汽车品牌销售管理办法》有利于缓解车企和经销商之间的矛盾。

五 汽车后市场电子商务市场发展趋势

（一）国内汽车后市场竞争格局将逐渐集中，电商形态的巨头级汽车后服务商将出现

跟欧美成熟市场相比，中国的汽车后市场还处于非常初级的阶段，目前，后市场的各种业态都还处于极为离散的状态，还未形成具备主导市场力量的汽车后市场服务企业，主要是由于国内的平均车龄较低，后市场还处在培育期。但随着私人汽车的保有量越来越高，中国的汽车后市场格局有可能与美国趋同。从美国汽车后市场的发展情况来看，出现了诸如AUTOZONE、NAPA、ADVANCE等市值超过100亿美元的企业，因此，未来十年在中国出现市值百亿美元的汽车后市场服务企业是大概率事件，市场的竞争格局也将逐步走向集

中化。

与美国市场不同的是，中国汽车后市场将伴随着移动互联网、电子商务、O2O等技术和形态一起成长，所以，美国市场那种传统的汽车服务连锁业态在中国被完全复制的可能性不大。我们认为，依托移动互联网和O2O的方式去实现汽车后服务的业态构建更符合当前市场发展的趋势，未来以电商形态服务用户的巨头级汽车后服务商将会出现。

（二）配件和服务分离的模式不适合中国市场，一站式的汽车O2O服务将成为主流

与美国的车主相比，绝大部分中国车主不具备DIY的能力，因此，像美国市场那样直接向车主零售汽车配件并由车主自己更换和安装的汽配连锁业态不太可能出现，同理，纯粹的汽车配件零售B2C电商平台也不可能完全满足目前车主的需求。课题组认为，中国的车主需要的是一站式的汽车后服务，用户能够通过便捷的在线平台完成配件的购买和服务的预订，并在合理的范围内获得满意的线下服务。

（三）汽车后市场电商企业有望构建起完整的汽车服务生态圈

汽车后市场涵盖范围广泛，从车主买车后，到养车、用车的各个方面，包括保养维修、护理改装、用车、保险等领域。互联网对汽车后市场的影响将渗透汽车后市场整个产业链，包括第三方支付、物流、引流、售后、供应链金融、供应链系统信息化等。整个产业链的互联网化将为汽车后市场电商企业带来更多的市场机会，从其他传统商业互联网化的进程可以预测，随着互联网的渗透，汽车后市场服务受地理位置区隔阻碍减小，未来汽车后市场电商企业有望构建起完整的汽车服务生态圈。

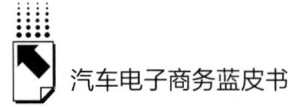

（四）汽配厂、整车厂和经销商、连锁维修店等传统线下企业将陆续切入后市场电商

汽配厂、经销商和连锁维修店、整车厂都是传统汽车后市场产业链中必不可少的重要环节。随着汽车后市场电商近两年的快速发展，汽配厂、经销商和连锁维修店、整车厂也在互联网化、电商化的道路上逐步探索。对这些传统线下企业来说，切入汽车后市场电商优势在于有充足的汽车后市场的行业经验和线下资源。汽车后市场电商化的良好机遇将推进这些传统汽车后市场企业完成"互联网+"的转型。

课题组认为，汽配厂、经销商和连锁维修店、整车厂将在未来几年陆续通过微信公众号、自建电商平台、系统信息化、与电商平台合作的方式，充分利用其线下的资源优势进行快速拓展和布局，未来将在维修保养服务电商的市场格局中占据重要的市场地位。

汽车零配件厂商在切入汽车后市场电商中的代表企业有：国外企业包括米其林、博世等；国内企业包括金固股份、隆基机械、永达汽车。从目前发力汽车后市场电商的汽车零配件厂商的发展现状可以总结出以下几点趋势。

第一，汽车零配件国外品牌看到中国汽车后市场未来前景，加快在中国自建线下维修终端网络。米其林加驰快修店2014年在中国已经达到1000家，五年内将扩展至2000家。博世在中国启动博世车联，主营汽车专业维修特许加盟业务，在2014年底发展50家特许加盟店，三年内拓展为1000家。

第二，汽车零配件厂商从B2B往B2B2C转型。过去几十年，博世、电装等汽车零配件厂商的主要目标市场都是B端整车厂，主要为整车供应OEM配件；而近几年这些汽车零配件厂商开始逐步从B端市场往C端市场延伸，加强了针对C端车主消费者的品牌广告传播，并通过多种形式直接面对C端用户。

第三，汽车零配件厂商电商化加速。汽车零配件厂商主要从B2B和B2C两种渠道探索电商化。B2B方面，主要是借助慧聪网、阿里巴巴、淘汽档口等汽车配件用品B2B电商平台经销。B2C方面，一方面，借助天猫、京东、亚马逊等汽车配件用品B2C电商平台设立官方店或经销形式售卖，如普利司通、米其林、索菲玛、电装、博世等都在B2C电商平台上开设了官方店；另一方面，通过自建电商平台的形式，如米其林已经自建了汽车维修保养服务电商平台，实现配件和维修保养一站式服务。

汽车经销商在切入汽车后市场电商中的代表企业有庞大集团、中大元通集团。课题组认为，经销商在切入汽车后市场电商中的优势在于：有丰富的汽配经销经验；有丰富的后市场渠道资源；有较强的线下资源。从目前发力汽车后市场电商的汽车经销商的发展现状可以总结出以下几点趋势。

第一，自建线上电商平台。2013年11月，庞大集团自主开发的O2O网络平台庞大汽车电子商城上线，在庞大的电商平台上除了新车电商外，还囊括了汽车配件用品电商以及维修保养服务电商。2014年7月，物产中大元通集团开发的O2O网络平台车家佳上线，其中囊括了汽车后服务电商。

第二，加强与互联网的合作力度。汽车经销商开始加强与电商平台的合作，利用大型电商平台发力汽车后市场，为自身进行产品导流。

品牌连锁维修店在切入汽车后市场电商中的代表企业有小拇指、新焦点、有一手快修。随着电商进入后市场，4S店优势下降，品牌连锁维修店具备服务经验、线下门店资源等多个优势，在后市场O2O中将大大受益。从目前发力汽车后市场电商的汽车经销商的发展现状可以总结出以下几点趋势。

第一，与电商合作，线上线下协同。

第二，自建线上平台、APP 或微信公众号。

第三，积极拓展线下连锁维修点。

整车厂在切入汽车后市场电商中的代表企业有：2012 年 12 月，上汽公司旗下的 O2O 连锁快修快保门店 A 车站正式成立；2014 年 10 月，上汽集团下快修快保连锁门店 A 车站正式上线，是第一家由整车企业推出的售后服务连锁企业，实现了维修保养线上线下的协同。

B.5 中国汽车电子商务前景预测和发展建议

摘 要： 本报告主要对汽车电子商务市场的前景进行了预测，并对未来汽车电子商务市场的发展提出了相关建议。

关键词： 汽车电子商务 产业互联网 汽车产业 互联网化

一 汽车电子商务市场前景预测

（一）个人消费者的全面数字化

个人消费者的全面数字化是未来社会发展的大趋势，并且这种数字化的进程将在未来3~5年内快速完成，这将引发个人消费者在特征和行为上的极大改变，而这样的变化将会倒逼企业在经营思路上做出相应的调整。

1. 移动互联网的渗透导致消费者特征的变化

2014年中国移动互联网用户规模已经超过7亿，由于整体的体量已经很大，所以未来3年预计增速会逐渐放缓到个位数，但不可否认的是，移动互联网在个人用户端已经逐渐完成了全面的渗透。在这样的大背景下，课题组发现，个人消费者通过移动终端接入互联网的时间要远高于通过PC端接入的时间，同时人们接入互联网的时间和地点呈现极度碎片化的特征。

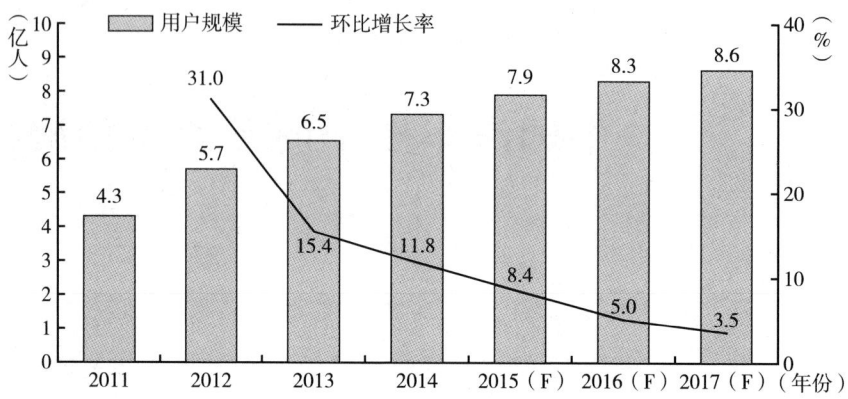

图1　2011～2017年中国移动互联网用户规模

注：2015年、2016年、2017年为预测数值。

正是由于这种移动互联网在C端的大规模渗透，个人消费者逐渐向数字化的方向演变，并且随着数字化和互联网化的不断加深，消费者具备了以前在PC互联网时代所不具备的很多特征，这使得企业在移动互联网时代面对数字化的消费者时需要深刻地认识这种变化给企业带来的影响。

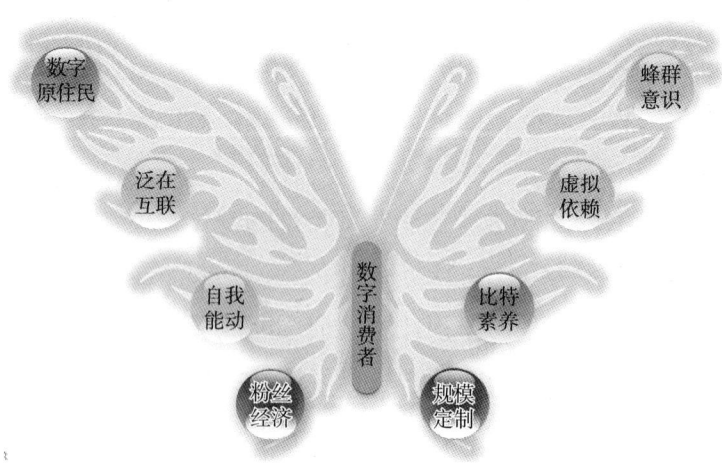

图2　数字消费者的八个典型特征

课题组认为，数字化的消费者具备了以下八个典型的特征。

第一，数字原住民：80后甚至更年轻些的这代人，一出生就面临着一个无所不在的网络世界，对他们而言，网络就是他们的生活，数字化生存是他们从小就开始的生存方式。这样的人群在未来将成为消费的主力军，他们的消费习惯会与传统的消费人群有着极大的不同。

第二，泛在互联：多种类型移动终端的出现（比如，智能手机、平板电脑、车联网、可穿戴设备等）以及移动网络覆盖范围的扩大和连接速率的大幅提升，使消费者几乎在任何时间和任何地点都能够十分便捷地接入互联网，换句话说，利用互联网接触用户的触点在增加，但呈现点状化和碎片化的特征。

第三，自我能动：移动互联网能够极大地提升消费者的自我能动性。借助各种在线平台和媒体，用户创生内容（UGC）、自媒体等形式频现，很多时候个人不需要依赖外部的环境和力量就能够创造出很高价值的东西。

第四，粉丝经济：移动互联网特别是移动社交媒体的广泛普及，使更多的人、产品和品牌能够聚合大量粉丝，以粉丝为基础通过互联网病毒式地扩散和口碑的不断积累能够催生出更多的价值和更大的经济效益。

第五，规模定制：不同用户的长尾的个性化需求一直存在，只是在以前企业难以满足这样的碎片化需求，但是通过移动互联网的方式能够广泛搜集和整合这些碎片化的长尾需求，这使得利用C2B的方式来进行产品或服务的规模定制成为可能。

第六，比特素养：人们能够借助移动互联网以及相关应用作为工具，来提高自己在工作和生活中处理事务的效率，当绝大部分人都具备了这种比特素养之后，人们的工作方式和生活方式会发生很大的改变。

第七，虚拟依赖：人人网、微博、微信等这些虚拟社交网络的出现，再加上人们随时随地的网络接入能力，使当下的消费者对虚拟世界有一种强烈的依赖感。通过虚拟的圈子构建自己的社交关系已经是一种普遍的方式,这种虚拟社交关系的不断渗透使它越来越接近现实的社交关系,因此,这种虚拟关系的商业价值也被越来越多地发掘出来。

第八,蜂群意识:通过移动互联网,大量的个体性的意识能够被快速地关联在一起,形成的群体性意识能够更容易地被预测、被影响,比如,通过社交媒体来精准预测某一类人群的偏好或者影响某一类人群的行为。

所以,从企业的角度来说,特别是面对终端消费者的企业,认识到这样的特征是第一要务,也是完成互联网转型的基础。

2. 智能终端的普及促使个人的生活方式和消费行为发生变化

2014年中国智能手机的销量超过4亿台,在经历了2012年和2013年的爆发式增长之后,未来3年智能手机的销量增长会趋向平稳,但预计在2017年销量也将接近6亿台。同时,不仅仅是智能手机、平板电脑以及未来被广泛应用的各类智能终端(包括智能家电、可穿戴设备、车联网等)也将越来越普及。

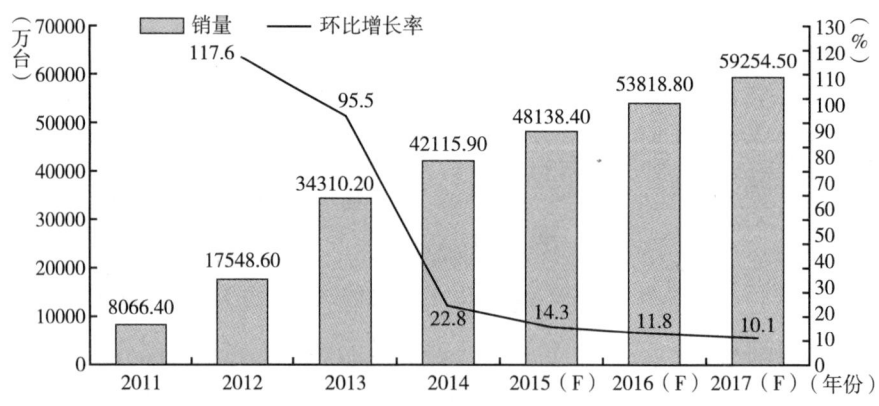

图3 2011~2017年中国智能手机销量(不含水货及山寨机)

注:2015年、2016年、2017年销量为预测数据。

正是由于智能终端的大规模普及，人们的生活方式和消费行为发生了相应的变化。根据相关数据，目前有63％的用户每天用手机进行搜索，93％的智能手机用户在手机上搜索过本地信息，其中，96％的用户都采取了行动。另外，智能终端的随身性使用户能够在不同的场景下通过互联网获取信息和进行在线购物，比如，在旅途中，在公交上，在逛商场时，在餐馆用餐期间，而这些场景是过去在PC互联网时代不会发生的。

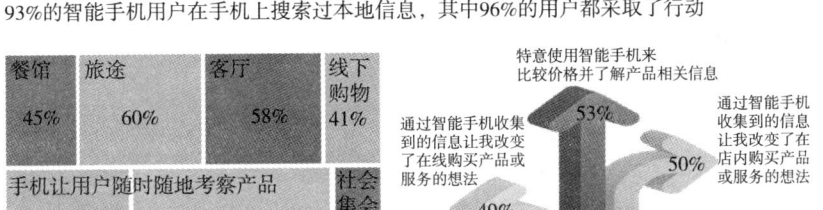

图4 人们使用智能手机的方式

课题组认为，个人用户在生活方式和消费习惯上的改变，将很大程度上影响企业的经营行为，企业在营销方式、渠道模式、客户管理等方面都要针对这些改变做出相应的调整和优化。

（二）产业互联网化的大浪潮正在汹涌来袭

从整个互联网的发展趋势来看，互联网作为一个单独的产业或者市场的属性正在逐渐淡化，它作为一种具备工具性特征的基础设施正在深刻影响各行各业。产业互联网化的大浪潮正汹涌来袭，未来每一个企业都将是具备互联网属性的企业，今天对互联网企业和传统企业的区分将会逐渐消失。

1. 个人用户的互联网化向企业用户的互联网化延伸

通过中国这十几年互联网的发展，我们深切感受到的是它对普罗大众的影响，智能手机、电子商务、社交媒体这些事物深刻影响着人们的日常生活。但是，如果往后再看十年到二十年互联网的发展，我们认为，各行各业与互联网的结合也将催生出巨大的市场，如果说过去十多年中国完成了个人用户的互联网化，那么，未来十年到二十年，中国将会实现各行各业中企业的互联网化。

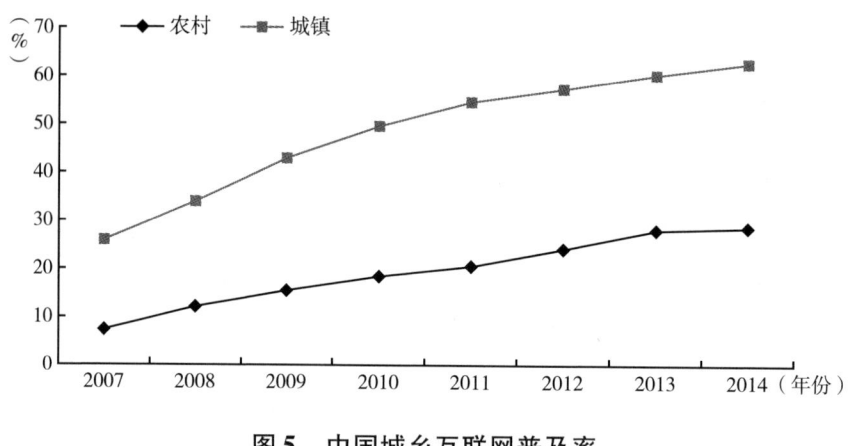

图5　中国城乡互联网普及率

资料来源：CNNIC编写《中国互联网络发展状况统计报告》，2014。

根据CNNIC发布的第36次《中国互联网络发展状况统计报告》（简称《报告》），截至2015年6月，我国城镇地区的互联网普及率达到64.2%，相比八年前的26%有了巨大的提升。农村的互联网普及率虽然也经历了较大幅的提升，但落后于城市较多，未来农村居民的互联网化将具备更大的空间。这一数据正说明了个人用户的互联网化进程。

另外，《报告》还指出，我国互联网实际应用水平仍存在很大的提升空间。一方面，采取提升内部运营效率措施的企业比例较低；另一方面，在营销推广、电子商务等外部运营方面开展互联网活动的企业比例较低,且在实际应用中容易受限于传统的经营理念,照搬传统方法。随着各类互联网商业模式的发展、互联网与经济活动的全面结合深度,对传统商业模式的影响和改革程度将进一步扩大,传统企业与互联网企业的分界将越来越模糊,互联网将成为企业日常经营中不可分割的部分。

总而言之,未来将是互联网化在个人用户和企业用户中同步渗透的过程,企业在面对消费者互联网化的同时也在完成自身互联网化的蜕变。

2. "互联网+"各行各业的影响程度不一

在企业互联网化的进程中,互联网对目前不同领域的产业都会产生影响,从基础服务、个人消费服务到生产和市场服务、公共服务,甚至第一产业和第二产业,无一例外地都将从中受益。

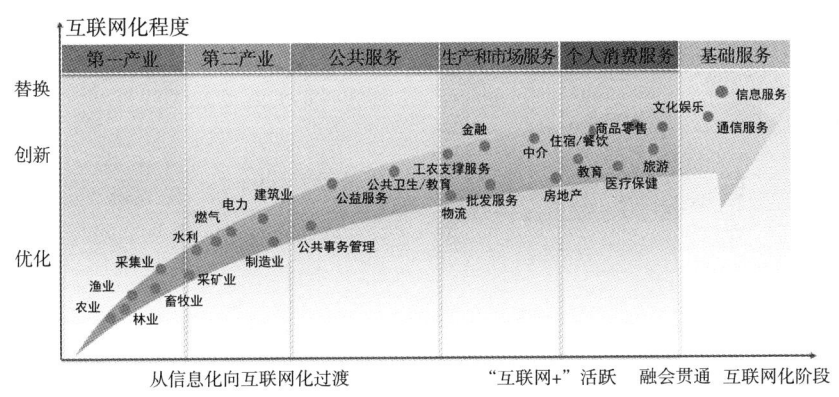

图6 中国各行业互联网化程度

从互联网对不同行业的影响程度来看,课题组认为还是存在较大差异的。对有些产业来说,互联网的影响是颠覆性的,比如,目前的信息服务产业、通信服务产业、传媒产业等。举例来说,互联网媒体的出现颠覆了传统的媒体形式,原先的纸媒(报纸杂志等)已经基本被替代,电视媒体也受到视频网站的巨大冲击。

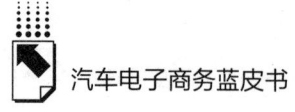

对另外一些产业来说，互联网起到的作用是通过多种创新的技术和模式来提升这些产业中不同环节的效率，比如，商品零售产业、旅游产业、医疗产业、餐饮产业等。举例来说，在线旅游平台通过互联网的方式为游客提供基于网站或移动端的酒店、机票、火车票、景点门票、旅游产品的查询、比价和预订平台，提高了效率，并且降低了成本。

当然，对更多的产业来说，互联网起到的是优化作用，是对企业的业务流程、采购流程、研发流程、制造流程等方面进行不同程度的优化和资源配置，从而使企业达到增收、节支、提效、避险的目的。换句话说，互联网并没有改变这些产业原有的商业逻辑，只是充当了工具的角色，为产业提供更好的支撑。

（三）汽车产业的互联网渗透率将进一步提升

互联网对汽车产业的渗透正在逐渐加深，不同于过去十年只有汽车互联网营销蓬勃发展，未来5~10年将会是汽车销售渠道、汽车产品和汽车企业运营多方面的互联网化，并且渗透率在不断地提升。

1. 汽车产业不同维度的互联网渗透率

课题组认为，互联网对汽车产业的渗透可以从四个维度来理解，即营销、渠道、产品和运营。营销的互联网化是指车企或经销商通过互联网的传播渠道来开展营销活动达到品牌的宣传、产品的推广、用户的聚集等目的。渠道的互联网化是指配件用品厂商、车企、经销商、后市场服务商等企业通过线上渠道来销售汽车相关的产品或服务（如新车、二手车、配件用品、售后服务等）。产品的互联网化是指整车这一产品本身实现接入互联网的能力和具备基于互联网模式的应用和服务，通常理解为车联网或互联网汽车。运营的互联网化则代表了汽车产业内的相关企业利用互联网实现企业内部的业务单元之间、产业链上下游企业之间的互联互通，从而实现业务流程的互联网化。

从目前互联网对这四个方面的渗透程度来看，有着非常明显的差异。如果从收入规模上来评价互联网对汽车产业的渗透率，可以看到，目前营销的互联网渗透率超过30%，渠道和产品的互联网渗透率则低于10%，而运营的互联网渗透率则更低。

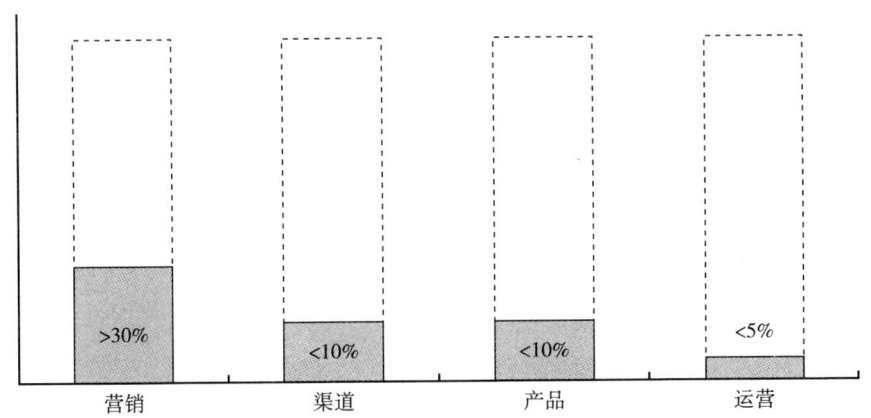

图7 汽车产业各个环节的互联网渗透率

一直以来，汽车产业与互联网的交集主要体现在营销层面。过去十年是汽车垂直网站快速发展的十年，这类网站的成长意味着汽车产业在营销互联网化上的提升，特别体现在车企对互联网传播渠道的日益重视。汽车产业内的营销大户是以车企为代表的汽车品牌厂商，目前，车企最主要的广告投放渠道是电视媒体和互联网媒体，并且后者的份额大有超越前者的趋势。据估算，目前国内各大主要汽车品牌厂商每年的广告投放预算中，互联网媒体的预算占比已经超过30%，并且未来还有一定的增长空间。

从2013年开始，渠道的互联网化在汽车产业内如火如荼地展开，无论是整车或二手车的在线销售、配件用品的网购，还是汽车后服务的O2O模式，都出现了很多新兴的企业和创新的模式。逐渐地，汽车类产品和服务的分销渠道开始呈现线上化的趋势，企业通过线上运

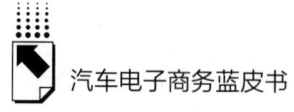

营的 PC 端网站或移动端 APP 配合线下的实体资源实现完整的交易闭环。但由于发展的时间较短，互联网在渠道的渗透率还处于较低的水平（低于 10%），从细分的领域来看，二手车和汽车用品领域渗透率稍高，而新车和后服务领域才刚刚起步。

产品层面的互联网化与渠道有着类似的情况。虽然国内的车联网市场从 2009 年就开始起步，但是具备互联网功能的车载系统的装载量相比整体的汽车保有量来说还很小，据课题组测算，不超过 10%。另外，基于车联网平台之上的应用，内容和服务还比较匮乏，其中的商业价值有待发掘。

相比以上三个方面，运营层面的互联网化处在最低的水平。从汽车行业的普遍情况来看，除了车企之外，其他企业在运营层面对互联网的使用率较低，同时多数企业对互联网的认识还停留在数字营销层面。

2. 未来互联网在汽车产业的渗透将以渠道和产品为主

课题组认为，对汽车产业来说，虽然互联网在营销领域的渗透率较高，且未来仍然有较大的提升空间，但是由于数字营销本身市场规模有限，同时互联网媒体也不可能完全取代其他类型的媒体形式，因此，汽车行业营销互联网化的"天花板"也是显而易见的。最近两年，不少成熟的互联网公司、科技公司、车企、经销商集团、初创型企业、风险资本都在大规模介入汽车渠道和产品互联网化的领域，从阿里成立汽车事业部、腾讯战略投资易车，到上汽成立车享，与阿里在互联网汽车方面的战略合作，再到 IDG、红杉等知名 VC 大手笔投资汽车互联网企业，这些集中在渠道和产品领域的互联网转型和创新将成为未来几年互联网与汽车产业结合的主旋律。

（四）互联网汽车的发展将深刻影响汽车产业生态

从 2014 年上汽与阿里的战略合作开始，互联网汽车的概念被各界所关注。尽管这两家不同领域的巨头级企业跨界合作的产品仍在研发当中,业界却已经深切感受到互联网汽车正处于方兴未艾的阶段。虽然目前还没有真正意义上的互联网汽车出现,但不可否认的是,汽车的互联网化将改变原先汽车的形态和属性,这样的变化对汽车产业生态的影响将是巨大的。

1. 汽车发展进入新的阶段,电动化、智能化和互联网化是三大趋势

从1886年第一辆四轮汽车诞生开始,汽车的发展经过了130年的历程,其间,技术、制造工艺和流程、外观设计等方面都有长足的进步。进入21世纪,特别是最近十年,汽车正在经历一次更大的变革,这次变革将会对汽车产业带来深远的影响。

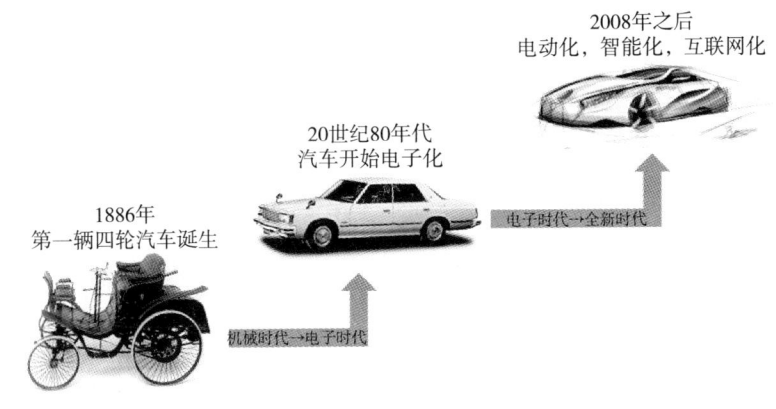

图8 汽车的发展历程

课题组认为,在汽车产业发展的新阶段,汽车将呈现以下三大发展趋势。

第一,电动化:电动汽车取代传统能源汽车的步伐正在加快,越来越多的新能源汽车被推向市场,大众对新能源汽车的接受程度在逐渐提升,充电桩等基础设施的建设也在大范围铺开。

第二，智能化：汽车从电子化升级为智能化，具备的不仅是电子系统，而且是能够辅助驾驶甚至无人驾驶的智能系统，汽车的计算能力将大幅提升。

第三，互联网化：汽车从一个独立封闭的系统演进成为互联终端，车与网络之间、车与车之间、车与道路设施之间能够实现无缝连接。

2. 以互联网汽车为平台可以挖掘出更多的服务价值

互联网化使汽车产品本身的属性发生了本质的变化。一直以来，汽车是具备交通工具属性的产品，解决的是人们在不同地点之间的位移问题，无论是企业还是消费者，主要关注的是汽车的性能、动力、油耗、驾驶体验、外观设计、内饰等因素。课题组认为，接入了互联网的汽车除了其原本交通工具的属性之外，同时还具备了移动终端的属性，从这个角度，可以把一辆汽车看作整个互联网当中的一个物理节点，这个节点能够与网络中的其他设备实现连接。

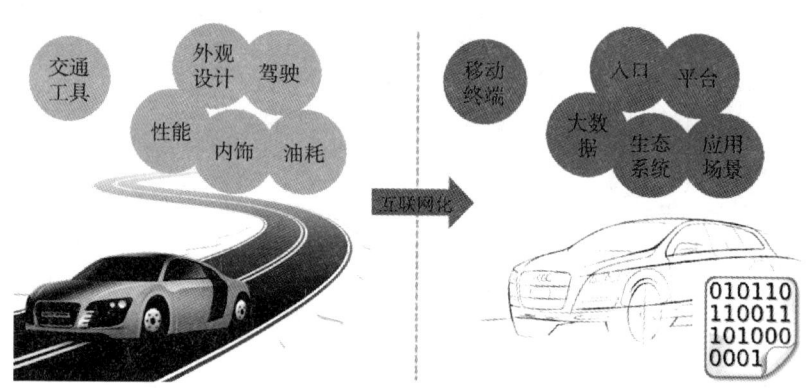

图9 汽车的交通工具属性及其他价值

如果从互联网思维的角度来看待汽车的话，可以从以下五个方面来看待汽车价值。

第一，入口：国内有1.5亿多辆的汽车保有量，并且每年还有约

2000万辆的增量。从数量的角度来看，汽车这一产品完全具备与其他移动终端类似的入口价值，随着互联车载系统装载量的提升，汽车的移动互联网硬件入口这一特性将被发挥出来。

第二，平台：汽车将不再是一种单一功能的产品，平台化使汽车能够为用户提供更为丰富的应用、内容和服务。车主或乘客在车内空间能够做更多的事情，获得更好的体验（比如在线视频和音频、实时路况、浏览网页、购物和预订服务、查询信息、在线支付等），在车外可以通过其他终端获取车辆信息，进行远程控制等。

第三，大数据：汽车在运行过程中会产生大量的实时数据，比如，车况数据、驾驶数据、位置数据、用户行为数据、路况数据等。这些数据如果能够通过互联网进行全面的收集，通过云计算平台进行有效的存储和计算，通过合理的模型和分析方法进行商业化，那么汽车大数据的价值能够得到有效体现。

第四，生态系统：以互联网为中心构建的汽车生态系统，将能够纳入其他类型的企业，包括通信运营商、车联网服务运营商、软硬件方案提供商、技术服务商、内容和应用提供商等，除了原先产业内的车企、经销商、配件商、售后服务商之外，更多的企业能够在业务上与汽车发生关联并从中获益。

第五，应用场景：基于联网技术，用车和行车的过程会有更多的应用场景被挖掘出来，为用户提供更丰富、更新颖的创新应用和服务。

课题组认为，未来随着互联网汽车的普及，汽车后服务类企业也将从中挖掘更多的价值，为用户提供更好的服务，比如，4S店或汽车维修连锁企业可以利用互联网动态监测汽车的状态，获得相关的车辆数据，为车主提供更及时和更人性化的服务，比如，车险企业能够利用互联网技术获取车主的驾驶数据，依此来评价车主的出险概率并为其提供个性化的车险方案和定价,又比如,企业能够基于互联网汽车平台提供除了驾驶之外的其他更多的车主服务。

(五)互联网企业和风险资本对汽车领域的布局将持续加速

近年来,国内外的互联网和科技巨头纷纷开始汽车领域的布局。国际上,谷歌的 Android Auto 和苹果的 Carplay 正在大举进入各大品牌的汽车领域。国内,阿里巴巴、腾讯和百度均以各自不同的方式涉足汽车领域。这些现象给出了一个非常明确的信号,未来的汽车行业将出现互联网企业的身影。它们会通过自建、合作、并购和直接竞争等方式全面影响这个发展了多年的传统产业,并且这样的势头在未来几年将会愈演愈烈。另外,许多国际国内知名的 VC(如红杉、IDG 等)也开始集中投资汽车类的互联网企业,许多新兴的互联网企业借助这些资本的力量快速拓展其汽车业务,通过数千万美元甚至数亿美元的投入来冲击传统的市场。

1. 互联网企业在与汽车相关的各个领域均有渗透

如果以消费者为中心的角度来看整个汽车生态,可以分为选车、买车、驾驶、售后、卖车和租车六个环节,同时,每个环节还能够细分成不同的消费需求。从图10可以看到,几乎每一个细分的领域都有互联网企业覆盖相关的消费需求,这里面有已经发展多年并已上市的汽车互联网企业(比如,易车和汽车之家),还有巨头级综合型互联网企业(比如,阿里巴巴和腾讯),以及更多的充满活力的新兴互联网企业。

课题组认为,未来互联网企业在汽车领域的渗透仍会进一步持续,并且在业务覆盖的深度和广度上都会提升,比如,原先专注在二手车电商领域的企业会将业务拓展到售后和金融,原先只经营汽车用品在线销售业务的电商平台会将业务延伸到线下服务。总之,互联网

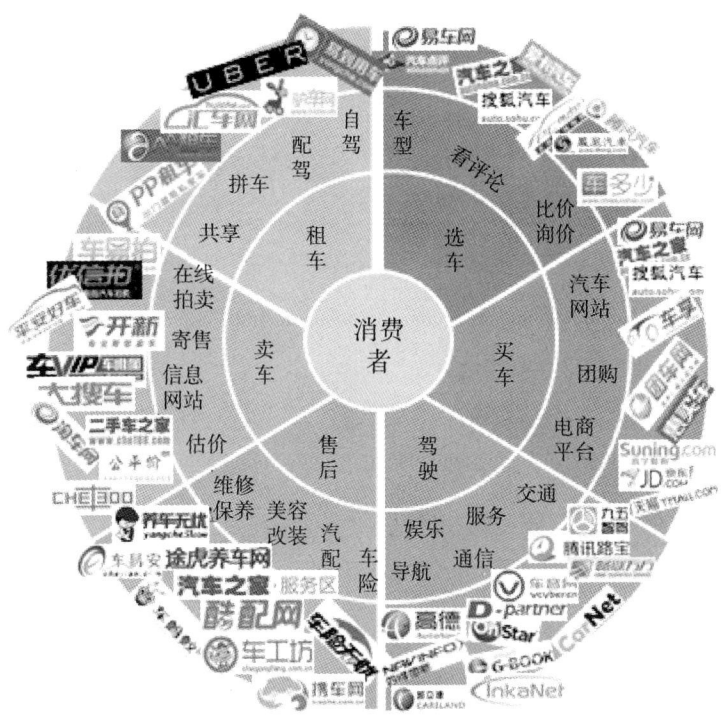

图 10　互联网企业覆盖的汽车生活领域

与汽车领域的融合，出现很多创新的通过互联网技术和模式改进原有需求的机会，各类企业将从中挖掘新的商业价值。

2. 风险资本扎堆投资汽车互联网领域助推更多企业进入

2014 年是汽车电商迅速发展的元年，越来越多的资本开始扎堆进入市场，在资本的助推下，更多的汽车互联网领域创业型企业涌现。根据公开可查的投融资信息汇总，2014 年，全国汽车电商领域的投融资事件超过 40 起，涉及公司 35 家，总投资金额近 30 亿元。

从投资项目数量来看，2014 年汽车互联网领域最受资本关注的为汽车后市场电商，项目占比 47.5%；从投资金额总额来看，2014 年汽车互联网领域资本投资规模最大的为二手车电商，投资金额约为 23 亿元，约占全部投资的八成。

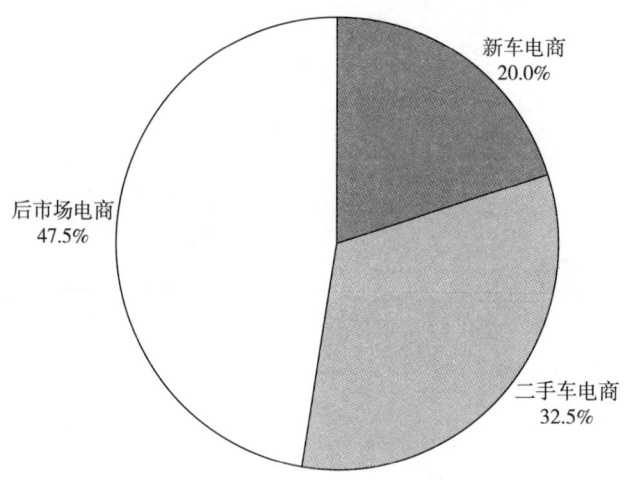

图 11　2014 年全国汽车电商投融资项目模式分布

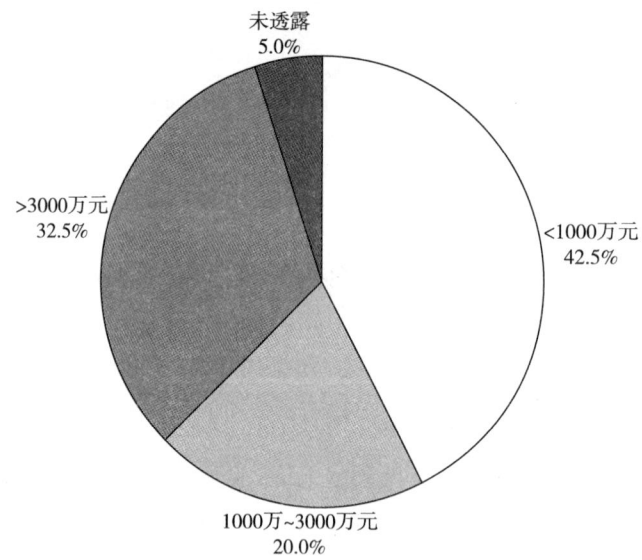

图 12　2014 年全国汽车电商投融资项目规模分布

中国汽车电商企业目前正处在跑马圈地的时期，预计未来 2~3 年投资热潮仍将持续，汽车互联网领域竞争将逐步加剧。掌握核心竞争力的新车、二手车、后市场电商企业将会在资本的帮助下迅速覆盖市场，拓展资源，把握用户；更多的创业型公司将会在汽车产业互联网化的过程中不断被迭代，综合能力弱的企业有可能在市场洗牌过程中被淘汰。预计未来新车、二手车、后市场电商领域可能会出现1～2家企业IPO。

二 汽车电子商务市场发展建议

（一）用互联网连接一切的逻辑来思考汽车产业的互联网化

1. 互联网的本质是连接一切

根据百度百科的定义，互联网是网络与网络之间所串连成的庞大网络，这些网络以一组通用的协议相连，形成逻辑上的单一巨大国际网络。这种将计算机网络互相连接在一起的方法可称作"网络互联"，在这基础上发展出覆盖全世界的全球性互联网络称互联网，即互相连接在一起的网络结构。如果单纯从物理的角度来看，互联网实现的是一种基于数据和信息的互联，基于物理网络的分布式计算和存储，并且依托核心骨干网络以及其他有线和无线通信技术达到的各种终端的连接。

课题组认为，如果从更好层面的逻辑连接的角度来看，互联网不仅仅只是通信、数据和设备，其本质是能够实现个人、组织、设备和线下服务的无缝连接，最终达到一种泛在互联的状态。所以，我们可以从下面七种连接的方式来考虑互联网的作用。

第一，个人与个人的连接：个人用户之间通过互联网实现线上的通信、分享、社交、交易等活动，比如，QQ或微信等即时通信工具，微信朋友圈或微博等社交平台，淘宝或赶集网等个人交易平台。

图 13　互联网的连接

第二，设备与设备的连接：各种类型的终端设备通过有线或无线通信的方式实现数据的交换和网络的接入，比如，智能手机、平板电脑、智能家居、可穿戴设备、互联网汽车等同类设备之间的互联或跨类型之间的互联（如手机与家电、手机与汽车的互联）。

第三，个人与组织的连接：个人与企业或其他组织单位通过互联网进行连接实现资讯、交易、业务等活动的在线化，比如，企业员工通过移动 OA 平台完成业务流程，个人消费者通过电子商务平台与企业实现交易，教育机构通过在线教育平台为学生提供培训。

第四，个人与设备的连接：个人用户利用身边的终端设备实现与近端或远端设备的互联，比如，车主通过手机实现对家电或汽车的远程控制，消费者利用手机与店内的 POS 终端连接完成支付，用户通过电脑与云端服务器进行连接完成某些功能或进行数据的获取和存储。

第五,个人与线下服务的连接:个人用户通过 PC 或移动终端获取线下服务资源的相关信息并进行筛选、预订和支付,然后在线下接受服务,比如,出行者通过携程预订酒店,消费者通过大众点评网预订餐馆,车主通过养车无忧预订保养服务。

第六,组织与组织的连接:企业用户之间通过互联网平台实现业务流程或者交易流程的在线化,比如,下游零售商或服务商通过在线采购平台向上游的供应商采购原材料,专业服务企业借助在线 CRM 系统为其客户提供基于线上的业务连接。

第七,组织与设备的连接:企业用户通过互联网平台实现与生产线、渠道、用户身边的各种终端的连接并利用这种连接提升生产、业务和服务的效率以及获取各种数据,比如,制造商利用互联网获取生产线上智能生产设备的运行数据,汽车服务商借助车联网技术和设备获取车辆数据。

总而言之,互联网(包括移动互联网、车联网、物联网)实现的是跨人群、跨设备、跨实体的泛在互联网化,这种连接在提升效率和体验的同时也将催生更大的商业价值以及影响许多产业的原有模式。

2. 用连接的思路来看待汽车产业的互联网化

汽车产业的互联网化也可以用同样的思路来进行分析,如果把汽车产业中存在的个人和企业作为虚拟的逻辑节点的话,他们之间通过互联网技术能够实现更紧密和更有效率的连接。

比如,车企和购车人群之间原先是通过一些传统的传播渠道和媒介方式进行连接,即车企通过报纸、杂志、电视、广播和户外等渠道对消费者进行单向的信息推送从而达到品牌宣传的目的。但是,汽车之家这类汽车垂直媒体的出现打破了原来的格局,车企在这类互联网媒体上投放广告的比例越来越大,对车企来说,基于互联网的媒体有着传统媒体无法比拟的优势,比如,成本低、投放精准、数据可监

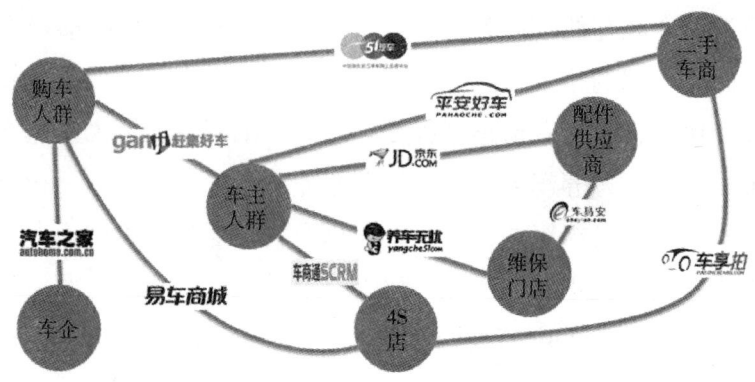

图 14　汽车产业的互联网化

测、互动性强等。

又比如，车主人群与 4S 店之间原来的连接很弱，4S 店的客服人员仅仅通过电话、短信等方式与顾客进行非常简单又低效的沟通，顾客体验不好，信息更新不及时，对车辆的使用情况也不了解。车商通这类平台为 4S 店提供了基于移动互联网的在线 SCRM 平台，通过这样的平台，顾客能够非常方便地获取相关信息和预订各种服务，4S 店的各种活动和优惠也能及时推送给顾客，从而实现了双方更为有效和实时的连接。

再比如，车享拍实现的是 4S 店与二手车商在交易层面的连接，打通 B2B 二手车在线交易的通道。51 汽车实现的是二手车商与终端消费者在交易层面的连接，打通 B2C 二手车在线交易的通道。车易安实现的是终端维修门店与上游配件供应商在采购层面的连接，构建的是汽车配件在线采购平台。还有易车商城、平安好车、养车无忧等企业都在各自覆盖的领域实现了不同汽车相关人群和企业之间的互联网连接。

课题组认为，汽车产业的互联网化还处在非常初级的阶段，如果把产业内的各种实体之间的连接都通过互联网的方式进行升级和改造，势必有很多价值可以挖掘，在不同的细分领域或者不同的连接层面（信息层面、营销层面、交易层面、业务层面等）都能够发现很多机会。

另外，如果从企业和组织之间连接的角度来看，具备了网络接入能力（通过前装Telematics或后装OBD的方式）的汽车将能够成为一类独立的移动终端设备，这意味着汽车产业中的相关企业也能够通过互联网的方式与汽车进行连接并获取相关信息和数据，比如，车况数据、驾驶数据、用户数据等。对车企来说，能够实时获取汽车在运行中内部模块的数据从而对产品的改进起到指导作用。对4S店和维修连锁企业来说，这样的连接能够更及时地了解顾客的车辆当前的使用情况并根据这些数据为顾客提供更人性化的服务体验。对车险企业来说，能够根据对车主驾驶数据的分析来评价他的风险从而给予不同的车主定制化的车险价格。当然，以上仅仅是相关企业基于设备连接能够应用的例子，未来在这个领域的应用将会更加广泛。

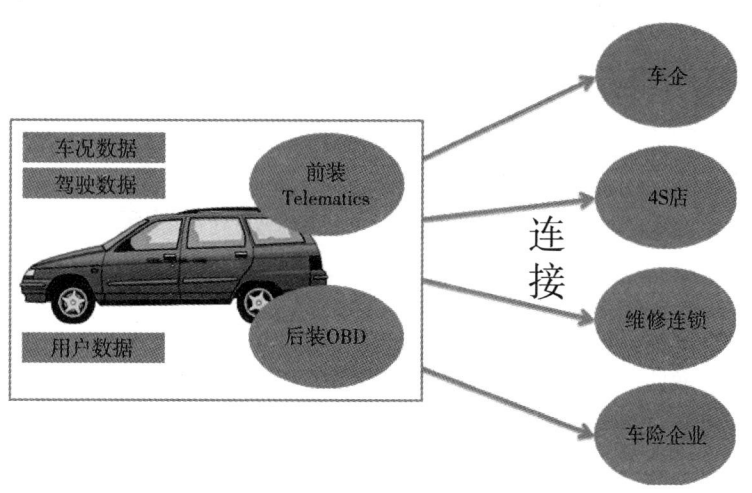

图15 汽车产业中的相关企业与汽车连续的互联网化

（二）汽车产业的电商化必然是重度垂直的O2O模式

如果从国内最大的电商平台阿里巴巴的成立开始算起，电子商务在中国的发展已经长达15年的时间了，并且这十几年电子商务最主要的市场一直是个人消费品市场，B2C和C2C类型的电商平台成为最主流的平台。人们网购的商品范围也在迅速扩大，从最初的单价较低的小件商品（比如，图书、服装、化妆品等），延伸到单价较高的大件商品（比如，数码产品、大家电等），再扩展到更为细分的垂直领域（比如，生鲜食品、母婴产品、汽车用品等）。对这些商品来说，主要体现的是实物属性和较弱的服务属性，即消费者在购买这些商品之后不需要任何后续服务，或者只需要频度极低的售后服务，如家电和数码产品。这样的特点导致了这些商品能够在线上就完全实现完整的交易闭环，线下通过物流和配送实现商品的物理流转。所以，过去这十几年是实物电商大发展的时期，天猫和京东这类电商平台在实物电商方面建立了非常强大的优势。同时也正是因为弱服务属性的特点，消费环节对线下实体门店和服务资源的依赖性逐渐减弱，去门店化能够实现，所以，传统的线下零售渠道（比如，家电连锁卖场、超市）受到了电商平台的强烈冲击。

但是对汽车相关的商品来说，则是另一番景象。无论是新车、二手车还是汽车配件，都需要线下实体服务资源的配合才能实现完整的交易闭环。主要原因在于：对整车来说，当前整车销售在价格体系、试乘试驾、车况检测、过户等方面对线下的依赖性极强，消费者直接网购整车并由商家送货上门的方式虽然在理论上可行但是具体操作的难度很大，课题组认为，至少在十年内难以成为主流；对汽车配件来说，由于中国车主DIY的能力极弱（相比欧美发达国家来说），即便是非常简单的保养和维修都需要依赖专业的线下服务而无法自己完成，到店或上门服务的比例很大。因此，汽车电商

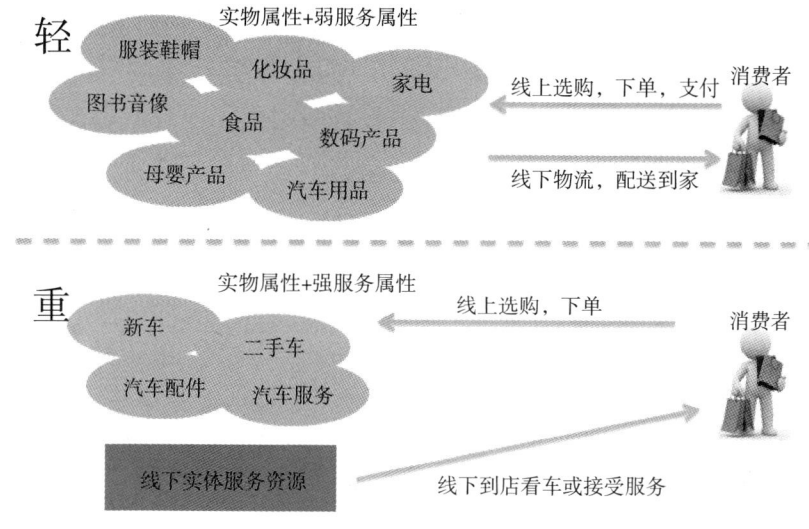

图 16　汽车电商的重度垂直 O2O 模式

平台必然是具备极强服务属性的平台,它的运营模式也必然与实物电商平台不同,前者一定是重度垂直的 O2O 模式。从这个角度来看,传统的汽车类企业,无论是车企、经销商还是维保连锁服务企业,它们的线下服务资源优势是互联网无法取代的,也是那些大型电商平台无法彻底颠覆的。

(三)企业应当重视汽车的大数据价值

1. 汽车将成为重要的大数据生产者

2014 年,中国的乘用车销量为 1970 万辆,而汽车保有量已经超过 1.54 亿辆。如果把每辆汽车的行为(包括车本身的行为和车内驾驶员和乘客的行为)都进行数据化的话,每周每辆车估计能够生产 1TB 以上的数据。如果按照目前的汽车保有量来算的话,大概有超过 164PB 的数据。如果把这些车主的行为数据、车况数据、位置数据、驾驶数据等充分整合利用起来,将会在各个方面产生巨大的价值。虽然从目前来看，大部分汽车所产生的数据无法被有效地获取和收集（或者只能部分被汽车制造商获取和使用），但是，如果车联网和互联网汽车进一步发展的话，将会有越来越多的汽车实现网络连接，从而将这些数据实时地传送给云端进行存储、处理和分析，并最终对不同的行业产生价值。

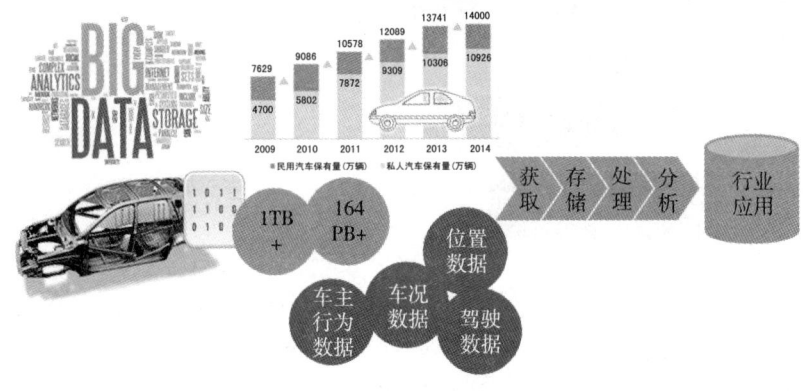

图 17　汽车是大数据生产者

在这样的前提下，课题组认为未来 10 年之内汽车产业会进入大数据时代，并且这样的时代具有三个基本特征。

第一，汽车全面数据化，其中包括两个方面：一是人的行为数据化，包括所有驾驶操作、每天所有的行为习惯，甚至是座椅的习惯等都形成相应的数据；二是以车为中心物理世界的数据化，零配件、车况、维修保养、交通、地理、信息等都会形成数据。

第二，汽车数据资产化，大数据可以创造巨大的价值，大数据将成为企业和机构的有效资产，这些数据资产将同其他有形资产一样为企业带来收益。比如，腾讯和阿里利用其掌握的用户行为数据为企业提供精准营销服务，这些数据就具备了资产属性。同样的，汽车产生的数据也将具备资产属性，为车企、经销商、服务商等企业带来收益。

第三，汽车产业智慧化，人和汽车可以对话和互动，汽车产业大数据将促进形成更加智慧的汽车产业。

2. 基于互联网汽车的大数据生态

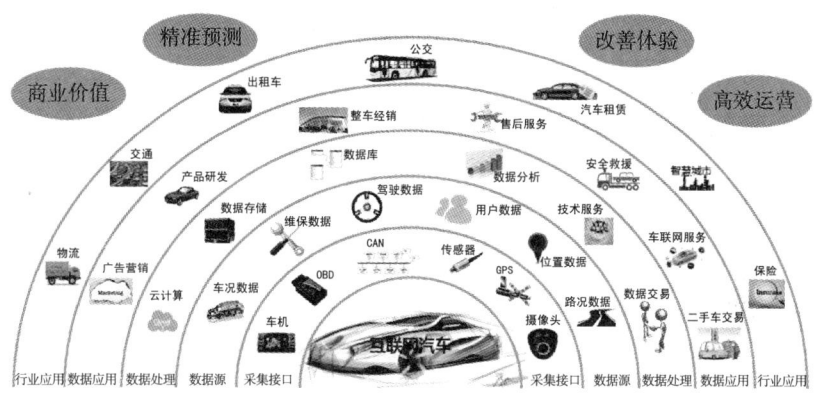

图18　基于互联网汽车的大数据生态

互联网汽车的大数据价值是汽车互联网化之后具备的全新的商业价值，基于互联网，汽车将构建出庞大的、多层级的汽车大数据生态。首先，通过各种不同的采集接口，比如，车机、OBD、传感器、GPS，甚至摄像头，获取大量实时的原始数据，包括车况数据、维修保养数据、车主驾驶数据、用户行为数据、位置数据、路况数据等，通过互联网传送给云计算平台进行存储、处理和分析。其次，这些经过处理和分析的数据能够对汽车产业内的企业提供不同方面的价值，比如，利用用户行为大数据进行精准营销，通过车辆运行数据指导新产品的研发，根据车辆实时的车况数据为车主提供及时准确的维保服务，另外在安全救援、车联网服务和二手车交易领域都能够深入挖掘汽车大数据的价值。最后，从更广泛的角度来看，汽车大数据将影响其他跟汽车相关的行业或领域，包括物流、交通、汽车租赁、智慧城市、保险等。

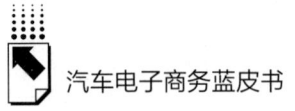

（四）汽车企业应当利用互联网重构与用户的关系

企业对其用户有多少了解，在一定程度上决定了企业能够为用户提供的产品或服务的质量。如果一家制造型企业能够及时和深入了解用户的偏好和使用习惯，就能够提供更符合用户需求的产品并快速地迭代改进。如果一家服务型企业能够及时和深入了解用户在接受服务过程中的痛点，就能够给用户更顺畅的服务流程和更好的服务体验。因此，两者之间关系的紧密程度影响了企业最终能够提供给用户的价值大小，而互联网技术的出现为企业提供了一种全新的方式去重构与用户的关系。

以小米为例，虽然同样是以制造和销售数码产品为主营业务的企业，小米与其他传统的数码产品制造企业（比如，联想、惠普、TCL等）的区别在于前者构建了多个基于互联网的用户触点，并利用这些触点实现了在产品销售之后仍然能够保持与用户的紧密联系，而后者在产品售卖之后就几乎失去了与用户的联系。小米利用这样的方式重构了企业与用户的关系，通过持续影响用户来加强品牌塑造，通过深度在线互动来获取用户数据，从而能够实现商业模式上的突破，在深入了解用户的基础上提供更有竞争力的产品和服务，并从用户身上挖掘更大的商业价值。

课题组认为，对汽车企业来说，无论是制造型企业还是服务型企业，在面对这个互联网深度渗透的时代，都需要重新考虑如何利用这一技术去改善企业自身与用户的关系。在过去的十几年中，中国的汽车市场在大部分时间里保持了比较高的增长水平，需求的强劲也使汽车企业不需要过多地担心消费端的问题，而是把主要精力放在制造和销售层面。但是2015年首次出现的新车销量同比下降的情况也预示着汽车市场正在从卖方市场转向买方市场，汽车企业在这种竞争越发激烈的行业背景下势必要花更大的力气去抓住用户，真正掌握用户的

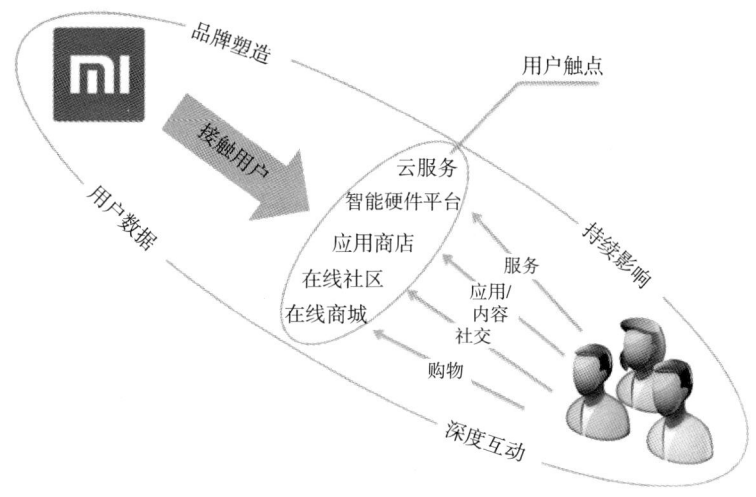

图 19　小米的商业模式

企业才能够在未来的竞争中提升优势。

车企属于制造型企业，虽然在过去数年销售出了大量的整车产品，同时也积累了一定规模的车主人群，但其实车企与这些存量的用户并没有建立真正的联系。换句话说，这些用户在购买了汽车之后就与企业脱离了联系，他们在使用汽车过程中的价值没有被车企充分挖掘。以国内最大的车企上汽集团为例，虽然上汽集团旗下的众多汽车品牌拥有了上千万的存量车主，但是过去这些用户资源并没有被充分利用起来，而2014年上汽集团推出的车享平台在这方面做出了改变。车享平台旗下的多款产品为存量的车主用户提供购/换车、卖车、会员服务、保险服务、维修保养服务、用车服务等，车主通过PC网站和移动APP的方式来获得这些服务。上汽通过这样的方式构建了线上与用户发生联系的平台，并利用自身的线下资源为车主用户提供后续服务，增强了用户黏性，深入地了解用户，在充分挖掘车主后市场价值的同时也在一定程度上拉动了新车销售。

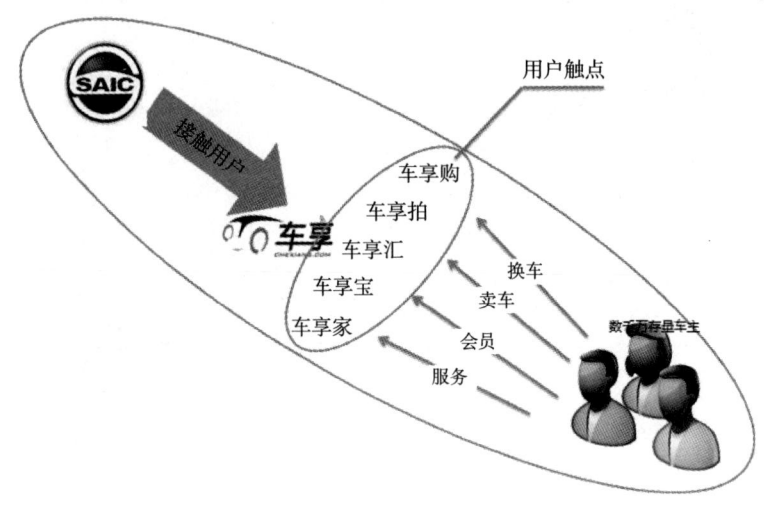

图 20　车享网商业模式

对经销商和 4S 店等服务型企业（经销商的主要业务将会从新车销售向汽车后服务倾斜）来说，保持与车主用户的紧密联系、提高用户黏性至关重要。从目前的普遍情况来看，4S 店与车主之间的联系手段比较单一，主要还是通过电话和短信的方式，用户仍然是被动地接收各种信息。另外，4S 店对车主的车辆使用情况的了解程度也不够，仅仅是通过车主过去的保养和维修记录来判定目前车辆的状态。课题组认为，这两年汽车后服务电商快速崛起，对 4S 店的服务体系造成了一定的冲击，虽然目前还看不到大规模颠覆的可能性，但是，4S 店在本身的用户关系上必须要尝试改善来应对这样的竞争和变化。从经销商集团的层面，如果能够考虑通过移动互联网技术和车联网技术来实现与车主及车辆更为紧密的联系的话，在服务质量和用户体验上会有更大的提升空间，比如，通过微信公众号或移动端 APP 实现在线的 CRM，通过 OBD 实现车辆数据的收集等。

（五）切忌只用数字营销的眼光来看待企业的互联网化

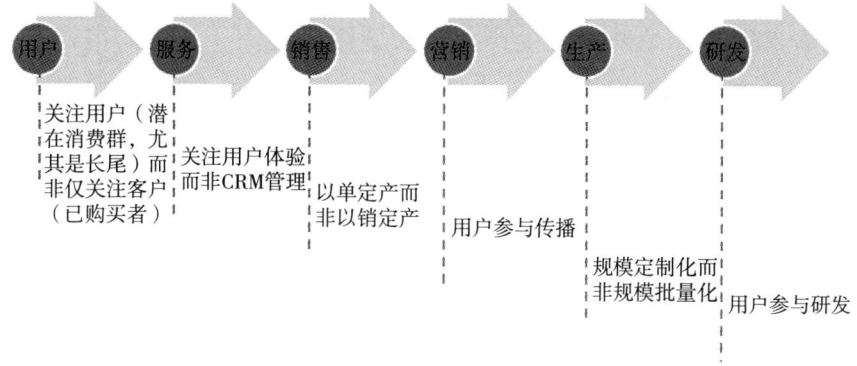

图 21　互联网对企业的影响

传统企业对互联网的认识很多时候仅仅停留在营销层面，汽车企业也不例外。从传统行业互联网化的角度来看，营销的互联网化一般都是最早实现的环节。人们能够看到在汽车产业内无论是品牌车企、经销商集团还是后市场服务企业，对通过互联网传播渠道开展数字营销活动进行品牌推广和集客的方式还是比较认同的。但是，对于其他环节的互联网化却认识不够。行业内一些观点认为，互联网带给企业的价值是数字营销的价值。

课题组认为，互联网对企业的营销是全方位的，并不仅仅停留在数字营销层面。从企业的整个业务逻辑上来分析，可以发现，基本上每个环节都会受到互联网的影响。

研发：通常意义上的研发是企业内部的行为，虽然要考虑用户的需求和市场的特点，但主要是通过相关部门（比如，产品部、市场部、战略部等）搜集市场信息并做出决策。通过互联网能够使用户参与研发，即在研发阶段与用户发生实时地互动和沟通，从而对产品进行改进。以小米为例，在研发迭代阶段让用户充分参与提升了小米手机的用户体验，改善了产品缺陷。

生产/销售：互联网的介入使原来产定销的方式得到一定程度的改变，基于互联网的规模化定制将成为可能，即针对部分用户个性化需求定制产品并安排生产。以长城汽车为例，自建的电商平台哈弗商城中的定制化功能初步实现了汽车内饰、颜色、配置的定制化。

营销：互联网为企业提供的不仅仅是线上的传播渠道，更多的是营销方式的变革，以移动营销、粉丝营销、口碑营销、病毒式营销为代表的新兴营销方式使企业在基于互联网的数字营销环节能够有更多的选择。

服务：企业需要为另一方提供相应的服务，无论是个人客户还是企业客户，或者是公司内部的其他部门。通过互联网的方式能够在一定程度上简化相关流程，及时反应，打通信息壁垒，提升服务体验。比如，银行通过微信公众号为用户提供更为便捷的查询、转账、业务办理等服务；企业内部的支持部门（包括人事部门、行政部门、财务部门等）通过移动OA平台为其他部门的员工提供快速方便的内部流程办理服务。

用户：企业通过互联网不仅能够对客户（已购买者）进行更多的了解，而且可以通过数字化的手段（比如，基于线上用户行为研究的用户画像）去关注更为庞大的潜在消费群（尤其是长尾的消费需求），从中更精准地定位人群并挖掘更准确的需求。

总而言之，互联网对企业的影响应该是多环节和多维度的，如果把每个企业的各个部门的业务、部门与部门之间的关联、与上下游企业的关联、与用户的关联等方面都梳理一遍的话，有可能会发现更多能够用互联网去改善的地方。虽然互联网对不同行业、不同企业的影响程度是不一样的，但作为企业的管理者，应该从更多的维度去思考互联网的价值，而不应将眼光仅仅停留在数字营销层面。

附 录
Appendix

B.6
汽车电子商务行业图谱及风云人物

一 新车电子商务

1. 行业图谱

开放平台模式	苏宁易购 国美在线
导流平台模式	易车商城 惠买车 车点城 小马购车
特卖模式	车百惠 车风网
团购模式	好买车 团车网 齐新网 车团 车惠网 庞大汽车电子商城
厂商自建平台模式	车享 哈弗商城

2. 企业列表

公司名称	成立年份	业务模式	运营情况	融资情况
阿里汽车	2015	开放平台型	业务覆盖新车、二手车以及后市场等领域，为提供汽车消费全产业链的平台级服务	—
苏宁易购	2009	开放平台型	2014年开始介入新车业务，与多家汽车厂商合作，但目前尚未在汽车电商方面有更深入的布局	—
国美在线	2012	开放平台型	2014年下半年开始重点发力汽车电商业务，但目前仅以新车业务为主，且尚未有更深入的布局	—
车百惠	2013	特卖型	特卖商城于2014年11月上线，2015年5月5日上线了汽车社交软件"车圈"，车圈定义为全国汽车经销商社交平台	—
车风网	2013	特卖型	选择切入的角度是新车交易环节，通过向合作厂商批量拿车，同时与4S店合作，引导购车用户线下提车。目前与车风网合作的品牌包括宝马、奥迪和别克等20几个品牌	A轮,2015年5月,6000万元人民币 Pre-A轮,2015年3月,1000万元人民币 种子天使,2014年5月,数百万元人民币
惠买车	2014	导流型	易车旗下平台，上线后开展了和经销商、4S店深度的合作。2014年7月通过和经销商的合作，已经完成了125个品牌覆盖，2014年9月开通上线了22个城市	—
易车商城	2014	导流型	易车旗下平台，以网上售卖新车为主，与国内主流的汽车品牌均有合作，并有十几家主机厂在平台上建立品牌直销店	—

续表

公司名称	成立年份	业务模式	运营情况	融资情况
小马购车	2014	导流型	上线以来已经在北、上、广、深等6个城市开通业务。月增速达到30%,5月新车销售1500多台	A轮,2015年1月,1000万美元 种子天使,2014年8月,数百万美元
好买车	2013	团购型	平台拥有300家合作4S店,与上海400家汽车品牌专营店建立合作关系	—
团车网	2009	团购型	与2000家4S店建立了合作关系。每个周末在全国举办线下团购活动超过500场。从销售情况来看,自2009年发展至今,已经卖出去了20万辆车	A轮,2013年1月,数百万美元 种子天使,2012年1月,数百万元人民币
齐新网	2013	团购型	以新车团购,导购和资讯业务为主,目前合作的汽车品牌超过30个	—
车惠网	2013	团购型	已联合80多个汽车品牌厂商,落地对接1000多家诚信4S店,服务站点覆盖了全国32个一、二线省	B轮,2015年1月,数千万美元 A轮,2014年1月,数百万元人民币
车团网	2008	团购型	业务以整车团购为主、保养/装潢及保险等为辅,已覆盖上海、北京和广东、江苏、浙江、湖北、湖南、江西、四川、辽宁等省市的一线城市	—
车享网	2014	厂商自建型	上汽集团旗下自建汽车电商平台,业务包括新车,二手车和后市场,目前覆盖全国各地超过4000家的4S店,4S店有专业评估员驻店提供二手车竞价服务;此外还覆盖全国上汽集团下的2S店,有评估师驻扎或覆盖。车享拍目前商户会员已经超过6000家,覆盖全国29个省市	—

续表

公司名称	成立年份	业务模式	运营情况	融资情况
哈弗商城	2014	厂商自建型	长城汽车旗下的汽车电商平台,为用户打造定制化购车平台,通过商城,顾客可进行线上选车、下单并追踪车辆生产情况,同时可对爱车搭配方案进行在线分享、评价	—
庞大汽车电子商城	2014	厂商自建型	庞大集团旗下汽车电商平台,定位为专业化汽车在线销售平台,以庞大集团近千家4S店为依托,主营整车销售、精品养护服务,汽车金融、保险、延保、会员等增值服务,涵盖汽车销售的各个环节、各项服务,形成线上线下相结合的一体化在线购车平台	—

二 二手车电子商务

1. 行业图谱

交易服务商（ToB）	车易拍 优信拍 车VIP全国购 平安好车 车享宝 开新 天天拍车
交易服务商（ToC）	大搜车 优车诚品 gant超跑 273二手车交易网 CAR KING 人人车 A&D 澳康达
信息服务商	淘车网 二手车之家 第一车网 емі二手 58同城 淘宝汽车 乐淘二手网 gant超跑
二手车估值服务	精真估 公平价 CHE300 车虫网
二手车垂直搜索	多少
二手车检测搜索	

2. 企业列表

公司名称	成立年份	业务模式	运营情况	融资情况
车易拍	2006	交易服务型	车易拍平台上成交的二手车数量累计超过50万辆,是国内交易量最大的二手车电商平台。2014年,车易拍平台上成交的二手车共计30万辆,交易金额150亿元	D轮,2015年2月,1.1亿美元 C轮,2014年2月,5000万美元 B轮,2013年3月,2000万美元 A轮,2011年10月,500万美元
优信拍	2011	交易服务型	核心业务品牌是"优信拍"二手车网络拍卖交易服务平台,通过竞价拍卖、车况查定、安全支付、售后服务及远程物流在内的一站式服务,为国内各汽车生产厂商的品牌经销商、二手车经营机构、大型用车企业及车主提供最具时效性的二手车拍卖服务	C轮,2015年3月,1.7亿美元 B轮,2014年9月,2.6亿美元 A轮,2013年4月,3000万美元
车享拍	2014	交易服务型	车享平台下属二手车交易平台,目前覆盖全国各地超过4000家的4S店,4S店有专业评估员驻店提供二手车竞价服务,截至2014年底,已建立了上海、北京、成都、南京、杭州、天津等六个城市的车享拍线下服务中心	—
平安好车	2013	交易服务型	全国28个城市布局,包括上海、苏州、南京、宁波、温州等开设了平安好车线下实体门店,以及覆盖了更多数量的检测网点,初步实现二手车全国流通、跨区域流转	—

续表

公司名称	成立年份	业务模式	运营情况	融资情况
开新帮卖	2008	交易服务型	专业帮助消费者卖车的汽车服务公司,采用国际领先的车辆检测评级标准,安排资深检测师免费上门看车,300家优质二手车经销商参与竞拍,目前业务主要覆盖上海和深圳	A轮,2015年3月,数千万美元
车唯网	2005	交易服务型	是面向车主,提供专业汽车服务的网站,也是广物汽贸股份有限公司指定的汽车服务平台,集竞价拍卖、竞标、车况查定、安全支付及手续代办于一体,向全国二手车经营机构和个人提供最具实效性的汽车拍卖服务	—
天天拍车	2014	交易服务型	51汽车投资成立的全新互联网二手车竞卖平台,专业为个人卖车提供上门检测、无线竞拍、成交办理的一站式卖车服务,是二手车交易的C2B模式,平台上1000家车商参与竞拍,目前业务以上海为主	—
大搜车	2012	交易服务型	线上信息平台为消费者提供真实、全面的二手车产品信息服务;线下连锁门店(大搜车品牌二手车馆)为消费者提供专业的二手车认证、交易及质保服务,同时推出了"车牛"APP为车商提供在线移动社交平台	B轮,2013年9月,数千万美元 A轮,2012年12月,数百万美元

续表

公司名称	成立年份	业务模式	运营情况	融资情况
优车诚品	2013	交易服务型	线上,优车诚品为消费者提供一个二手车交易网站;线下,占地面积30000平方米的优车诚品旗舰店设有展厅区、休息区、过户区、餐饮区、检测区、洗车区,为到店的消费者提供一站式服务,全程优质体验	A轮,2014年1月,数千万美元 种子天使,2013年12月,数百万元人民币
赶集好车	2005	交易服务型	赶集集网为赶集好车二手车O2O项目投资1亿美元。目前业务覆盖全国18家城市,包括北京、上海、天津、杭州、重庆等城市	—
273 二手车交易网	2003	交易服务型	业务体系包括连锁店经纪业务以及配套的专业二手车检测(车况宝)、安全支付(车付宝)、售后保障(保修延保)、二手车金融等服务,2014年273连锁加盟店总数已发展到了732家	B轮,2014年8月,数千万美元 A轮,2010年1月,数百万美元
澳康达名车广场	1999	交易服务型	专注于二手名车的大型独立经销企业,在深圳建立了12万平方米的世界级汽车交易综合体。发展至今拥有员工1300多名、展厅名车2000多台	—
车王	2011	交易服务型	在全国拥有17家标准化经营的线下门店,并依靠线上搜索、线下交易实现商业闭环。2014年销量已经超过8000辆,销售额超过12亿元	D轮,2015年2月,1亿美元

续表

公司名称	成立年份	业务模式	运营情况	融资情况
人人车	2014	交易服务型	目前业务覆盖国内19个城市包括北京、上海、广州、重庆等,2015年4月,人人车单月交易额过亿元,交易量超千辆	B轮,2014年12月,2000万美元 A轮,2014年7月,500万美元
易车二手车	2014	交易服务型	易车旗下的专业二手车平台,分支机构覆盖全国341个主要城市,致力于服务个人用户及商家用户二手车交易的各个环节,为用户提供简单、快捷、实时的线上及移动端二手车交易解决方案	—
二手车之家	2005	信息服务型	为二手车买卖双方提供车辆登记、求购信息发布、网上交流对比、市场资讯、行业趋势信息分享等服务,同时整合二手车交易市场、经纪公司等行业资源,为商家和个人提供准确、及时的交易信息服务	—
第一车网	2004	信息服务型	覆盖全国的二手车信息网站和稳定的汽车数据供应商,每天超过9000家二手车经销商在使用平台进行二手车交易	—
搜狐二手车	1998	信息服务型	搜狐旗下二手车信息网站,业务覆盖全国31个省市,提供二手车交易、估价、认证等服务	—

续表

公司名称	成立年份	业务模式	运营情况	融资情况
51汽车	2005	信息服务型	为汽车商家全方位实现"目标顾客,触手可及,精准锁定,强效推广"的市场目标,已经在全国布局了8家分公司23家办事处,深度涵盖全国30多个省市	2015年1月,3000万美元
58同城	2005	信息服务型	58同城作为国内最大的分类信息网站之一,其二手车频道为二手车消费者和商家提供信息发布的平台,业务覆盖国内主要省市	—
赶集网	2005	信息服务型	赶集网作为国内最大的分类信息网站之一,其二手车频道为二手车消费者和商家提供信息发布的平台,业务覆盖国内主要省市	—
华夏二手车网	2003	信息服务型	面向用户的二手车电商平台,为二手车消费者提供丰富可靠的购车信息,为二手车经销商提供展示信息的媒介,目前业务覆盖国内的主要省市	—
精真估	2014	二手车估值服务	月活量近1900万人去网站查询价格,日活量每天63万的用户	获得美国KBB、易车网和中国汽车流通协会三大机构千万级美金天使投资。
公平价	2012	二手车估值服务	目前已经为200多万用户完成了二手车估值。至今已与50多家二手车拍卖公司、二手车实体经销商完成数据合作	B轮,2015年3月,1000万美元 A轮,2013年10月,350万美元

续表

公司名称	成立年份	业务模式	运营情况	融资情况
车虫网	2014	二手车估值服务	与搜狐二手车、易车网达成战略合作	A轮 2014年8月 未透露 中国平安/平安创新投资基金
车多少	2011	二手车垂直搜索	将线上搜索与比较、线下购车服务进行整合，为汽车用户提供基于全网和实体店的汽车消费价格的搜索、甄别、分类和比较	2014年获得千万级人民币投资

三 汽车后市场电子商务

1. 行业图谱

2. 企业列表

公司名称	成立年份	业务模式	运营情况	融资情况
淘汽档口	2013	配件用品B2B电商	目前已在9大省份,20多个城市拥有30000多家线下门店。客户方面首批签约400家线下店铺,与小拇指等众多汽车连锁合作。汽车配件厂家方面,已有包括博世、海拉、盖茨、菲罗多等18大国际主流品牌入驻	B轮,2015年6月,3000万美元 A轮,2014年8月,数千万元人民币
盖世汽车网	2007	配件用品B2B电商	领先的汽车产业电子商务采购平台,有着专业的汽车行业背景和丰富的全球采购经验,为全球汽车行业的采购商与供应商提供一个包括买卖信息、线下面对面洽谈、行业资讯等多种服务	—
中驰车福	2010	配件用品B2B电商	应用互联网技术,建立从汽修企业到汽车零部件生产企业之间的B2B交易平台,以创新的商业模式,满足广大汽车修理企业及车主"一站式"购买维修配件的需求,而且配件质量有保障、价格透明合理	—
康众汽配	1995	配件用品B2B电商	国内第一批直接服务终端修理门店的B2B售后配件直营经销商,旗下代理包括博世、盖茨、索菲玛、菲罗多、NGK、飞利浦等国际汽配品牌。目前已经在全国构建了141个直营网点,10个区域大型仓储中心	A+轮,2015年6月,2亿元人民币
全球汽配采购网	2003	配件用品B2B电商	为汽车配件供应链上下游的企业提供在线对接供需信息的平台,也包括了展会和书刊等业务	—

263

续表

公司名称	成立年份	业务模式	运营情况	融资情况
汽配铺	2013	配件用品B2B电商	巴图鲁信息科技有限公司旗下电商平台,为下游的配件零售商对接上游的供应商,目前主要业务覆盖广东区域	—
中国汽车用品网	1998	配件用品B2B电商	为厂家与商家搭建一个网上实时沟通、实时订单、实时支付的交易平台,现网站会员人数达10万多人,产品数达13万多条产品,供求信息数达18万多条	—
酷配网	2008	配件用品B2B电商	是集产品展示、在线洽谈、在线下单、在线支付、物流配送、安装维修于一体的专业电子商务平台;开创了以网络零售、批发、分销为主的交易型B2B2C模式	—
御途网	2014	配件用品B2C电商	是一家以电子商务消费大数据导购为驱动力,中国领先的汽车用品网上正品商城,目前覆盖的产品包括汽车装饰、车载电器、安全自驾、维修保养等	2014年10月,数百万美元
油客网	2009	用车类工具	是加油站成品油实时零售价格内容提供商及加油站深度数据内容提供商。目前已经采集全国71753个加油站,覆盖379个主要城市,每个加油站POI有包括加油站名称、地址、品牌、实时油价在内的77个信息属性	2014年1月,数百万元人民币
木仓科技	2011	用车类工具	立足于移动互联网,深耕汽车消费市场,主要产品包括全国违章查询、驾考宝典、卡卡司机助手等,其中违章和驾考APP产品的月活跃用户达到百万级别	A轮,2015年3月,3000万元人民币种子天使,2014年3月,数百万元人民币

续表

公司名称	成立年份	业务模式	运营情况	融资情况
车轮互联	2012	用车类工具	是一家专注于移动互联网尤其是汽车领域的移动互联网公司,主要产品包括车轮查违章,车轮考驾照,车轮社区等,目前违章和驾照类产品的月活跃用户达到百万级别,同时公司正在向汽车后市场O2O领域转型	A轮,2014年7月,数千万美元
车一百	2012	用车类工具	是一家专注于汽车领域的移动互联网公司,主要的产品包括查违章、考驾照等	—
达则科技	2013	用车类工具	是通过移动互联网技术,专注服务私家车主用车生活的创业型公司,主要产品是橙牛查违章,目前已拥有百万级的车主用户	A轮,2015年3月,3000万元人民币 种子天使,2014年3月,数百万人民币
车易安	2012	维修保养服务电商供应链服务平台	是连接配件供应链上下游的在线采购平台以及维修保养平台,目前导流车主数量在10万左右,使用车易安系统工具的维修保养店数量在500多家	A轮,2014年10月,2593万元人民币
养车无忧	2012	维修保养服务电商电商自营型	2015年养车无忧重点在于深挖江浙沪市场,预计2015年江浙沪地区有1500~2000个合作店,上半年将覆盖江浙沪12个城市;2015年交易额在1亿~1.5亿元人民币。下半年养车无忧将计划筹备北京和广州市场,并计划在当地建设仓库	2015年5月先锋新材以自有资金6210万元,通过增资形式取得养车无忧20%的股权

续表

公司名称	成立年份	业务模式	运营情况	融资情况
途虎养车网	2011	维修保养服务电商电商自营型	目前在全国线下合作门店已超过了6000家,服务范围更是覆盖了全国25个省级行政区266个城市	2015年6月,1亿美元 B轮,2014年7月,数千万美元 A轮,2013年1月,数百万美元 种子天使,2012年2月,数百万元人民币
携车网	2011	维修保养服务电商导流平台型	与上海地区200多家4S店签约合作,为超过6万名用户提供售后服务	B轮,4000万元人民币 A轮,2014年12月,1000万人民币 种子天使,2013年8月,数百万人民币
卡拉丁	2012	维修保养服务电商上门服务型	主要业务为汽车上门保养,目前已开通了北京、上海、天津3个城市的上门保养服务,北京五环内及周边,天津主城区,上海外环线内	A轮,2015年4月,1000万美元 种子天使,2013年1月,数百万元人民币
弼马温养车网	2014	维修保养服务电商导流平台型	主要业务是汽车上门保养,目前仅覆盖上海、郑州和苏州三个城市,计划逐步开通北京、广州、深圳、成都、杭州、南京、苏州、重庆等8个城市,布局全国市场	A轮,2015年4月,1000万美元 种子天使,2013年1月,数百万元人民币
车小弟	2012	维修保养服务电商导流平台型	是架设于广大私家车主和汽车服务提供商之间的汽车生活服务平台,目前业务立足杭州	A轮,2013年1月,数千万人民币 种子天使,2012年10月,数百万元人民币
车蚂蚁	2012	维修保养服务电商导流平台型	主要业务包括汽车保养,汽车维修和汽车美容,紧密合作的线下商户已经在50家以上,业务主要在杭州,尚未拓展其他区域	A轮,2015年4月,2000万美元 种子天使,2013年10月,200万美元

续表

公司名称	成立年份	业务模式	运营情况	融资情况
洗爱车	2013	维修保养服务电商导流平台型	是信言博智旗下的汽车生活服务类品牌,联合了北京、天津、西安400余家合作洗车行,为用户提供真实可靠、品类齐全、优质便捷的汽车消费类服务	种子天使,2014年8月,数百万元人民币
百车宝	2013	维修保养服务电商导流平台型	不详	种子天使 2014年12月 数百万元人民币 真格基金
车便利	2014	维修保养服务电商导流平台型	不详	种子天使轮 种子天使 2014年12月 数百万元人民币
e保养	2014	维修保养服务电商上门服务型	e保养是2014年1月成立,5月开始算大规模地发展起来吧,最近发展的是比较快,现在在全国的5个城市,现在每天的日均订单量在500单左右,峰值达到1000单	B轮,2015年5月,2000万美元 A轮,2014年10月,500万美元 种子天使,2014年6月,未透露
养车点点	2014	维修保养服务电商导流平台型	以洗车切入,目前业务覆盖各类汽车保养,与全国3000多家商家合作,其中杭州约400家,北京约400家,北京精洗商家约160家,覆盖了2000多家商户,主要集中在北、上、广、深、杭地区	B轮,2014年12月,3000万美元 A轮,2014年6月,600万美元 种子天使,2013年12月,100万元人民币
汽配云	2014	维修保养服务电商供应链服务型	以汽车配件电子商务为中心,针对厂商,流通商,服务商和车主,以SaaS服务的模式帮助汽车配件企业实现配件销售的电子商务转型	—
喂车车	2014	用车类工具	提供加油站寻找服务,可以找到全国各地的油站信息,目前服务仅覆盖深圳地区	种子天使,2014年6月,数百万元人民币

续表

公司名称	成立年份	业务模式	运营情况	融资情况
车点点	2014	维修保养服务电商导流平台型	以洗车服务切入汽车后市场,服务范围已覆盖全国20个省80几个城市,合作门店遍布一、二、三线城市,拥有几千家合作商户,为全国几百万车主提供了服务	2015年5月,数千万元人民币 种子天使,2014年9月,1000万元人民币
博湃养车	2014	维修保养服务电商上门保养型	上门保养平台,目前已经开通了全国15个城市的保养业务,博湃养车现拥有旗下技师700多名	A轮,2015年3月底,1.1亿元 天使轮,2014年11月,数千万元人民币

四　汽车电商风云人物榜

1. 易车李斌

李斌,易车公司创始人、董事长兼CEO。李斌先生自2005年起担任公司董事会主席兼首席执行官。2010年11月,李斌带领易车成为中国第一家在海外上市的汽车互联网公司(股票代码：BITA)。目前,易车已拥有4000多名员工、业务覆盖全国341个城市,成为中国最大的汽车互联网企业。2002年底,李斌和公司高级副总裁曲伟海共同创立新意互动广告有限公司,并出任董事长及首席执行官；2000年,李斌联合成立了北京易车电子商务有限公司,并从那时起至2006年担任该公司董事及总裁；大学期间，李斌曾于1996年联合成立了北京南极科技发展有限责任公司，该公司是中国主机托管服务商的先驱，李斌自1996年至2000年任其董事及总经理。

李斌先生拥有北京大学社会学学士学位并辅修法律专业。

2. 汽车之家秦致

秦致先生现任汽车之家（公司）首席执行官，全面负责汽车之家的策略规划和运营管理。秦致先生于2007年加入汽车之家，在他的带领下，汽车之家成长为中国用户访问量最高的汽车网站，并在美国纽交所挂牌上市（股票代码：ATHM）。

加入汽车之家前，秦致先生还曾担任265上网导航的首席运营官，并促成了其与Google的并购。秦致先生是新百年基金的创始人之一，他曾先后在麦肯锡公司纽约办公室、加拿大北方电讯美国研发中心、IBM中国等跨国公司任职。

秦致先生毕业于清华大学电子工程系，后赴美留学，先后获得美国爱荷华大学计算机硕士学位和哈佛商学院MBA学位。

3. 上汽车享夏军

任职于上汽汽车工业销售有限公司，担任总经理一职，一直在上汽从事管理和营销工作。2014年3月上汽集团推出自建的汽车电商平台车享网，夏军兼任车享网CEO。车享网作为国内首个车企自建的电商平台，凸显了上汽集团作为传统车企向互联网转型的战略布局，车享在夏军的带领下，经过了一年多的发展，陆续将业

务拓展至新车、二手车、后市场、车载终端、车主社区等领域,相比国内其他车企来说,上汽车享处在了最为领先的位置。

4. 车易拍杨雪剑

北京巅峰科技有限公司 CEO,车易拍创始人之一。曾任海虹控股集团下属的"捷三峰数码科技公司"副总,北京综联数码科技有限公司总经理。并作为发起股东之一,投资并经营(至 2008 年 6 月)加拿大"P&Y Lighting Inc.",专营中国制造光源产品。该公司目前仍活跃在加拿大西海岸光源市场。2006 年,杨雪剑与另外三位伙伴共同创立北京巅峰科技有限公司,并推出了以"车易拍"为品牌的二手车在线交易平台以及"268V"二手车检测标准,在她的带领下,车易拍在短短的 10 年时间发展成为国内最大的 B2B 二手车在线交易平台。2015 年,车易拍将其业务触角延伸至 C 端,通过 C2B2B2C 的模式全面打通二手车交易链条。

5. 优信拍戴琨

国内最早一批涉足中国二手车产业资讯、运营管理的归国人士之一。对国际汽车后市场和二手车发展趋势、规律及先进理念等有多年的研究及实践经验。于 2005 年留学归国即投身于中国二手车产业,并于当年创立了中国最早的二手车网站——汽车简历网,出任公司 CEO。2007 年"汽车简历"并入易车,戴琨先生出任易车集团优卡二手车业务线副总经理,2008 年出任总经理。2011 年出任易车集团副总裁。2011年创建国内首家B2B二手车网络拍卖交易服务平台优信拍，出任董事长兼CEO。现任中国汽车流通协会（CADA）常务理事。目前优信拍是国内最大的二手车B2B交易平台之一，在多个城市建立了完善的线下拍卖中心，2014年底完成的2.6亿美元融资是迄今为止汽车电商领域的最大融资额，2015年初优信拍推出了优信二手车，在二手车B2C领域开始发力。

6. 阿里汽车王立成

乐蜂网前CEO，2014年4月加盟天猫，负责旗下聚划算业务。2015年4月，阿里集团对外宣布整合旗下汽车相关业务，成立阿里汽车事业部。原聚划算总经理王立成担任阿里汽车事业部首任总经理。阿里汽车事业部将整合阿里集团大数据营销、汽车金融业务以及6000万车主汇聚的平台优势，协同汽车生态产业链各合作方，

通过无线业务场景，向车主提供"看、选、买、用、卖"的全链路汽车电商O2O一站式服务。虽然王立成刚刚接手阿里集团的汽车业务，但凭借阿里在电商方面的强大优势，阿里汽车未来的发展值得期待。

7. 车王李海超

1999年，李海超与人合伙创建了无线服务提供商——掌上灵通公司，于2004年3月在美国上市，2005年又创建了51汽车网。车王控股是李海超创办的第三家企业，其中注册资金超过1亿元，首家二手车门店的投入资金达1.5亿元，车王是目前国内最为领先的自营型二手车连锁企业之一，在全国12个城市开设了

15家线下二手车卖场，并通过O2O的方式实现二手车零售的交易闭环。2015年2月，车王获得雄牛资本1亿美元的D轮融资，将凭借资金优势在未来进行更大范围的业务布局。

8. 赶集网杨浩涌

赶集网创始人兼CEO。1996年获得天津大学精密仪器专业学士学位，1999年获得中国科技大学工学硕士学位，后赴美国留学，获美国耶鲁大学计算机科学硕士，在回国之前，曾于硅谷世界最大的网络安全公司之一Juniper Networks核心开发组从事研发工作，并创办Tromphi Networks并任CEO。现任北京飞翔人信息技术有限公司CEO，2005年创办赶集网。2014年赶集网强势发力汽车业务，陆续推出赶集好车和赶集易洗车业务，凭借自身在汽车用户流量方面的优势以及线下完善的服务体系切入二手车和后服务电商领域。2015年赶集好车发展迅猛，业务覆盖22个城市，5月单月成交额破亿元。

9. 途虎养车网陈敏

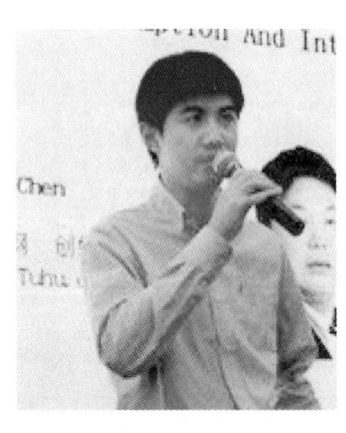

途虎养车网创始人兼CEO。2012年底陈敏创立途虎养车网，最初从轮胎销售及服务作为切入点，目前业务覆盖轮胎、保养以及汽车美容等项目，通过O2O方式整合线下汽车服务实体门店，为车主提供标准化的汽车服务。成立两年多的时间，途虎的业务已经覆盖全国8个城市，分别在北上广、成都、武汉、沈阳、厦门、济南，现在员工有四百多人。2015

年6月，途虎获得C轮1亿美元的融资，是目前汽车后市场电商中最大的一笔融资。

10. 中驰车福张后启

中国汽车后市场B2B垂直电子商务平台中驰车福创始人，清华大学自动化系博士，财政部财政科学研究所博士，中国科学技术大学兼职教授，中山大学岭南学院兼职教授。张后启博士作为中国现代管理咨询最早的实践者之一，曾创办过汉普管理咨询公司，此后还担任过联想集团全球副总裁兼CKO（首席知识官）。

2010年，张后启离开联想集团创办中驰车福，希望借助互联网手段和更合理的供应链模式来重塑汽车配件采购环节，在"互联网+"时代为下游汽车维修企业和上游汽车配件供应商搭建透明、高效的交易平台。2015年6月，中驰车福首开先河，与包括博世、飞利浦、盖茨、TRW、日联、辉门知名公司等在内的上百家零部件企业签约，这也是以上国际汽车零部件巨头首次授权国内汽车后市场垂直电商平台销售其产品。

法律声明

"皮书系列"(含蓝皮书、绿皮书、黄皮书)之品牌由社会科学文献出版社最早使用并持续至今,现已被中国图书市场所熟知。"皮书系列"的LOGO( )与"经济蓝皮书""社会蓝皮书"均已在中华人民共和国国家工商行政管理总局商标局登记注册。"皮书系列"图书的注册商标专用权及封面设计、版式设计的著作权均为社会科学文献出版社所有。未经社会科学文献出版社书面授权许可,任何使用与"皮书系列"图书注册商标、封面设计、版式设计相同或者近似的文字、图形或其组合的行为均系侵权行为。

经作者授权,本书的专有出版权及信息网络传播权为社会科学文献出版社享有。未经社会科学文献出版社书面授权许可,任何就本书内容的复制、发行或以数字形式进行网络传播的行为均系侵权行为。

社会科学文献出版社将通过法律途径追究上述侵权行为的法律责任,维护自身合法权益。

欢迎社会各界人士对侵犯社会科学文献出版社上述权利的侵权行为进行举报。电话:010-59367121,电子邮箱:fawubu@ssap.cn。

社会科学文献出版社

权威报告·热点资讯·特色资源

皮书数据库
ANNUAL REPORT(YEARBOOK) DATABASE

当代中国与世界发展高端智库平台

www.pishu.com.cn

皮书俱乐部会员服务指南

1. 谁能成为皮书俱乐部成员？
- 皮书作者自动成为俱乐部会员
- 购买了皮书产品（纸质书/电子书）的个人用户

2. 会员可以享受的增值服务
- 免费获赠皮书数据库100元充值卡
- 加入皮书俱乐部，免费获赠该纸质图书的电子书
- 免费定期获赠皮书电子期刊
- 优先参与各类皮书学术活动
- 优先享受皮书产品的最新优惠

3. 如何享受增值服务？

（1）免费获赠100元皮书数据库体验卡

第1步 刮开附赠充值的涂层（右下）；
第2步 登录皮书数据库网站（www.pishu.com.cn），注册账号；
第3步 登录并进入"会员中心"—"在线充值"—"充值卡充值"，充值成功后即可使用。

（2）加入皮书俱乐部，凭数据库体验卡获赠该书的电子书

第1步 登录社会科学文献出版社官网（www.ssap.com.cn），注册账号；
第2步 登录并进入"会员中心"—"皮书俱乐部"，提交加入皮书俱乐部申请；
第3步 审核通过后，再次进入皮书俱乐部，填写页面所需图书、体验卡信息即可自动兑换相应电子书。

4. 声明

解释权归社会科学文献出版社所有

皮书俱乐部会员可享受社会科学文献出版社其他相关免费增值服务，有任何疑问，均可与我们联系。

图书销售热线：010-59367070/7028
图书服务QQ：800045692
图书服务邮箱：duzhe@ssap.cn

数据库服务热线：400-008-6695
数据库服务QQ：2475522410
数据库服务邮箱：database@ssap.cn

欢迎登录社会科学文献出版社官网
（www.ssap.com.cn）
和中国皮书网（www.pishu.cn）
了解更多信息

社会科学文献出版社 皮书系列

卡号：323767257832
密码：

子库介绍
Sub-Database Introduction

中国经济发展数据库

涵盖宏观经济、农业经济、工业经济、产业经济、财政金融、交通旅游、商业贸易、劳动经济、企业经济、房地产经济、城市经济、区域经济等领域，为用户实时了解经济运行态势、把握经济发展规律、洞察经济形势、做出经济决策提供参考和依据。

中国社会发展数据库

全面整合国内外有关中国社会发展的统计数据、深度分析报告、专家解读和热点资讯构建而成的专业学术数据库。涉及宗教、社会、人口、政治、外交、法律、文化、教育、体育、文学艺术、医药卫生、资源环境等多个领域。

中国行业发展数据库

以中国国民经济行业分类为依据，跟踪分析国民经济各行业市场运行状况和政策导向，提供行业发展最前沿的资讯，为用户投资、从业及各种经济决策提供理论基础和实践指导。内容涵盖农业，能源与矿产业，交通运输业，制造业，金融业，房地产业，租赁和商务服务业，科学研究，环境和公共设施管理，居民服务业，教育，卫生和社会保障，文化、体育和娱乐业等100余个行业。

中国区域发展数据库

以特定区域内的经济、社会、文化、法治、资源环境等领域的现状与发展情况进行分析和预测。涵盖中部、西部、东北、西北等地区，长三角、珠三角、黄三角、京津冀、环渤海、合肥经济圈、长株潭城市群、关中—天水经济区、海峡经济区等区域经济体和城市圈，北京、上海、浙江、河南、陕西等34个省份及中国台湾地区。

中国文化传媒数据库

包括文化事业、文化产业、宗教、群众文化、图书馆事业、博物馆事业、档案事业、语言文字、文学、历史地理、新闻传播、广播电视、出版事业、艺术、电影、娱乐等多个子库。

世界经济与国际政治数据库

以皮书系列中涉及世界经济与国际政治的研究成果为基础，全面整合国内外有关世界经济与国际政治的统计数据、深度分析报告、专家解读和热点资讯构建而成的专业学术数据库。包括世界经济、世界政治、世界文化、国际社会、国际关系、国际组织、区域发展、国别发展等多个子库。